R&R
Sachbuchverlag

Die Haut, in der wir leben

Zu Markt getragen und zur Schau gestellt

Günter Burg / Michael L. Geiges

R&R
Sachbuchverlag

Erste Auflage Frühling 2001

Gestaltung: Diem Seiler DDB, Zürich
Druck: Villiger Druck AG, Sins
ISBN 3-907625-03-X5

Inhalt

Vorwort

Die Haut ist nicht nur unser größtes, sondern auch das ansehnlichste unserer Organe. Hinter den bescheidenen vier, fünf Buchstaben – Haut, *skin, pelle, peau* – steckt eine komplexe Projektionsfläche für Schmerz, Wohlbefinden und Erregung. Dieses Organ ist Schaltstelle für Reize von innen und von außen. Störungen im Krankheitsfall führen zu allgemeinem körperlichem und seelischen Unbehagen.

Es ist das Anliegen dieses Buches, in einer Chronik etwas anderer Art, auf die zentrale Bedeutung dieses peripheren Organs hinzuweisen. Beiträge von Journalisten, Klinikern und Historikern berichten über die jahrtausendealte Geschichte der Hautkrankheiten und die fünfundachtzigjährige der Dermatologie in Zürich, über interessante dermatologische Krankheitsbilder, über die Lehre und über den Stellenwert, den dieses Fach in einer modernen Medizin einnimmt.

Die Haut ist ein Modellorgan für viele entzündliche und tumoröse Erkrankungen. Forschungsergebnisse auf dem Gebiet allergischer Reaktionen sowie beim malignen Melanom haben ganz wesentlich zu diagnostischen und therapeutischen Entwicklungen in der Medizin beigetragen. Wir leben nicht nur in unserer Haut, sondern auch mit ihr und tragen die Verantwortung für ihre Integrität, ihre Schönheit und Gesundheit.

Günter Burg
Michael L. Geiges

Historische Entwicklung

Die Geschichte der Dermatologie

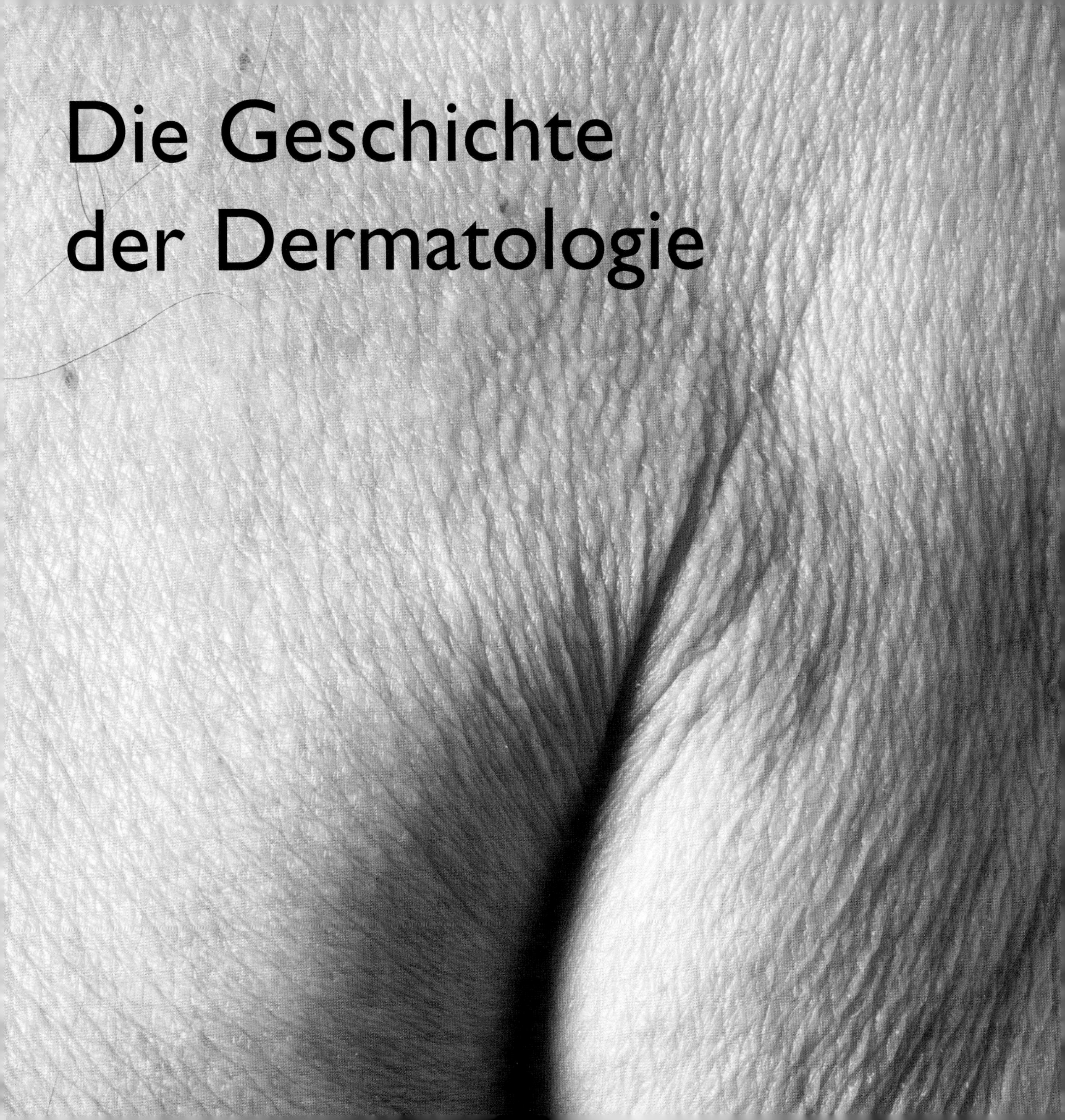

Geschichte der Dermatologie

Michael L. Geiges

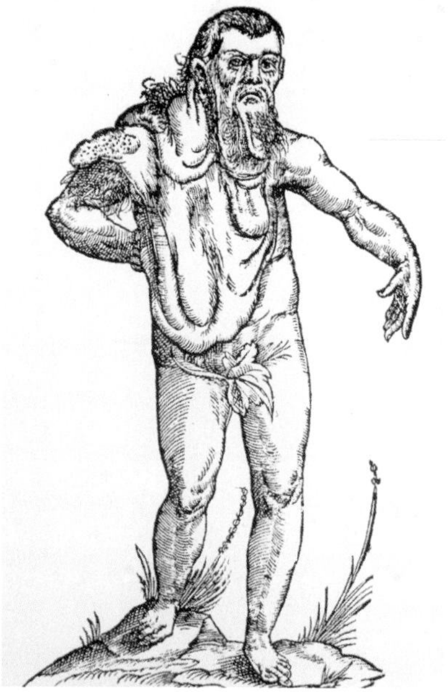

Ulysses Graf Aldrovandus (1522–1605): Homuncio cum substantia carnose circa pectus *(Beschreibung von Mißbildungen der Menschen und Tiere)*

Hautkrankheiten werden oft als »Ausschlag« bezeichnet. Im Fachjargon ist dann von Exanthem, Ekzem oder Effloreszenz die Rede – Ausdrücke, die sinngemäß dem deutschen Begriff entsprechen und mit denen seit über zweitausend Jahren Krankheitserscheinungen unserer Haut beschrieben werden. Ursprünglich gründen diese Bezeichnungen auf der Theorie eines inneren Gleichgewichtes, zu dessen Erhaltung die Haut als Hülle und Austauschoberfläche mit der Umwelt beitragen würde. Diese Theorie, die sogenannte Viersäftelehre, wurde in der Zeit zwischen 400 und 100 v. Chr. in den Hippokratischen Schriften erstmals in wissenschaftlicher Form zusammengestellt und hielt sich seit Clarus Galen (129 – 201 n. Chr.) über das Mittelalter bis ins 19. Jahrhundert in der medizinischen Forschung und Praxis. Sie besagt, daß für ein gesundes Funktionieren des menschlichen Körpers das Gleichgewicht zwischen den vier Körpersäften Blut, Schleim, gelbe und schwarze Galle – Produkten des Stoffwechsels aus der aufgenommenen Nahrung – verantwortlich sei. Unausgewogenheit, auch »Dyskrasie« genannt, führe zu Krankheiten. Basis dieser These war die naturphilosophische Theorie des antiken Griechenlands, nach der alles aus den vier Elementen Feuer, Wasser, Erde und Luft bestehe, denen wiederum die vier Primärqualitäten Hitze, Feuchtigkeit, Trockenheit und Kälte zugeordnet werden könnten. Körperausscheidungen wie Schweiß, Tränen, Urin, Stuhl oder Samenflüssigkeit regulierten dieses Gleichgewicht.

Die medizinische Diagnostik und Therapie fußte demzufolge lange Zeit auf der Beurteilung und Beeinflussung dieser Ausscheidungen. Hauterscheinungen waren Exantheme (Ausblühungen) des Körpers, um sich der gestauten, überquellenden und schädlichen Säfte zu entledigen. Mit Aderlaß und anderen ableitenden Methoden wurden die Heilungsversuche des Körpers von den Ärzten und Wundärzten (Chirurgen) bis in die Neuzeit unterstützt. Hautausschläge wurden bewußt nicht gelindert, um den Heilungsprozeß nicht zu gefährden oder gar durch das Zurückdrängen der schlechten Säfte noch viel schlimmere, gefährlichere Krankheiten, Wahnsinn oder gar den Tod des Patienten zu provozieren. Ausschläge wurden sogar mit aggressiven Salbentherapien aufrechterhalten, um Krankheiten zu heilen. So beschrieb Wolfgang Römisch 1891 in seiner Dissertation über die Therapie des Favus (Flechte des behaarten Kopfes, auch Erbgrind genannt), wie es nur mit großer Mühe gelungen sei, durch Einreiben von Brechweinsteinsalbe einen künstlichen Ausschlag zu erzeugen und so ein Kind vor der Erblindung zu retten. Besonders in der Volksmedizin vieler europäischer Länder hielt sich diese Ansicht noch bis ins zwanzigste Jahrhundert.

Bei Krankheiten mit Hautveränderungen verabreichte man neben pflanzlichen Arzneien, die meist abführend oder schweißtreibend wirkten, auch tierische. Besonders verdickte oder schuppende Haut ließ eine geheimnisvolle Verwandtschaft mit Tieren wie Igel oder der sich häutenden Schlange vermuten, die darum in verschiedenen Formen und Extrakten als Heilmittel eingesetzt wurden. Bei den schweren Hautleiden – ob sie nun Lepra oder Syphilis hießen – verhielt man sich zwiespältig: Einerseits wurden sie als Unreinheiten angesehen, die mit moralischen Werturteilen wie Sündhaftigkeit, Schuld und Strafe behaftet waren, und die davon Betroffenen als Parias behandelt. Andererseits galt es als christliche Pflicht und als Gelegenheit, gottgefällig zu handeln, wenn man sich um diese Kranken kümmerte, ihnen Almosen gab und sie pflegte.

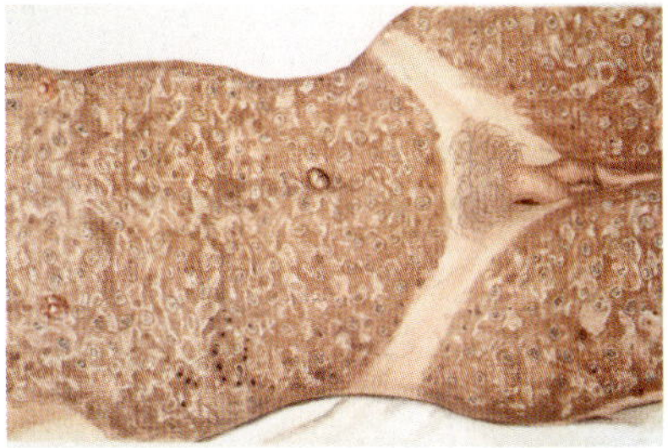

Stark schuppende Hautveränderungen erinnerten an die sich häutende Schlange. Im Mittelalter waren daher Therapieversuche mit Schlangengift und Schlangenfleisch gebräuchlich.

Im europäischen Raum wird der Beginn der »Dermatologie« mit dem Wandel in der Betrachtung der Haut als mehr als einer Hülle, als Organ mit eigenständigen Funktionen gleichgesetzt. Der Franzose Anne Charles Lorry (1726 – 1783) schrieb 1777 in seinem *Tractatus de morbis cutaneis* (deutsche Übersetzung von 1779: *Abhandlung von den Krankheiten der Haut*): »Man muß sie [die Haut] nicht bloß für die allgemeine Decke ansehen, sie ist vielmehr ein Werkzeug (organum) durch eine wunderbare Absonderung zusammengewebet und durch die höchste Weisheit geziert, sowohl zum Nutzen, als auch zur Schönheit der Bildung des Körpers… wir werden sie in diesem Werke als den Sitz der meisten Krankheiten betrachten, die Krankheiten mögen nun in ihr erzeuget werden, wachsen, alt werden und sich endlich hier endigen; oder sie mag dieselben aus den inneren Eingeweiden, wo sie sind erzeuget worden, herauslocken, an sich ziehen und sich gleichsam einsaugen.«

Zuvor, 1776, hatte in Wien Josef Jacob Plenck (1738 – 1807) sein klassifizierendes Werk *Doctrina de morbis cutaneis* publiziert. In England verfeinerte Robert Willan (1757 – 1812) diese Einteilung in seinem 1799 auch in deutscher Sprache erschienenen Buch *Die Hautkrankheiten und ihre Behandlung,* in dem sich auch die erste Abbildung einer Übersicht über die Effloreszenzen (Hautveränderungen) findet. Nachdem die Form der einzelnen Hautveränderungen Grundlage der Diagnostik geworden war, wurden Bilder in der Lehre und Forschung zunehmend wichtig. Am Hôpital St. Louis in Paris begann Jean Louis Alibert (1766 – 1837) um 1810 in seinem *Arbre des Dermatoses* die Hautkrankheiten nach ihren Ursachen und ihrer klinischen Entwicklung zu ordnen.

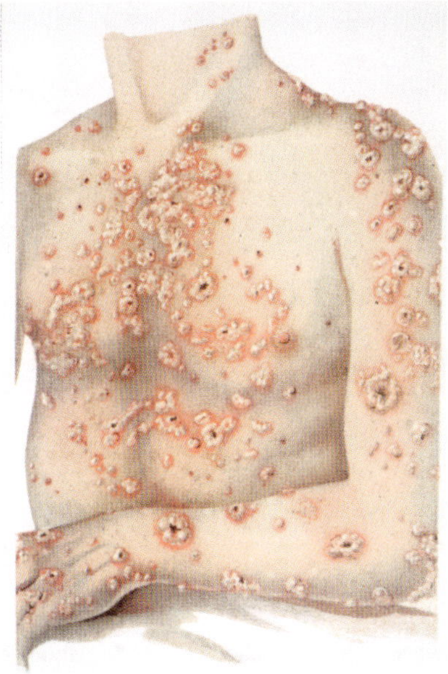

Hautveränderungen wie diese beim Pemphigus (Gruppe blasenbildender Erkrankungen) circinatus wurden vor 1800 als Zeichen eines inneren Säfteungleichgewichtes angesehen.

Beeinflußt durch die Forderungen Johann Lukas Schönleins (1793 – 1864), der auch in Zürich tätig war, wurden vermehrt mikroskopische Beobachtungen in die Darstellung der Hautkrankheiten mit einbezogen. Durch die Entdeckung der belebten Krankheitserregers an deren Anfang Schönleins Beschreibung eines Pilzes als Verursacher des Favus steht, gewann die Einteilung nach der Ätiologie (Ursache) zusätzliche Bedeutung.

Schweiz

In der Schweiz wurde an der damals führenden Medizinischen Fakultät der Universität Bern mit dem aus Leipzig stammenden Edmund Lesser (1852 – 1918) 1892 erstmals eine ordentliche Professur für Haut- und Geschlechtskrankheiten geschaffen. Sein Nachfolger, Josef Jadassohn (1863 – 1936) aus Breslau, baute während einundzwanzig Jahren die Berner Dermatologie zu einem wichtigen Ausbildungszentrum für Ärzte aus ganz Europa aus.

1906 übernahm Bruno Bloch (1878 – 1933), der einen Teil seiner Ausbildung bei Jadassohn absolviert hatte, zuerst als Assistent, ab 1913 als außerordentlicher Professor die Leitung der dermatologischen Station in Basel. Ein Jahr später wurde die dermatologische Abteilung von der medizinischen Klinik Basel abgelöst und als eigenständige Universitätsklinik eröffnet. 1916 folgte Bloch dem Ruf nach Zürich auf den neuen Lehrstuhl für Haut- und Geschlechtskrankheiten. Sein Nachfolger in Basel war Felix Lewandowsky (1979 – 1921), ebenfalls ein Schüler Jadassohns.

In Lausanne wurde mit der Wahl Emile Dinds (1855 – 1932) 1890, in Genf mit derjenigen Hugues Oltrameres 1887 zum außerordentlichen Professor die Selbständigkeit des Faches besiegelt. Es muß jedoch festgestellt werden, daß im internationalen Vergleich die Ablösung der Dermatologie von der Inneren Medizin in der Schweiz sehr spät erfolgte.

Zürich

Das erstmals 1204 erwähnte Zürcher Krankenhaus (später wie in vielen Städten üblich als »Heiliggeistspital« bezeichnet, obwohl ohne Beziehung zum gleichnamigen Orden) diente als Armenherberge für bedürftige Pilger und Landfahrer, bot aber auch eine Krankenstube für längere Hospitalisierungen. Kranke Bürger wurden in der Regel zu Hause von der Familie unter ärztlicher Beratung gepflegt. Ursprünglich war nur ein Raum für die anderen Kranken und Pfründner (Insassen von Altersheimen und Armenhäuser) vorhanden. Im Laufe der folgenden Jahrhunderte wurde das Krankenhaus ausgebaut und ein eigenes »Grindstübli« für Patienten mit Hautkrankheiten eingerichtet (wobei mit »Grind« eine Krankheit mit einer Kruste oder Borke auf der Haut gemeint war).

Die meisten Hautkrankheiten, die im heutigen Sinn als schwere Leiden gelten, dürften unter den weit gefaßten Begriff Aussatz (Lepra, Malzey, Mieselsucht) gefallen sein. Neben der im Mittelalter auch in der Schweiz nicht seltenen Infektionskrankheit Lepra (wie der Morbus Hansen noch immer bezeichnet wird) gehörten vermutlich zeitweise auch Psoriasis, Pityriasis, Vitiligo (schuppende und fleckenbildende Hauterkrankungen) und – nach 1496 – die Syphilis dazu.

Die erste Erwähnung des Zürcher Siechen- und Pfründhauses St. Jakob an der Sihl stammt aus dem Jahre 1221. Wie für die häufig nach dem Heiligen Jakob benannten Leprosorien (Lepraheime) üblich, befand sich das Siechenhaus zur Absonderung der Aussätzigen außerhalb der Stadtmauern an einem fließenden Gewässer und verfügte über eine eigene Kapelle. Es stand an der linken Seite der Badener Landstraße in geringer Entfernung von der alten Sihlbrücke, unweit des Richtplatzes. Auf den zwei Begräbnisstätten wurden nicht nur die Toten aus dem Heim, sondern im 16. und 17. Jahrhundert auch die hingerichteten Missetäter begraben. Im St. Jakob an der Sihl wurden anfangs vor allem bessergestellte Lepröse, die für ihre Verpflegung aus eigenen Mitteln aufkommen konnten, im 16. Jahrhundert schließlich nur noch gesunde Pfründner aufgenommen. 1364 ist erstmals ein zweites Absonderungshaus für Leprakranke aufgeführt: das Sondersiechenhaus an der Spanweid, auch St. Moritz genannt, in das arme und mittellose Aussätzige eingewiesen wurden.

Die Anzahl Siechenhäuser (im Kanton Zürich sechs, in der Schweiz gesamthaft um hundertachtzig) darf nicht zur Annahme verleiten, Aussatz sei im Mittelalter ein verbreitetes und großes Problem gewesen. Die Leprosorien waren nicht immer belegt, auf dem Lande beherbergten sie meist nur einzelne Personen, in den Städten jeweils kaum mehr als fünfzehn. Zudem gibt es Anzeichen dafür, daß Leprosorien zeitweise auch ein Statussymbol christlicher Nächstenliebe darstellten, vorweisen zu können.

Neben den stationären Kranken fand sich in den Leprosorien eine zweite Gruppe von Aussätzigen: die herumwandernden »Feldsiechen«, die die Häuser als Herberge benutzten. Um 1600, als Lepra bereits seltener auftrat, wird in den Akten immer noch von den Feldsiechen berichtet. Sie scheinen eine wahre Landplage gewesen zu sein und die Siechenhäuser zeitweilig richtiggehend überschwemmt zu haben. Unter ihnen befanden sich häufig auch Simulanten, die als Lepröse gekleidet zu ihrem täglichen Brot kommen wollten. Das mag mit ein Grund sein, warum sich das Wort »Siech« im Schweizerdeutschen als Schimpfwort bis in die heutige Zeit gehalten hat.

Nahe der Spanweid lag das Röslibad, das bis 1750 als Therapieort für Aussätzige, Krätzige und andere Patienten mit Hautausschlägen diente. Im einen Teil

Siechen- und Pfründhaus St. Jakob an der Sihl

Bis 1842 blieb das ehemalige Siechenhaus St. Jakob ein Pfrundhaus. Später wurde die Kapelle als Schlachthaus des Konsumvereins zweckentfremdet, dann 1903 abgebrochen. Das Bild aus dem Jahre 1900 zeigt die Badenerstraße mit der Kapelle St. Jakob und dem Pfundhaus im Hintergrund.

Siechen- und Pfrundhaus an der Spanweid mit Röslibad

Die Badenfahrt. Aquarell von Heinrich Freudwiler, um 1785. Die Reise zur Badekur ins Verenabad nach Baden mit einem Weidling auf der Limmat galt als besonders angenehm. Die einfachen Gäste saßen vorne, die vornehmen Herren und Damen hinten beim Steuer, wo man weniger von den Wellen bespritzt wurde.

wurden die Anstaltsinsassen und die armen Feldsiechen behandelt, das andere stand den wohlhabenderen Stadtbürgern zur Verfügung.

Als mit dem Aufkommen der höchst infektiösen Syphilis die Badeanstalten in Verruf gerieten, Ansteckungsherde zu sein, und immer mehr gemieden wurden, ging das eigentliche Röslibad ein. Die Quelle, aus der es gespiesen worden war, diente weiterhin dem Medizinalbad der Spanweid. Diese Anstalt entwickelte sich zum vielbesuchten Armenbad, in dem im Sommer die Bedürftigen der Stadt und der Landschaft ihre Badekuren machen konnten. Die Spanweid wurde 1833 mit dem bei der Gründung der Universität in Zürich neu organisierten Kantonsspital zusammengelegt und diente noch eine Weile als Absonderungshaus für Pocken-, Typhus- und Cholerapatienten. Nach dem Verkauf der Spanweid Ende des 19. Jahrhunderts wurden die Gebäude niedergerissen.

Jahrhunderte lang galt, daß langes Baden bis zur Entstehung eines »Badeausschlages« für die Heilung notwendig sei. Eine logische Schlußfolgerung – sah man doch die Haut als Reinigungsorgan und die Hautveränderungen als Zeichen abfließender schlechter Säfte. Das Wasser wurde erwärmt, die Kranken mußten in erster Linie zum Schwitzen gebracht werden. Priesen die Zürcher Stadtärzte diese Praxis und deren therapeutische Erfolge hoch, so war die Stadtregierung weniger glücklich darüber, denn in der Spanweid wurden die Patienten nicht selten bis zu einem Jahr gepflegt – und verpflegt. Die Regierung verglich dies mit den Aufenthaltszeiten der Kurgäste im Verenabad, in der aargauischen Stadt Baden: Dort entließ man die Patienten bereits nach vier bis fünf Wochen. In Zürich änderte die Therapiedauer erst im 19. Jahrhundert, als auch das Verständnis von Hautkrankheiten sich zu wandeln begann. Eine Kur dauerte fortan nur noch eine bis drei Wochen – in den Tageszeitungen warb man dafür mit Preisen zwischen zwanzig und fünfzig Rappen pro Bad.

Ende des 15. Jahrhunderts breitete sich, vermutlich ausgehend von den zurückkehrenden Schiffen Kolumbus' über Spanien und über das Söldnerheer Karls VIII. von Neapel weiter, die Syphilis (*Mal de Naple, mal frantzoso*) über ganz Europa aus und erreichte 1496 auch Zürich. Die »Frantzosen« oder auch »bösen Blatern« lösten die Lepra als ernsthaftes Gesundheitsproblem ab.

Die Syphilispatienten wurden in einer eigenen Einrichtung im Chratzquartier (zwischen dem heutigen Münsterhof und dem Bürkliplatz) behandelt, und ab 1525 stand im ehemaligen Frauenkloster am Ötenbach ein sogenanntes Blaternhaus.

1528 wurde die Stelle eines »Blaternarztes vom Ötenbach« geschaffen. Dazu heißt es, daß *Hans Heinrich, der sich der artzneye mit Ihnen understatt uss dem hus, doe er yetz ist vrenndern, und an ein sundrig heimlich ennd zu der Statt Ringgmur oder füruss ziehen.* Der Blaternarzt vom Ötenbach war für die Betreuung des Blaternhauses und die Behandlung der Haut- und Geschlechtskranken, in erster Linie für die Betreuung der Syphilitiker, in allen öffentlichen Krankenanstalten Zürichs, sowie für die chirurgische Versorgung der Patienten an der Spanweid, im nebenan gelegenen Zuchthaus und – in Seuchenzeiten – im Pestlazarett zuständig.

Syphilis wie Lepra führten wegen ihrer augenfälligen und stigmatisierenden Hauterscheinungen zur gesellschaftlichen Ausgrenzung der Betroffenen. Dem Ungeübten scheinen alle Ausschläge sehr ähnlich, für den Spezialisten aber ist es (heute wie damals) oft allein auf Grund unterschiedlicher Details möglich, zwischen banalen und schwerwiegenden Erkrankungen zu unterscheiden. Da eine falsche Zuordnung für den Betroffenen und dessen Umgebung gravierende Folgen haben konnte, besaß der Blaternarzt, der durch sein Fachwissen »Aussätzige«, Syphilitiker und Pockenkranke von anderen Kranken oder gar Simulanten unterscheiden konnte, eine wichtige Funktion. Ab 1610 wurde er auch Beisitzer im Gremium der »Wundgschau«, das die den Krankenanstalten zugewiesenen Kranken zu beurteilen hatte.

Nach dem Rückgang der Lepra wurden in der Spanweid und im Sondersiechenhaus St. Moritz auch andere Hautkranke zugelassen. Neben Syphilitikern waren dies Patienten mit Krätze, Skropheln (Lymphknotentuberkulose), Lupus (Hauttuberkulose), äußerlichen Krebsgeschwüren und Erbgrind, Psora humida und Psora sicca (Ekzeme, Psoriasis als Vorstufe der Lepra). Das Grindstübli im Heiliggeistspital blieb in erster Linie unheilbar Kranken reserviert.

Der Blaternarzt Esslinger berichtet 1693 von den medizinischen Verrichtungen. Er habe in den einundzwanzig Jahren seiner Tätigkeit *Schenkel, Arme, Finger, Zehen, mänliche ruthen abgenommen, weibsbilder die von den Soldaten schantlich tractiert und angesteckt curiert, gar tote Frucht auss Mutterleib genommen, underschiedenliche Krebsschaden geschniten und cruiert, allerhand wüste Blatern und französische wartzen vertriben, einem ellenden Menschen am linken Fuß alle Zehen hinweggestemmt…*

Bei schweren Krankheitsfällen, besonders vor wichtigen Operationen, mußte er in der »Gschau« referieren oder sich in dringenden Fällen mit dem »Archiater«, dem Stadtarzt, beraten und die Herren der Gschau zur Operation einladen. Um einen syphilitischen Patienten zu behandeln, rechnete er mit vier bis fünf Wochen. Die Genesenen hatte er so bald als möglich der Wundgschau vorzuführen, die über die Entlassung beschloß. Gemäß einer Anordnung von 1585 durfte er sie aber auch nicht zu früh wegschicken, denn kamen sie wieder,

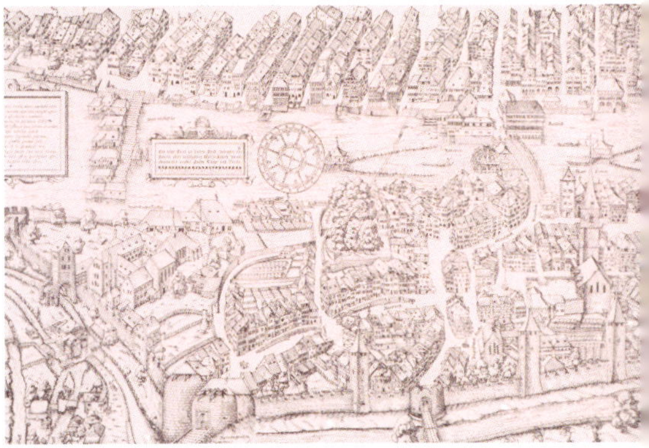

1525 wurde ein Gebäude des Frauenklosters am Ötenbach als »Blaternhaus« für die Betreuung und Absonderung von Syphiliskranken eingerichtet. Auf dem Zürcher Stadtplan von 1576 befindet sich das Frauenkloster am Stadtrand südöstlich des Lindenhofes.

verursachte dies der Stadt zusätzliche Ausgaben. Aus Angst vor den offenbar recht hohen Kosten kam mehrfach gar der Vorschlag auf, die Anstalt eingehen zu lassen. Nur die Argumente, Patienten mit so »abschüchlichen« Krankheiten würden in anderen Krankenanstalten keine Aufnahme finden und die Gesunden müßten vor Ansteckung bewahrt werden, verhinderten dies. Der Blaternarzt und seine Familie wohnten ab 1619 ebenfalls im Krankenhaus am Ötenbach – eine weitere Kostensenkungsmaßnahme. Das Gebäude mit dem gesamten Hausrat wurde ihm leihweise überlassen, für die Ergänzung des abgehenden Mobiliars hatte er zu sorgen. Die in der Anstalt untergebrachten Patienten mußte er selbst verpflegen und mit Arzneien versehen, zusätzliche Dienstleistungen selbst bezahlen. 1827 wurde die Anstalt – weil das Zuchthaus vergrößert werden mußte – an die Spanweid verlegt. Die Syphilitiker brachte man in einem Nebengebäude unter, 1842 dann in der neueröffneten kantonalen Krankenanstalt.

Mit dem Überdenken der bislang gültigen theoretischen Grundlagen der Medizin rückte die klinische Beobachtung am Krankenbett ins Zentrum des wissenschaftlichen Interesses. Dadurch veränderte sich auch das Krankenhauswesen in Zürich innert kurzer Zeit. Bei der Gründung der Universität 1833 wurde Johann Lukas Schönlein aus Würzburg als internistischer Direktor des Kantonsspitals, erster Ordinarius für Innere Medizin und Dekan der Medizinischen Fakultät berufen. Damit oblag ihm ebenfalls die Betreuung der Patienten in der Spanweid.

Bereits seine Zeitgenossen sahen in Schönlein einen der wichtigsten Reformatoren in der europäischen Medizin, im klinischen Unterricht sowie in der Arbeit am Krankenbett. Er erkannte die Wichtigkeit klinischer Untersuchung mit Stethoskop und Perkussion, die – mit chemischen und mikroskopischen Analysen ergänzt – den richtigen Weg weisen konnte, um zur Diagnose, zum Wesen und damit auch zur fundierten Therapie einer Krankheit zu gelangen, und löste sich von hergebrachten, den Befunden widersprechenden Theorien.

Zum Abschied von Johann Lucas Schönlein 1839 aus Zürich wurde diese Gedenkmünze geprägt. Allerdings war ihm zuvor zweimal aus religiös-politischen Gründen das Ehrenbürgerrecht verweigert worden.

In seinen sechs Jahren in Zürich widmete er zudem einen großen Teil seiner Energie der Planung eines neuen kantonalen Krankenhauses auf dem Schönhausgut im Quartier Fluntern. Doch noch vor Fertigstellung des Baus, zu dem er maßgeblich Wünsche und Anregungen beitrug, folgte Schönlein 1839 dem Ruf an die Charité in Berlin. Neben der wissenschaftlichen Attraktivität der berühmten Klinik war das religiös-konservative politische Klima Zürichs mit ein Grund für seinen Weggang.

1842 zogen die Patienten ins neue Kantonalkrankenhaus ein, 1870 wurde das Blaternhaus am Ötenbach abgebrochen und die Stelle des Blaternarztes aufgehoben. Seine Aufgaben übernahm zunächst der Arzt an der Spanweid, als diese 1894 auch geschlossen wurde, übertrug man die Verantwortung an einen Assistenten der Klinik.

Zusammenfassend darf man zur Geschichte der Dermatologie durchaus folgern, daß die Behandlung von Krankheiten der Haut- und Geschlechtsorgane – historisch und aus praktischen Gründen eng verbunden – Ärzten lange Zeit kaum attraktiv schien: Die Therapie einer steigenden Zahl von Krätzekranken stellte große praktische Probleme; Epizoonosen (Infektionen mit Parasiten wie Läuse, Flöhe, Milben etc.), Hautausschläge, Syphilis und Hautgeschwüre waren schwer zu kurieren; Forscher sahen darin noch ein weitgehend wenig verlockendes Gebiet. Erst durch das persönliche Interesse Johann Lucas Schönleins und durch dasjenige seines Sekundärarztes Johann Jakob Schrämli (1801–1865) erhielten die Hautkrankheiten gebührende Aufmerksamkeit.

Schönlein-Gedenkmünze (Rückseite)

Der Stadtarzt von Muralt kuriert eine Fußverbrennung

Christoph Mörgeli

1555 fand der Wundarzt Johannes von Muralt (1500 – 1576), Angehöriger eines zum reformierten Glauben übergetretenen Locarneser Ministerialengeschlechts, in Zürich eine neue Heimat. Bereits 1566 erhielt er wegen seiner beruflichen Kunstfertigkeit das Bürgerrecht. Sein Urgroßenkel Johannes von Muralt studierte Medizin in Basel, Leiden, London, Oxford, Paris, Montpellier und Lyon. 1671 doktorierte er in Basel in den Fächern Medizin und Chirurgie mit einer Arbeit über die Krankheiten der Gebärenden. Nach Zürich zurückgekehrt, legte er auf diese Doppelpromotion besonderen Wert, wollte er sich doch auch weiter mit Chirurgie befassen. Anfänglich geriet er dadurch jedoch in Schwierigkeiten mit den zunftmäßig organisierten medizinischen Handwerkern. Man einigte sich gütlich: Von Muralt wurde als Mitglied der Gesellschaft der Wundärzte aufgenommen und gründete 1686 mit dem Collegium Anatomicum eine Lehranstalt für Chirurgen.

Anatomische Demonstration des Zürcher Stadtarztes Johannes von Muralt. Seine Schüler überreichten ihm 1691 zwei ziselierte vergoldete Silberschalen von Balthasar Ammann. Die hier abgebildete Schale zeigt das Collegium Anatomicum in Zürich.

Seit 1688 Archiater – und damit oberster Medizinalbeamter des Zürcher Stadtstaates – veröffentlichte Johannes von Muralt im Jahre 1691 für Meister, Gesellen und Lehrlinge seine *Chirurgischen Schrifften.* Hauptteil des Werkes bildeten die *Observationes chirurgicae,* Beobachtungen aus der eigenen Praxis und aus derjenigen ihm bekannter Kollegen und Schriftsteller. Die dreiunddreißigste Geschichte handelte von einer »Verbrennung des Fußes mit siedigem Wasser«: *Ejn achtzehjährige Frau von Zollicken hat den lincken Fuß mit siedigem Wasser verbrannt und ist in ersten Tagen von dem Artzt versäumt hernach mit scharffen Medicamenten fünff Monat lang gequälet und ein starcker Zufluß erweckt worden, so daß man auch meines Rahts begehret hat: der Fehler aber meines Erachtens war nicht allein am Chirurgo, sondern auch am Patienten: Der Chirurgus zwar thate etzende Artzneyen über das wild Fleisch auff dem großen Zehen, die Patientin aber hielte sich unmäßig und war den Gichten underworffen auch dem Wein ergeben: Die Patientin habe ich machen erbrechen mit Tartaro solubili emetico, und Morgens und Abends lassen Wundträncke trincken: für das ordinari mußte sie die Rosen-Tinctur brauchen, gute Diät halten und den Fuß mit Ol. philosophorum umb den Schaden herumb erwärmen und mit linderenden Digestiven und Schmertzen-Stillungen verbinden, womit sie auch inner vierzehen Tagen glücklich geheilet worden.*

Johannes von Muralt tadelte in diesem Fall sowohl den allzu aggressiv behandelnden Arzt wie die unmäßig trinkende Patientin. Beide Verhaltensweisen waren nach damaligen Grundsätzen der Humoralpathologie nicht geeignet, die Krankheitsmaterie zur Reifung und aus dem Körper herauszubringen. Der hinzugerufene Stadtarzt entschied sich neben der äußerlichen Behandlung auch zu einer medikamentösen, innerlichen Therapie der Verletzung, verabreichte nicht näher spezifizierte Wundtränke, Rosentinktur sowie ein Brechmittel und hielt vor allem auf zweckmäßige Ernährung. Daß er mit seinem »Philosophenöl« auch zum Schatz der Geheimmittel griff, zeigt recht eindrücklich, daß von Muralt nicht eigentlich frühaufklärerisches Gedankengut vertrat, sondern noch immer magischen Vorstellungen und dem medizinischen Aberglauben verhaftet blieb.

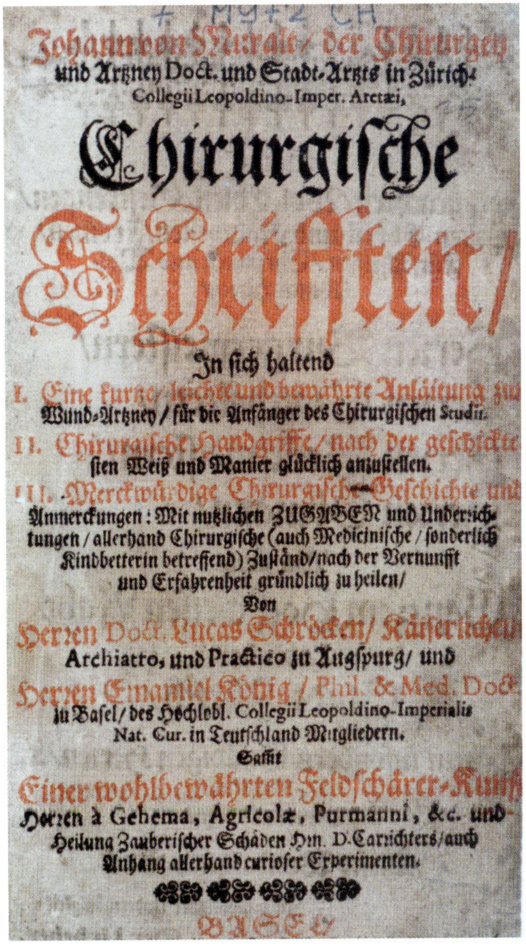

Johann von Muralt / der Chirurgey
und Artzney Doct. und Stadt-Artzts in Zürich
Collegii Leopoldino-Imper. Arctæi,
Chirurgische
Schrifften /
In sich haltend
I. Eine kurtze / leichte und bewährte Anläitung zu
Wund-Artzney / für die Anfänger des Chirurgischen Studii.
II. Chirurgische Handgriffe / nach der geschickte-
sten Weiß und Manier glücklich anzustellen.
III. Merckwürdige Chirurgische Geschichte und
Anmerckungen: Mit nutzlichen ZUGABEN und Underrich-
tungen / allerhand Chirurgische (auch Medicinische / sonderlich
Kindbetterin betreffend) Zuständ / nach der Vernunfft
und Erfahrenheit gründlich zu heilen /
Von
Herren Doct. Lucas Schröcken / Käiserlichem
Archiatro, und Practico zu Augspurg / und
Herren Emanuel König / Phil. & Med. Doct.
zu Basel / des Hochlobl. Collegii Leopoldino-Imperialis
Nat. Cur. in Teutschland Mitgliedern.
Sampt
Einer wohlbewährten Feldschärer-Kunst
Herren à Gehema, Agricolæ, Purmanni, &c. und
Heilung Zauberischer Schäden Hrn. D. Carrichters / auch
Anhang allerhand curioser Experimenten.
BASEL

In seinen in Basel gedruckten, den Standeshäuptern und dem Rat gewidmeten Chirurgischen Schriften *beschrieb Johannes von Muralt 1691 zahlreiche dermatologische Fallbeispiele.*

Professor Schönleins Fadenpilz

Christoph Mörgeli

1833 gewann die neu gegründete Zürcher Hochschule den Kliniker Johann Lucas Schönlein als Ärztlichen Direktor und klinischen Ordinarius. Seine Sympathie für liberale Anliegen hatte den Würzburger Behörden genügt, um ihn als Direktor des dortigen Juliusspitals zu entlassen. Schönlein, der ursprünglich das väterliche Handwerk eines Seilers hätte erlernen sollen, zeigte zeitlebens ein handfestes Auftreten und behielt seinen fränkischen Dialekt bei; der Ausdruck »grob wie Schönlein« wurde in Zürich zum geflügelten Wort. Der Internist stand am Wendepunkt zwischen alter und neuer Heilkunde, mitten im Übergang von den philosophischen Spekulationen über das Wesen der Krankheit zur naturwissenschaftlichen Beobachtung am Krankenbett. In seiner Dissertation noch deutlich von der Naturphilosophie beeinflußt, wandte er sich bald gegen die »romantische Medizin« und wurde Begründer einer »naturhistorischen Schule«. Dem Kenner der damals führenden Pariser Klinik war es ein Anliegen, die Erkenntnisse von Physik und Chemie genau so einzubeziehen, wie die technischen Hilfsmittel Stethoskop und Perkussionshammer.

Johannes Lucas Schönlein (1793–1864) – Erstbeschreiber der mikrobiologischen Ursache einer menschlichen Krankheit

Nach der Doktorarbeit publizierte Schönlein – abgesehen von zwei winzigen Abhandlungen in seiner Zürcher Zeit – keine einzige Zeile. Dennoch war seine nur gerade eine Seite umfassende Mitteilung *Zur Pathogenese der Impetigines* epochemachend und erhob ihn zum Begründer der Lehre von den durch Pilze verursachten Hautkrankheiten (Dermatomykosen): Schönlein hatte den Fadenpilz (Achorion schoenleinii) als Verursacher der ansteckenden Hautkrankheit Porrigo (»Kopfgrind«) erkannt und damit zum ersten Mal einen exogenen pflanzlichen Erreger als Erzeuger einer menschlichen Krankheit beschrieben. In Johannes Müllers *Archiv für Anatomie und Physiologie* von 1839 schrieb Schönlein: *Da ich gerade glücklicher Weise einige Exemplare von Porrigo lupinosa W. im Hospitale hatte, so machte ich mich an die nähere Untersuchung, und gleich die ersten Versuche ließen keinen Zweifel über die Pilz-Natur der sogenannten Pusteln. Anliegend eine mikroskopische Abbildung eines Pustelstückes. Zugleich sende ich einige mit der größten Leichtigkeit aus der oberen Schicht der Lederhaut am Lebenden ausgeschälte Porrigo-Pusteln bei. Ich bin eifrig mit weiteren Untersuchungen über diesen Gegenstand beschäftigt, deren Resultat ich bald zu veröffentlichen gedenke.*

Europäischen Ruhm erwarb sich Schönlein als Ärzteausbildner und mündlicher Vermittler von Wissen. 1839 folgte er einem ehrenvollen Ruf als Professor an die Berliner Charité und als Leibarzt des preußischen Königs. Auch dort fand er ein breites Publikum für seine stets frei formulierten, geistvollen Vorlesungen. Von seiner Zürcher Zeit zeugt heute noch ein nach ihm benanntes Sträßchen; und lange

Zeit blieb folgende Anekdote in Erinnerung: Schönlein soll einem Patienten vorausgesagt haben, er werde nur noch ein halbes Jahr leben. Als er denselben Mann dreiviertel Jahre später wiedersah, fragte er ihn, weshalb er entgegen der Prognose noch immer am Leben sei. Dieser antwortete: »Herr Professor, ich habe den Arzt gewechselt.« Worauf ihn Schönlein anbrüllte: »Dann hat der Kerl sie eben falsch behandelt!«

Die Dermatologische Klinik in Zürich

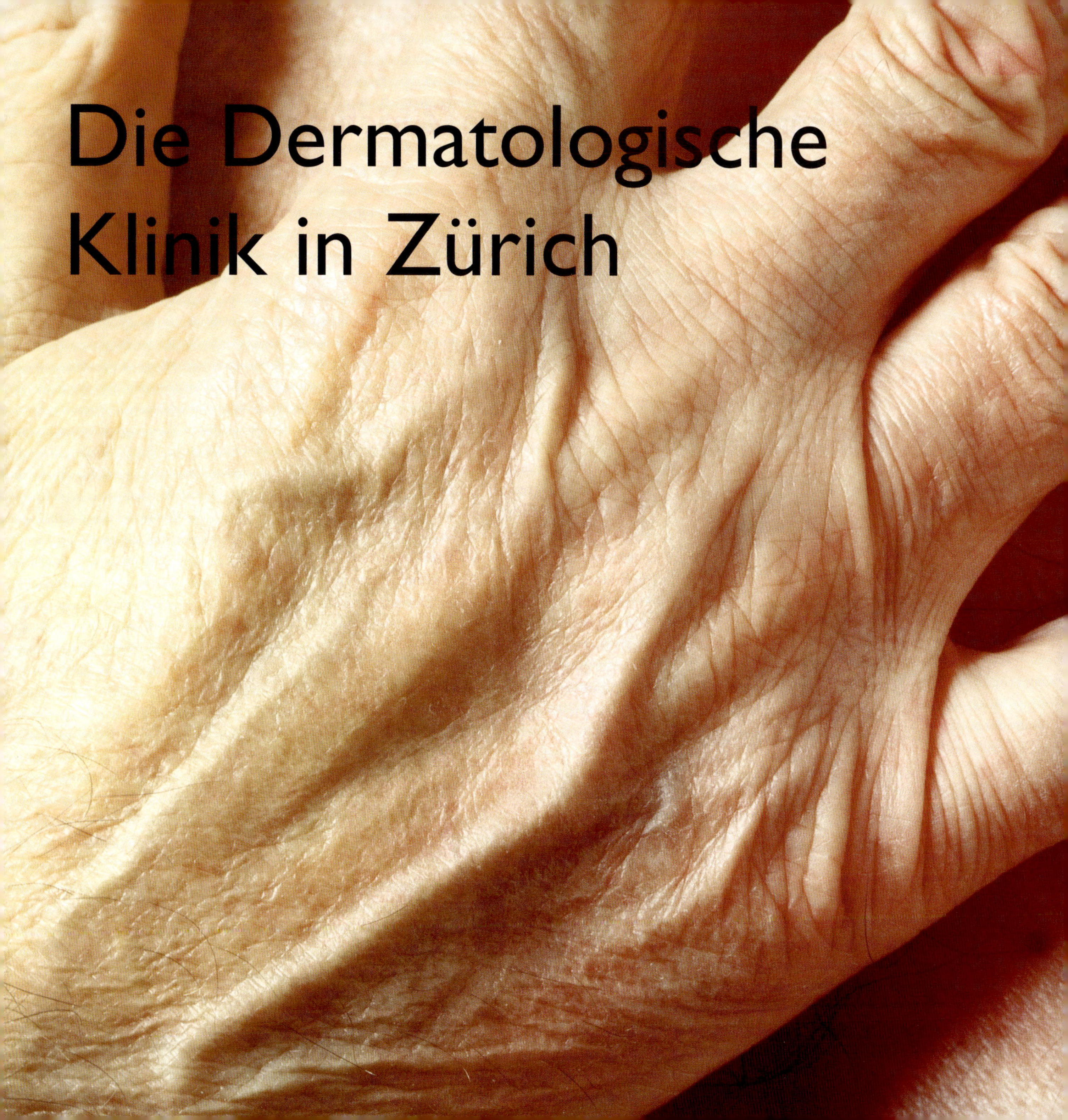

Die Dermatologische Klinik in Zürich

Michael L. Geiges

Erst sehr spät, längst nach den meisten Ländern Europas, löste sich in der Schweiz und besonders in Zürich die Dermatologie als eigenes Spezialfach von der Inneren Medizin. Es brauchte den Druck der Medizinalprüfungsverordnung von 1912, unter dem sich im kantonalen Krankenhaus trotz großer Platznot die Einrichtung eines Lehrstuhls für Dermatologie und Venerologie nicht mehr weiter hinausschieben ließ.

Bruno Bloch (1878 – 1933)

1916 wurde Bruno Bloch, Leiter der ersten Dermatologischen Klinik in Basel, auf die neu geschaffene ordentliche Professur für Haut- und Geschlechtskrankheiten nach Zürich berufen. Er war der Sohn eines jüdischen Landarztes und wollte dem Beispiel des Vaters folgen, schloß sein Medizinstudium 1902 in Basel ab und arbeitete dann unter Wilhelm His (1863 – 1934) an der medizinischen Klinik in Basel. His regte ihn dazu an, sich auf die Dermatologie zu konzentrieren, da sich für den Juden Bloch in diesem unbeliebten Spezialgebiet am ehesten Aufstiegsmöglichkeiten boten. Nach Weiterbildungsstudien in Wien, Berlin und Paris, und einem Aufenthalt bei Josef Jadassohn in Bern, übernahm Bloch 1906 die Hautabteilung in Basel und habilitierte sich zwei Jahre später an der dortigen Universität für das Gebiet der Dermatologie und Syphilidologie mit einer Studie *Zur Lehre von den Dermatomycosen*. 1913 wurde er zum außerordentlichen Professor und Direktor der nun selbständigen Klinik für Haut- und Geschlechtskrankheiten in Basel gewählt und drei Jahre später nach Zürich berufen.

Um Bloch zu gewinnen, versprach man ihm den Neubau einer Dermatologischen Klinik innerhalb von drei bis vier Jahren. Zunächst wurde die dermatologische Abteilung mit zweiunddreißig Betten in einigen Sälen der medizinischen Klinik und in den Räumen der medizinischen Poliklinik untergebracht, 1917 dann in ein provisorisch umgebautes Haus an der Pestalozzistraße 10 verlegt. Dessen achtundvierzig Betten mußten schon im gleichen Jahr auf sechzig erhöht werden.

Gebäude an der Pestalozzistrasse 10, das von 1917–1924 provisorisch eingerichtet die neu geschaffene Dermatologische Klinik und Poliklinik des Kantonsspitals beherbergte.

Der Bau einer eigenen Klinik ließ schließlich doch länger auf sich warten. Im Vorfeld der kantonalen Volksabstimmung zur Bewilligung der Kosten einer neuen Dermatologischen Klinik urteilte Bloch in einer Aufklärungsschrift, die herrschenden Verhältnisse seien »jeder Hygiene Hohn« und verglich diese mit den Siechenhäusern des Mittelalters. Um die Bevölkerung – besonders auf dem Land – von der Notwendigkeit des Projektes zu überzeugen, hielt er Vorträge und demonstrierte dabei mit Moulagen »die verheerenden Folgen, welche viele Haut- und Geschlechtskrankheiten, vor allem die Syphilis, die Gonorrhoë, die Tuberkulose, und der Krebs der Haut, anrichten«. Am 2. April 1922 wurde der

Neubau vom Volk genehmigt, am 23. Juli 1924 konnte die Klinik an der Gloriastraße 31 eröffnet werden.

Sie umfaßte insgesamt über hundert Betten mit speziellen Behandlungsräumen; Bäder im ersten und zweiten Stock; eine Poliklinik, die Direktion und die Bestrahlungsabteilung im Erdgeschoß sowie eine Badeabteilung und Laboratorien im Untergeschoß. Die besonderen Bedürfnisse der Dermatologie waren berücksichtigt worden, so daß die Zürcher Klinik lange Zeit als die am besten und modernsten eingerichtete im In- und Ausland galt.

Die vier stationären, teilweise geschlossenen Abteilungen waren nach Haut- und Geschlechtskrankheiten und nach Geschlechtern getrennt. Zusätzlich waren Tagräume geschaffen worden, da die stationären Patienten nicht gezwungenermaßen auch arbeitsunfähig oder bettlägerig waren (z.B. über Monate behandelte zwangshospitalisierte geschlechtskranke Frauen).

Die spezielle Badeabteilung erlaubte die erfolgreiche Behandlung der Zoonosen (Infektionen mit Parasiten) und die Zusatzpflege rebellischer Dermatosen. Krätzekranke, Patienten mit Kleiderläusen etc. wurden nach der Diagnose über eine äußere Treppe in den Warteraum der Scabiesabteilung (Abteilung für Patienten mit Krätze) geleitet.

Im Ostflügel befand sich ein großes Auditorium für hundertachtzehn Hörer und allen Einrichtungen zur Demonstration von Bildern, Moulagen, mikroskopischen Präparaten und Kranken. Ein separater Eingang mit Garderobe verhinderte, daß die Studenten mit den Krankenabteilungen in Berührung kamen. Moulagen- und Patientendemonstrationen waren Bloch im Unterricht besonders wichtig. Der Hörsaal war daher so angelegt, daß jeder Kranke, ohne Störung des Vortrages, von den Assistenten durch die Zwischenräume der Bankreihen hindurch geführt und jedem Studenten einzeln präsentiert werden konnte.

Als vorbildlich für die damalige Zeit galten zudem die gut ausgestatteten chemischen, serologischen und mykologischen Laboratorien, sowie das Tierhaus (mit Ställen zur Aufzucht von Meerschweinchen, Kaninchen, Mäusen, Ratten, Katzen, Hunden, Hühnern, Schafen und Affen), das erfolgreiche experimentelle Grundlagen und klinische Forschung ermöglichte.

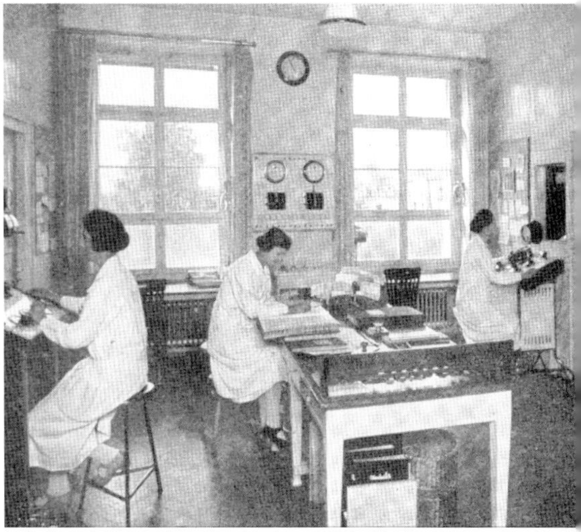

Schaltzimmer der Röntgenabteilung in der neu erbauten Dermatologischen Klinik (ca. 1926)

Forschungsschwerpunkte unter Bruno Bloch

Im Zentrum seiner Forschungen standen die funktionellen Untersuchungen von Hautreaktionen auf die verschiedensten Faktoren der Außenwelt anhand biochemischer und immunologischer Methoden. Dazu trugen Experimente an Tier und Mensch entscheidend bei. Weitere wichtige Untersuchungsgebiete waren die

Bruno Bloch – erster Klinikdirektor (1916 bis 1933) der Dermatologischen Klinik in Zürich

Hautpilzerkankungen. Dabei interessierte sich Bloch für die Gründe des unterschiedlichen Verlaufes von Pilzinfektionen und der Reaktionen des Organismus auf die Infektion.

Bei seinen Untersuchungen betonte er die Parallelität zwischen Dermatomykosen einerseits und Tuberkulose und Syphilis andererseits. Tierexperimente zu den Dermatomykosen könnten neue Erkenntnisse über die ungleich gefährlicheren beiden anderen Krankheiten liefern, die sich überhaupt nicht für Versuche am Menschen eignen.

Für die Ekzemforschungen wurden Menschen und erstmals Meerschweinchen mit Primelextrakt (Primula obconica) sensibilisiert und mit der von Josef Jadassohn entwickelten Läppchenprobe (Vorläufer der heutigen Epikutantestung) getestet. Das Hauptgewicht lag im Nachweis einer durch eine äußerliche Substanz herbeigeführten Sensibilisierung mit nachfolgendem Ekzem. Die Publikationen zu diesem Thema enthalten eindrückliche Beschreibungen von Selbstversuchen von Bruno Bloch und Mitarbeitern, die heute noch mit Moulagen dokumentiert sind. In Zusammenarbeit mit dem Zürcher Chemiker und Nobelpreisträger Paul Karrer (1889 – 1971) gelang die Isolierung der Substanz »Primin«, dem exzemauslösenden Extrakt aus Primeln.

In der Pigmentforschung klärte Bloch die biochemische Bildung des Melanins mit Hilfe der von ihm entdeckten Dopareaktion auf, und in der Krebsforschung konzentrierte er sich besonders auf die mögliche Auslösung von Krebs durch Umweltfaktoren. Mit der weißen Maus als Versuchsobjekt wurde der Teerkrebs, bei Kaninchen die krebserzeugende Wirkung von Röntgenstrahlen untersucht. Dabei gelang es Bloch als erstem, maligne Tumoren durch Röntgenstrahlen zu erzeugen.

Als wissenschaftlicher Mediziner empfand es Bloch als seine Pflicht, die Angaben über Beobachtungen auf ihre Richtigkeit nachzuprüfen, ganz gleichgültig, ob seine Arbeit dem Trend seiner Zeit entsprach. Die von verschiedenen Seiten her propagierte Behandlung von Warzen, also von infektiös bedingten geweblichen Neubildungen, durch Suggestion wurde über zweieinhalb Jahre an der Klinik beurteilt. Die Therapie mit Verbinden der Augen und Händeauflegen auf einen surrenden Apparat und das Einfärben der Warzen mit Eosin hatten in Abhängigkeit von der affektiven Einstellung des Patienten, der Persönlichkeit der Arztes und dessen Glauben an diese Heilmethode erstaunliche Erfolge.

1917 und 1918 lehnte Bloch Berufungen nach Bern und Berlin ab. 1930 prüfte er ein erneutes Angebot aus Berlin gründlich, verzichtete schließlich jedoch aus politischen Gründen darauf. Aus Dankbarkeit dafür, daß er Zürich treu blieb, veranstalteten Hunderte von Studenten einen Fackelzug zu seinen Ehren und die Fakultät organisierte ein Bankett, an dem die Regierung teilnahm, und an dem angeblich 870 Liter Bier konsumiert wurden.

Der Verbleib in Zürich war für Bloch ein Ansporn, noch mehr und besser zu arbeiten, »um zu zeigen, daß es nicht Ruhebedürfnis und Bequemlichkeit waren, die mich auf Berlin verzichten ließen«. Daneben plante er mehrere Buchveröffentlichungen. Doch im Rahmen von Forschungsreihen wurden bei Blutentnahmen von Bruno Bloch (begleitend zu wiederkehrenden Kopfschmerzen) Agranulozytosen, eine massive Erniedrigung weißer Blutkörperchen, beobachtet. Ende März 1933 erlitt er nekrotisierende Schleimhautulcera und einen Lungeninfarkt. In der Nacht vom 9. auf den 10 April verstarb er an einer Agranulozytose im Alter von fünfundfünfzig Jahren.

In der Autobiographie seines Schülers Marion Sulzberger (1895 – 1984) wurde der Wirkstoff Pyramidon (Allonal®), der bei Kopfschmerzen und Erschöpfungszuständen angeblich nicht nur von Bloch großzügig eingenommen wurde, als Ursache vermutet, und zwar nur wenige Monate vor der ersten Publikation über Agranulozytose unter Pyramidon. Der tragische Tod Blochs veranlaßte Sulzberger zu seiner Forderung, Forschungsergebnisse müßten so rasch wie möglich publiziert werden.

Ärzteteam mit Bruno Bloch (vorne, Mitte) und seinem Oberarzt und späteren Nachfolger Guido Miescher (mit Hut)

Guido Miescher (1887-1961)

Nach Blochs unerwartet frühen Tod wurde auf Vorschlag der Medizinischen Fakultät der langjährige Oberarzt und Leiter der Strahlenabteilung Guido Miescher (1887 – 1961) dessen Nachfolger. Miescher hatte als Unterassistent und später als Assistent bei Bloch in Basel gearbeitet und war 1916 mit ihm nach Zürich gekommen. Seit 1927 war er Leiter der Strahlenabteilung, die er aufgebaut hatte und weit herum bekannt war; von 1942 bis 1944 amtete er als Dekan der medizinischen Fakultät, 1947 wurde er zum ordentlichen Professor ernannt.

Forschungsschwerpunkte

Miescher setzte die funktionell biologische Forschungsrichtung von Bloch bei der Lösung immunologisch allergologischer Probleme, bei Fragen der Pigmentgenese und des experimentellen Karzinoms fort, und gilt als Pionier der Strahlenbiologie und -therapie. Er hatte bereits den wellenförmigen Verlauf des Röntgenerythems und den Schutzmechanismus der Haut gegen Ultraviolett durch Verdickung der Hornschicht beschrieben. Es folgten weitere wichtige Arbeiten über Dosierungen von Röntgenstrahlen und Bestrahlungsmethoden bei gut- und bösartigen Hautleiden.

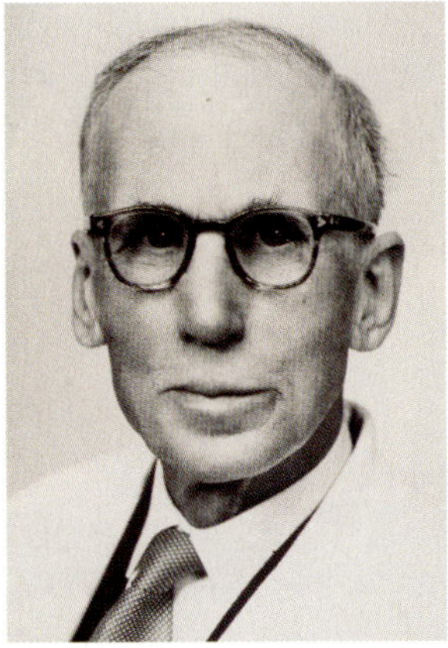

Guido Miescher – Direktor der Dermatologischen Klinik von 1933-1958

Die von ihm in seinen histopathologischen Studien beschriebenen Radiärknötchen bei Erythema nodosum werden noch heute nach ihm benannt. Von Bedeutung waren auch die Arbeiten über die Zusammenhänge des Erythema nodosum mit Medikamenten (Cibazol®) und Infektionskrankheiten (Tuberkulose). Als Kliniker beschrieb Miescher verschiedene seltene oder noch unbekannte Krankheitsbilder. Einige davon tragen ebenfalls seinen Namen als Eponyme: so z.B. die Cheilitis granulomatosa, auch Miescher Syndrom I genannt, oder die Granulomatosis disciformis Miescher.

Durch die Entdeckung und den Einsatz von Antibiotika bei bakteriellen Entzündungen, in der Dermatologie v.a. Sulfonamide (Cibazol) bei Gonorrhöe, gefolgt von Penicillin in den vierziger Jahren und später Breitspektrumantibiotika, änderten sich die Therapien grundlegend. Die Gonorrhöe, und mit dem Penicillin auch die Syphilis, wurden plötzlich zu einfach behandelbaren Krankheiten und verloren in kürzester Zeit ihre soziale und medizinische Bedeutung als Volksseuche. An die Stelle der langwierigen und aufwendigen stationären Kuren für geschlechtskranke Patienten traten ambulant durchführbare Therapien. Die geschlossene Abteilung für Geschlechtskranke konnte aufgehoben werden. Die medikamentöse Behandlung der Hauttuberkulose mit hochdosierten Vitamin-D-Gaben und später die Entwicklung von Tuberkulostatika ersetzten die lang dauernden Lichttherapien.

Schließlich wurden auch in Zürich erfolgreiche Studien zur Wirksamkeit von innerlicher und, nach Entwicklung topischer Cortisonpräparate durch Marion Sulzberger 1952 in New York, auch äußerlicher Anwendung von Kortikoiden durchgeführt. Nach 1958 wurden Kombinationstherapien mit Salben und Röntgenstrahlen bei tiefen Dermatophyteninfektionen mit dem Antibiotikum Griseofulvin, das gegen einen Teil der Pilze wirksam war, obsolet.

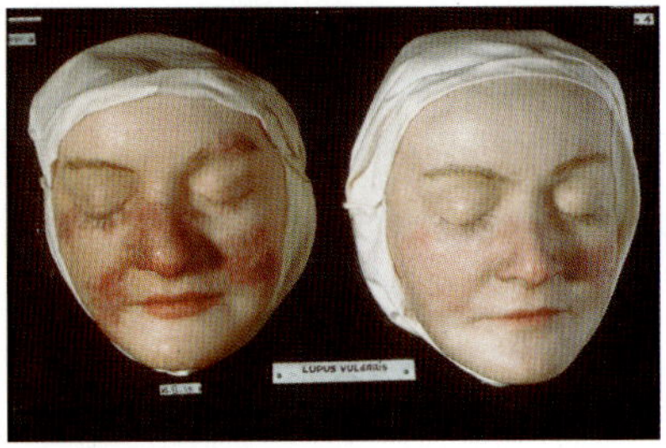

Die früher nicht seltene Tuberkulose der Gesichtshaut (links). Die »fressende Flechte« (Lupus vulgaris, Lupus = lat. Wolf) konnte zu schweren Verstümmelungen führen. Behandlungserfolge brachten z.B. monatelange Lichtbestrahlungen (rechts).

Guido Miescher schrieb in seinem Beitrag zur Zürcher Spitalgeschichte 1951: *Das Gesicht der Klinik hat sich dadurch sehr wesentlich verändert, indem der durchschnittliche Prozentsatz der Veneriker, die sich in der Klinik aufhalten, von 74 auf 10.7 Prozent gefallen ist. Daß die Belegung der Klinik dadurch keine wesentliche Verminderung erfahren hat, erklärt sich durch die wachsende Inanspruchnahme durch dermatologische Fälle, so daß die ursprünglich venerischen Stationen zu dermatologischen Stationen geworden sind.*

Die bereits unter Bloch hervorragende Reputation der Zürcher Klinik als international führende Forschungsstätte wurde von Miescher weiter gefestigt, und Zürich blieb ein Anziehungspunkt für junge Forscher aus vielen Ländern. Miescher, 1948 zum Präsidenten der Schweizerischen Akademie der Medizinischen

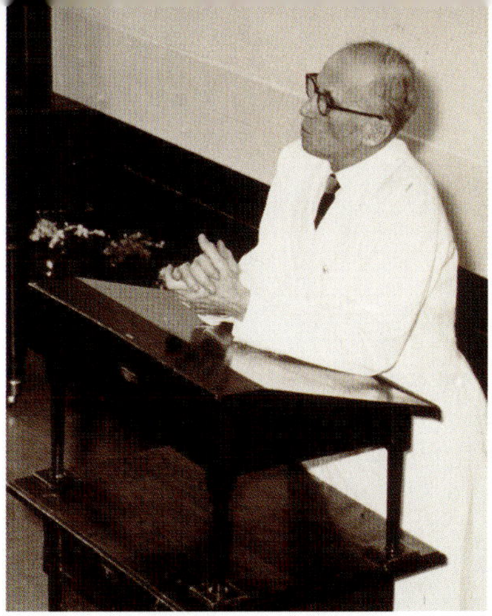

Guido Miescher während seiner Abschiedsvorlesung 1958

Wissenschaften gewählt, wurde von vielen medizinischen Akademien und ärztlichen Gesellschaften mit der Ehrenmitgliedschaft gewürdigt. 1955 erhielt er ein Ehrendoktorat der Medizinischen Fakultät der Ludwig-Maximilians-Universität in München, die Österreichische Dermatologische Gesellschaft überreichte ihm die Ferdinand-von-Hebra-Medaille, die Deutsche Dermatologische Gesellschaft die Karl-Herxheimer-Medaille. 1952 wurde ihm das Präsidium des Internationalen Dermatologischen Komitees übertragen.

Im Frühjahr 1961 begannen ihm starke Schmerzen seine Hobbys (Autofahren, Geigenspielen) zu erschweren. Er diagnostizierte bei sich selbst ein metastasierendes Karzinom. Am 1. September 1961 starb Guido Miescher im Alter von vierundsiebzig Jahren.

Hans Rudolf Storck (1910–1983)

Nach Mieschers Pensionierung übernahm am 9. Januar 1958 Hans Rudolf Storck (1910–1983) das Klinikdirektorium und das Extraordinariat, unter Umständen jedoch, die als Skandal empfunden wurden und auch in der Presse Widerhall fanden. Die Medizinische Fakultät hatte einstimmig Hans Wolfgang Spier (1912–1975) aus Berlin primo loco gesetzt und man sah dessen Wahl nur noch als Formsache an. Hans Rudolf Storck war ex aequo mit Walter Burckhardt, damals Leiter der Städtischen Poliklinik, an die zweite Stelle gesetzt worden. In der Folge wurden Storck persönliche Einflußnahme und eine Abneigung gegen die deutsche Herkunft seines Konkurrenten vorgeworfen. Obwohl er dies abstritt, blieb Storck bis 1963 persona non grata in der deutschen Dermatologie. Erst anläßlich der Guido-Miescher-Gedächtnistagung, die mit der Jahrestagung der Deutschen Dermatologischen Gesellschaft (DDG) 1963 in Zürich zusammenfiel, kam es zur Versöhnung.

Die berufliche Karriere Hans Rudolf Storcks war in ihren Ursprüngen nicht unwesentlich von einer Krankheit mitbestimmt worden: Eine hartnäckige Neurodermitis, die ihm in der Jugend zu schaffen machte, hatte ihm schon früh Einblick in die damals von Bruno Bloch geführte Klinik gebracht. Sein Wunsch, als Hausarzt in den Bergen zu praktizieren, vereitelte eine Poliomelytis (Kinderlähmung), von der er eine Restlähmung im rechten Bein hatte. Nach Anstellungen in der Inneren Medizin und am Zürcher Hygieneinstitut kehrte er zu Guido Miescher zurück, bei dem er seine Dissertation geschrieben und als Assistent gearbeitet hatte.

Wegen seines Vorwissens in Bakteriologie beschäftigte sich Storck besonders mit der Venerologie (Lehre der Geschlechtskrankheiten) sowie mit experimen-

Hans Storck – Direktor der Dermatologischen Klinik von 1958–1978

tellen Untersuchungen zur Frage der Bedeutung von Mikroben in der Ekzemgenese, der Entstehung von Ekzemen und galt als Spezialist für bakterielles und experimentelles Ekzem. Den Zusammenhang zwischen Mikroben und ihrer pathogenen Rolle beim Ekzem konnte er aber nur teilweise aufklären. Nach Einführung der Antibiotikatherapie bei bakteriellen Erkrankungen, speziell auch in der Behandlung von Geschlechtskrankheiten, beschäftigte er sich vornehmlich mit Untersuchungen über sich entwickelnde Resistenzen.

Von einer Studienreise in die USA in den Jahren 1947/48 zurückgekehrt, gründete Storck eine Allergiestation, die anfänglich pro Tag fünf bis zehn Patienten betreuen konnte. Bei der Einrichtung der Station hatte er gegen viele Widerstände und eine große Skepsis seitens seiner Kollegen anzukämpfen – für manche wurde dort einfach Hokuspokus betrieben. Das neue Angebot stieß aber schnell auf gute und breite Resonanz: 1949 konnten schon 330 Patienten behandelt werden, 1950 waren es 536 bei 3'918 Konsultationen und 1951 611 bei 4'335 Konsultationen.

Um mehr Zeit für die individuelle Betreuung seiner Patienten zu haben, eröffnete Hans Rudolf Storck 1951 eine Privatpraxis, blieb jedoch als Konsiliararzt für Allergologie und weitere wissenschaftliche Projekte eng mit der Klinik verbunden. 1957 wurde er zum Titularprofessor, 1958 überraschend zum Klinikdirektor und Extraordinarius als Nachfolger von Guido Miescher. 1969 wurde Storck zum Ordinarius ernannt.

Nach einer Hüftoperation und der notfallmäßigen Operation eines disseziierenden Aortenaneurysmas (Einriß in die Hauptschlagader) 1974 leitete Storck die Klinik, obwohl körperlich geschwächt, noch vier Jahre bis zu seiner Pensionierung im Jahre 1978. Am 31. August 1978 wurde er zum Honorarprofessor ernannt, führte aber im Keller seines Hauses eine kleine Privatpraxis mit Sprechstunden an drei Nachmittagen. Hans Rudolf Storck starb dreiundsiebzigjährig zu Hause an einem Herzversagen.

Urs Walter Schnyder (geb. 1923)

Urs W. Schnyder wurde am 1. September 1978 Direktor der Dermatologischen Klinik und Poliklinik des Universitätsspitals und Ordinarius für Dermatologie und Venerologie. Seine Ausbildung zum Spezialarzt für Dermatologie und Geschlechtskrankheiten hatte er an der dermatologischen Universitätsklinik Zürich 1952 unter Miescher begonnen und war 1964 Assistenzprofessor für Dermatologie mit besonderer Berücksichtigung der Humangenetik geworden. Ein Jahr später war er einem Ruf an die Universität Heidelberg gefolgt und dort bis 1978 Ordinarius für Dermatologie und Venerologie und Direktor der Universitäts-Hautklinik.

Als Urs W. Schnyder dreizehn Jahre später an die Universität Zürich wechselte, genoß er bereits internationale Anerkennung als Kliniker, Dozent und Wissenschaftler. In Zürich führte er seine wissenschaftlichen Untersuchungen über die Erbkrankheiten und die Histopathologie der Haut weiter, förderte aber auch die Forschung in verschiedensten Teilgebieten des Faches. Seine Arbeiten über Ichthyose- (Fisch-Schuppenkrankheit) und Epidermolyse-Typen (Hautablösungen) sind in die medizinische Weltliteratur eingegangen. Mindestens vier besondere Krankheitsbilder wurden von ihm erstmalig beschrieben und als Entität, als eigenständige Erscheinung, erkannt.

Schnyder förderte auch stark den internationalen Austausch, insbesondere mit japanischen Gastärzten; unter den vielen Ehrungen, die ihm zuteil wurden, ist besonders die Verleihung der Ehrendoktorwürde durch die Medizinische Fakultät der Universität Montpellier 1982 und die Ernennung zum Senator der Deutschen Akademie der Naturforscher (Leopoldina) 1986 zu erwähnen.

Urs Walter Schnyder – Direktor der Dermatologischen Klinik von 1978–1991

Am 30. April 1991 trat Urs W. Schnyder nach sechsundzwanzig Jahren am Universitätsspital Zürich, davon dreizehn als Direktor der Dermatologischen Klinik und Poliklinik sowie Ordinarius für Dermatologie und Venerologie, altershalber zurück. Seine Nachfolger wurde Günter Burg, der zuvor während dreier Jahre als Direktor der Universitäts-Hautklinik in Würzburg tätig war.

Umbau der Dermatologischen Klinik

Vier Jahre, von 1985 und 1989, dauerte der Umbau der Dermatologischen Klinik an der Gloriastraße 31, wobei Polikliniken, Allergiestation und Laboratorien zeitweilig in Provisorien (Voltastraße, Haldenbachstraße und Irchel) ausgelagert wurden, um den Klinikbetrieb sicherzustellen.

Äußerlich änderte sich das im neoklassizistischen Stil gehaltene Gebäude kaum. Im Erdgeschoß B wurden die Poliklinik ausgebaut und die Licht-, Laser- und Röntgenabteilung sowie die Venendiagnostik und das Epikutantestlabor untergebracht. Letzteres war ein besonderes Anliegen des damaligen Direktors Schnyder und Basis für den Ausbau der Berufssprechstunde gewesen. Im Geschoß C erhielt die Allergiestation erstmals nach jahrzehntelangen Provisorien eine zweckmäßige Bleibe. Im oberen Bereich des ehemaligen Hörsaals wurde eine Eingriffsabteilung eingerichtet und im Dachgeschoß F erfüllen moderne und vielseitige Laboratorien die Dienstleistungsaufgaben für den Klinik- und Poliklinikbetrieb und für die Forschung.

Die Patientenzahlen hatten sich im Lauf der letzten Jahrzehnte immer mehr vom stationären in den ambulanten Bereich verlagert (von 1'010 stationären

Patienten 1958 auf 693 im Jahr 1988, und von 8'315 ambulanten Patienten 1958 auf 20'418 ebenfalls 1988), so daß die Bettenzahl der Stationen auf einundsechzig Betten gesenkt werden konnte.

Seit dem Umbau verfügt die Klinik wieder über alle Möglichkeiten der Diagnose und Therapie von Haut- und Geschlechtskrankheiten sowie von Allergien. Der Labortrakt gewährleistet eine zeitgemäße Forschung und die Krankenstationen gehören wieder zu den modernsten und zweckmäßigsten dieses Spezialfaches.

Die unter Bruno Bloch gebaute und 1924 eröffnete Dermatologische Klinik Zürich (ca. 1926). Beim Umbau 1985–89 blieb die Außenfassade unverändert.

Tierversuche, Selbstversuche und klinische Erfahrungen

Michael L. Geiges

Tierexperimente und Selbstversuche waren schon immer von besonderer Bedeutung für die medizinische Forschung. In der Moulagensammlung des Universitätsspitals und der Universität Zürich zeugen plastische, naturgetreue Nachbildungen aus Wachs, die die Ergebnisse klinischer Versuche dokumentieren.

Trichophytide

Zu den Hauptforschungsgebieten Bruno Blochs gehörten die Dermatomykosen. Nach seiner *Lehre von den Dermatomycosen,* mit der er sich an der Universität Basel für das Gebiet der Dermatologie und Syphilidologie habilitiert hatte, verfaßte er 1921 im *Archiv für Dermatologie und Syphilis* einen Beitrag über die *Pathogenese der Trichophytide.* Darin beschrieb er zur Generalisation neigende Ausschläge bei lokalisierten Hautpilzerkrankungen, verglich diese mit dem Krankheitsbild der Tuberkulide bei Tuberkulose und begründete den Begriff der »Trichophytide« als allergische Fernreaktion auf eine Reihe von Hautpilzen.

Bloch schilderte den Fall einer Patientin, die auf eine experimentelle Verimpfung des Pilzes Achorion Quinckeanum mit Erythema exsudativum multiforme (das sind eigenartige, oft typische Hautflecken oder Blasen als Reaktion auf eine Infektion oder ein Medikament) reagierte: *Von dieser Beobachtung ausgehend, bedeutete es nur einen kleinen Schritt weiter, zu untersuchen, ob es nicht gelingen würde, bei einem trichophytin überempfindlichen Menschen durch intravenöse Injektion zu demonstrieren, daß tatsächlich eine Entstehung dieser Exanthemform durch gelöstes Antigen möglich ist.* In den Jahren zuvor hatte Bloch Studien mittels Impfungen an Meerschweinchen unternommen. Dies führte zu Experimenten an betroffenen Patienten.

Ekzemforschung

In der Erforschung des ätiologisch und pathogenetisch unklaren und darum viel umstrittenen Bildes des Ekzems zeigte Bloch auf, daß das Ekzem prinzipiell als eine Überempfindlichkeitsreaktion angesehen werden muß. Bloch und seine Schüler experimentierten mit der von Josef Jadassohn eingeführten funktionellen Hautprüfung (»Ekzemprobe«). Besonders wichtig war Blochs Erkenntnis, die Überempfindlichkeit beim Ekzem könne durch Einwirkung von außen erworben werden, die im Gegensatz zur hergebrachten Lehrmeinung stand, Ekzeme seien ausschließlich auf innere Ursachen zurückzuführen. Sie legten darum das Hauptgewicht auf Versuche mit Extrakten von Primelblättern, die bei wiederholten Applikationen obligat zu einem kontaktallergischen Ekzem führen. In den Publikationen aus den Jahren 1925 und 1926 findet man einige der Versuchsprotokolle aufgelistet. Als Versuchspersonen dienten laut Bloch Patienten der stationären Abteilung (Gonorrhoiker), Ärzte, Studenten und Pflegepersonal.

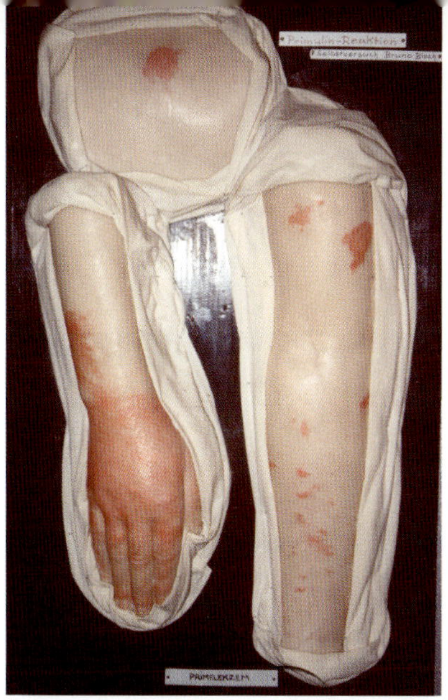

Moulagen der Haut von Klinikdirektor Bruno Bloch nach Provokation eines starken Ekzems durch Primelextrakt im Selbstversuch

In der Dissertation von Brocher sowie im Beiblatt Blochs zur Vierteljahresschrift der Naturforschenden Gesellschaft in Zürich wird auch das Versuchsprotokoll des Patienten B.B. aufgelistet – bei dem es sich um Bruno Bloch selbst handelte. Die darin beschriebenen Reaktionen sind in den Moulagen 346 und 347 – 349 dokumentiert. Aus den veröffentlichten Protokollauszügen wird neben den unmittelbaren akuten Folgen für die Versuchspersonen auch der längerfristig zu bezahlende Preis für die neuen Erkenntnisse ersichtlich: *Juckreiz außerordentlich heftig, stört Schlaf, macht nervös. Die Veränderung dauert in dieser Intensität noch etwa ein bis zwei Tage an… Von diesem Zeitpunkt an erweist sich diese Versuchsperson, die vorher lange Zeit (Jahre) hindurch ohne irgendwelche Reaktion mit Primeln hantiert hatte, als hochgradig überempfindlich gegen dieses Antigen, so daß auch die flüchtigste Berührung von akuten, lang dauernden und scheußlich juckenden Ekzemeruptionen gefolgt werden. Der Zustand dauert bis heute unverändert an. So hat noch vor kurzem ein Aufenthalt im Laboratorium, in dem vorher trockener Primelextrakt pulverisiert worden war, ein außerordentlich schweres und lästiges Gesichtsekzem hervorgerufen.*

Röntgenerythem

Reaktionsformen der Haut auf Röntgenstrahlen wurden erst in den zwanziger Jahren genauer untersucht. Guido Miescher beschäftigte sich mit dem Ablauf des Röntgenerythems, seinem wellenförmigen Verlauf und den histologischen Veränderungen. Er führte Versuche an einem großen Patientenkollektiv durch, wobei er sich bewußt war, daß eine lange Nachbeobachtungszeit nötig war. Als Versuchspersonen wählte er die weiblichen Insassen der venerischen Station, bei denen diese Bedingung durch den langen Klinikaufenthalt erfüllt war. *Eine der größten Schwierigkeiten bei der Beurteilung von Hautreaktionen ist die Ausschaltung des subjektiven Fehlers.* Um diese Fehlerquelle möglichst auszuschalten, wurde eine Röntgenskala mit Hilfe von Wachsmoulagen erstellt.

Teerkrebs

Das Meerschweinchen hatte sich als Versuchstier bei der Erforschung der ekzematösen Hautreaktion als ideal erwiesen. 1935 erschien eine Arbeit von Miescher über die Untersuchungen zur Frage des experimentellen Teerkrebses beim Meerschweinchen, worin er hervorhob, wie wichtig die Forschung bei jenen Formen des Krebses sei, bei denen die auslösende Noxe (Teer, Arsen, Anilinkörper, Röntgen-, Radium- und Lichtstrahlen) bekannt ist. Bei diesen Untersuchungen sei die unterschiedliche Disposition verschiedener Tierarten besonders auffallend: *Während es z.B. bei der Maus und beim Kaninchen relativ leicht gelingt, durch Aufpinseln*

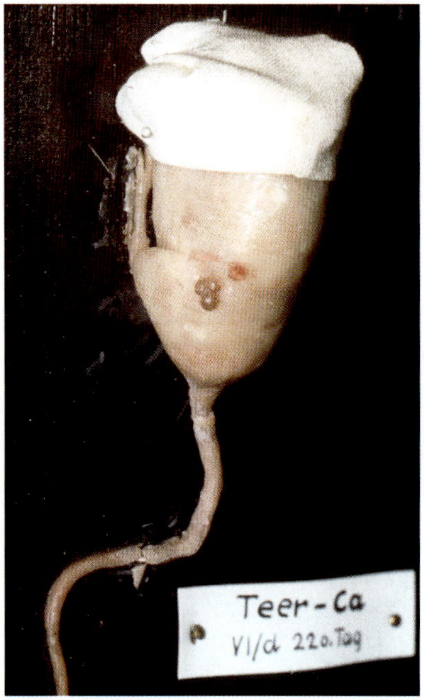

Tierversuch mit einer Maus: experimentell ausgelöstes Karzinom (Hautkrebs) durch die Aufpinselung von Teer. Verlauf nach 220 Tagen.

von Teer auf die Haut Krebs zu erzeugen, während selbst der in der Reihe weit entfernte Mensch, wie die praktische Erfahrung lehrt, bei häufigem Kontakt mit Teerprodukten relativ häufig an Hautkrebs erkrankt, verhält sich das Meerschweinchen dagegen nach den bisherigen Erfahrungen vollständig refraktär [unempfindlich].

Zusammenhänge mit einer Idiosynkrasie (Überempfindlichkeitsreaktion), einer längeren Latenzzeit, einer Dosisabhängigkeit und mit anderen fehlenden »Realisationsfaktoren« wurden tierexperimentell, besonders mit Mäusen, schon unter Leitung von Bruno Bloch um 1922 untersucht. Die erstaunliche Widerstandskraft des Meerschweinchens konnte auch bei Langzeitversuchen bestätigt werden und blieb weiterhin rätselhaft.

Ein »hautaktiver« Nobelpreis in Zürich

Beat Rüttimann

Das Stichwort »Vitamin A« läßt an Verschiedenes denken: Die einen erinnern sich an die britischen Nachtpiloten im Zweiten Weltkrieg, die zur Steigerung ihres Dunkelsehens soviel Karotten futterten, daß sie einen rötlich-gelben Teint bekamen. Gleiches kann auch Säuglingen passieren, und man versucht auch immer wieder, auf diesem Weg Hautbräunung zu imitieren oder zu verstärken. Anderen kommt in den Sinn, daß vom Vitamin A Hautpflegemittel abstammen, die Fältchen zum Verschwinden bringen und für ein Boskop-Gesicht der wahre Jungbrunnen sein sollen.

Paul Karrer erhielt 1937 für seine Arbeiten zu den Vitaminen A und B2 den Nobelpreis für Chemie.

Der Dermatologe achtet vor allem auf Mangelerscheinungen des Vitamin-A-Komplexes und seiner Vorstufen, des Karotins und der Karotinoide. Sie äußern sich nicht zuletzt in charakteristischen Veränderungen der Haut. Man spricht von »Krötenhaut«. Auch ein Defizit an Flavinen, an Riboflavin und Vitamin B2 verursacht Symptome an Lippen und Haut. In beiden Fällen besteht die Behandlung in ausreichender Zufuhr dieser Stoffe.

Für seine Untersuchungen an Carotinoiden, Flavinen und Vitaminen A und B2 erhielt Paul Karrer 1937 den Nobelpreis für Chemie. Seither wurden die Wirkungen dieser Verbindungen auf die Haut genauestens erforscht, nicht nur von der Dermatologie, sondern auch von der Kosmetikindustrie. Paul Karrer (1889 – 1971) wurde als Schweizer in Moskau geboren, von 1918 bis 1959 war er Professor für organische Chemie an der Universität in Zürich. Seine Forschungen umfaßten auch die Wirkung anderer Vitamine und wiesen Wege zu ihrer industriellen Herstellung.

Bruno Bloch: Berliner Verhandlungen in trüber Zeit

Christoph Mörgeli

Bruno Bloch wurde im aargauischen Oberendingen geboren, besuchte dort die jüdische Tagesschule und zog als Elfjähriger mit seinen Eltern nach Basel. Er war gezwungen, sich sein Studium durch Privatstunden zu erarbeiten. Der Kliniker Wilhelm Löffler (1887 – 1972) schrieb in einem Nachruf über Bloch: *Eine leidvolle Jugend, beschattet durch die tragische Mühsal jüdischen Seins, verlieh ihm einen depressiven Zug und entwickelte gleichzeitig den scharfen Witz, der in sich baslerische und jüdische Eigenart vereinigte. Ohne seinen feinen, oft schneidenden, oft sarkastischen, manchmal auch zynischen Witz ist Bloch gar nicht zu denken, und doch handhabte er sein messerscharfes Instrument so, daß er sich kaum je Feinde damit machte, weil er selten verletzte, weil im Persönlichen stets die große Güte hervorleuchtete und sein Witz etwas Befreiendes hatte.*

Als Bloch 1930 den Ruf als ordentlicher Professor an die Universität Berlin und als Chef der dermatologischen Abteilung der Charité erhielt, ließ er sich aus Pflichtgefühl für das Fach trotz der politisch unsicheren Zeit und seiner Anhänglichkeit an die Zürcher Klinik auf Verhandlungen ein, merkte dann jedoch, daß er in Berlin seine Forschungstätigkeit kaum in ähnlicher Weise würde fortsetzen können und daß auch die Infrastruktur weniger komfortabel wäre. Als er – innerlich erleichtert – 1931 die Zürcher Fakultät über sein Bleiben orientierte, bereiteten ihm die Studenten einen riesigen Fackelzug.

Seine Absage an Berlin erwies sich als Glücksfall, denn im Deutschland der letzten Weimarer Jahre wäre er zweifellos schweren Anfeindungen ausgesetzt gewesen und 1933 entlassen worden. Daß Prinz Adalbert – ein Sohn des abgedankten Kaisers Wilhelm II. und Mitglied der NSDAP – aber weiter zu seinen Patienten zählte, veranlaßte die ›Arbeiter-Zeitung‹ zwei Tage vor dem Tod des erst fünfundfünfzigjährigen Bloch am 8. April 1933 zur sarkastischen Bemerkung: »Da ist der Jude recht.« Und sein Zürcher Kollege Wilhelm Löffler schrieb: *Als auf der Höhe der Leistung und der Anerkennung die Krankheit siegte, da drang noch in sein Kranken- und Sterbezimmer die Kunde von der Aufrollung der Judenfrage in Deutschland, ihn aufs tiefste bekümmernd, ihn, der die Bitterkeit überwunden hatte und als unabhängiger Geist sich nie anders denn von menschlichen Beweggründen hatte leiten lassen.*

Der Zeitgeist machte sich auch bei der Nachfolgeregelung Blochs bemerkbar. Der Aargauer Chirurg und Oberstbrigadier Eugen Bircher warnte im Juni 1933 vor der Wahl des Privatdozenten Werner Jadassohn (1897 – 1973), »die all den antisemitisch eingestellten Fronten und Bewegungen einen gewaltigen Auftrieb geben wird«. Erziehungsdirektor Oscar Wettstein verbat sich diese Einmischung, verwies auf anders lautende Vorentscheide der Fakultät und bemerkte, *daß bei dieser Wahl weder der Antisemitismus noch irgendeine Front mitzureden haben. Selbstverständlich bevorzugen wir bei gleicher Tüchtigkeit den bodenständigen Schweizer, entscheidend ist aber ebenso selbstverständlich letzten Endes das wissenschaftliche Interesse der Universität und nicht irgendeine mehr oder weniger trübe Tagesströmung.*

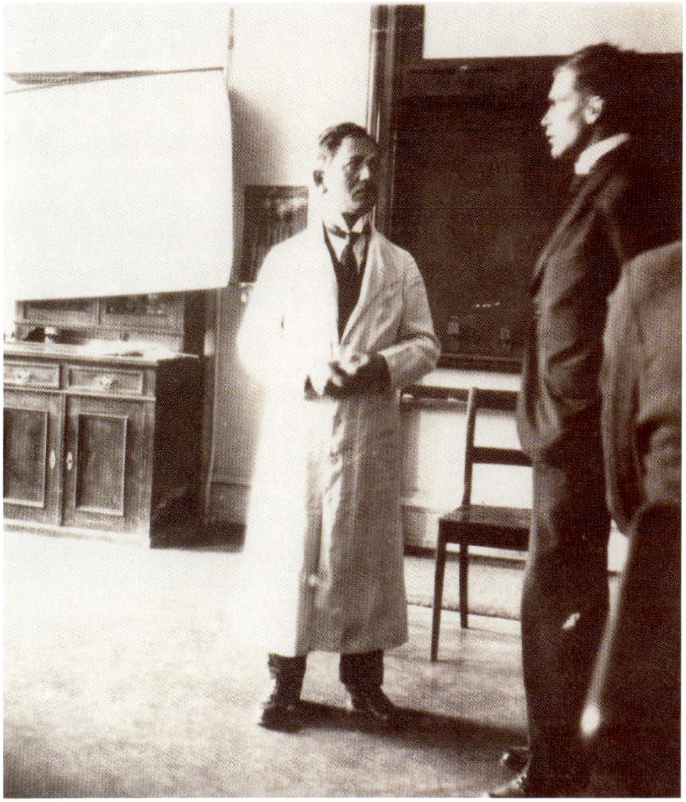

Der Zürcher Dermatologe Bruno Bloch im Hörsaal seiner Klinik an der Gloriastrasse

Vom »Tripperhüüsli« zur städtischen Poliklinik

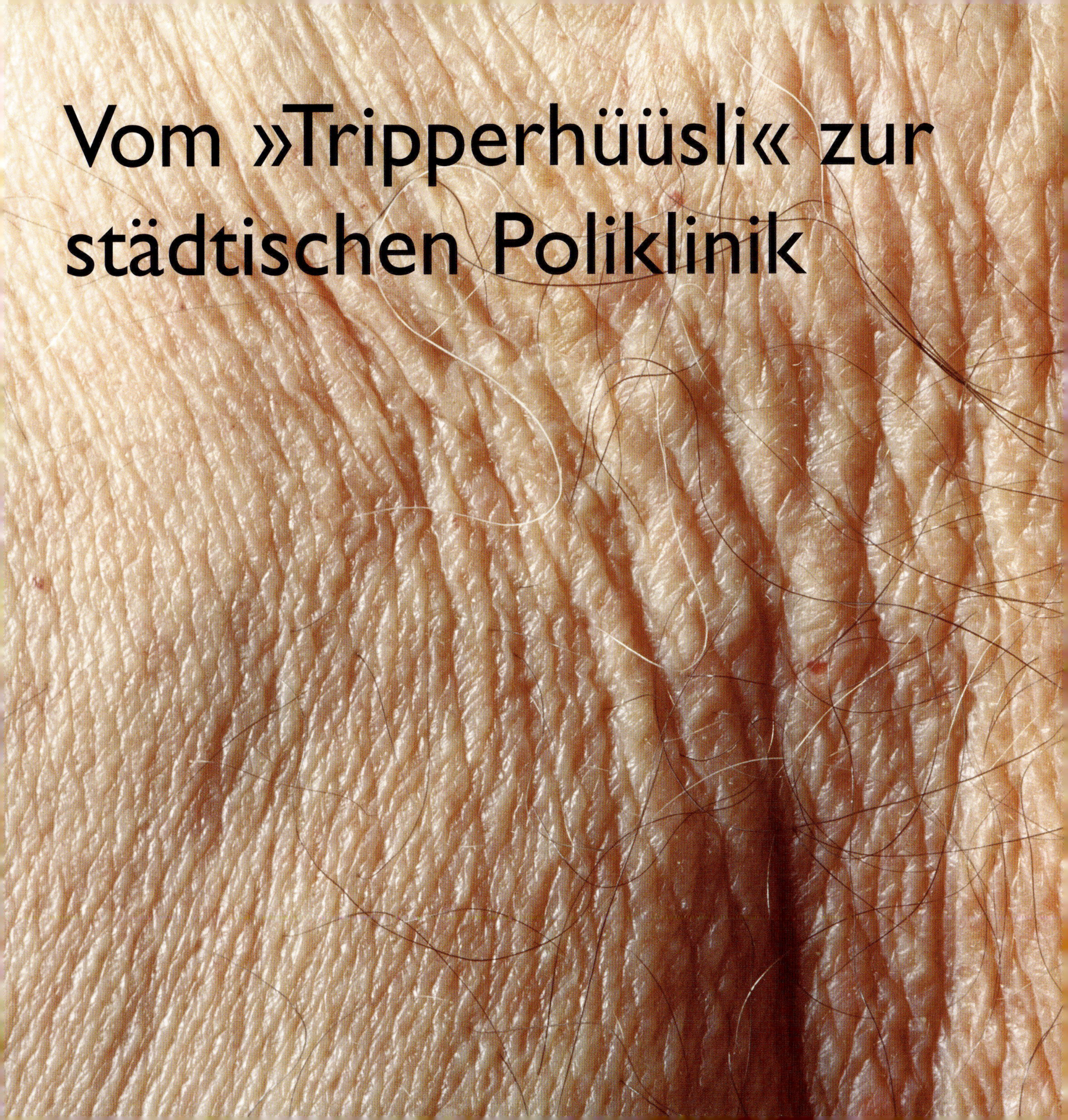

Vom »Tripperhüüsli« zur städtischen Poliklinik

Michael L. Geiges

Ansicht der Hohlstrasse 82 (weißes Gebäude). In diesem Haus richtete Max Tièche 1913 die erste Poliklinik für Haut- und Geschlechtskrankheiten in Zürich ein.

Seit 1936 befindet sich die Städt. Poliklinik für Haut- und Geschlechtskrankheiten, heute als Dermatologisches Ambulatorium dem Stadtspital Triemli angegliedert, in diesem Gebäude an der Herman-Greulich-Straße 70.

Als Max Tièche (1878 – 1938) am 11. Juni 1913 ein Gesuch zur Eröffnung einer Spezialpoliklinik für Haut- und Geschlechtskrankheiten im Ambulatorium der Medizinischen Poliklinik an der Hohlstraße 82 einreichte, hatte sich die Bekämpfung der Geschlechtskrankheiten zu einem wichtigen Politikum in Zürich entwickelt. Dies trug vermutlich wesentlich dazu bei, daß der Antrag nicht – wie fast vierzig Jahre zuvor – erneut abgelehnt wurde, und noch im gleichen Jahr nahm Tièche die Sprechstunden zusammen mit seiner Frau, der Ärztin Sabine Tièche-Fatère, auf. Die Stadt stellte die Räume bereit und übernahm lediglich die Beleuchtungskosten; die Ausgaben für Instrumente und für Arzneimittel, sogar die Entlohnung von Angestellten, mußte Tièche persönlich tragen. Die Sprechstunden führte das Ehepaar zu einem großen Teil kostenlos und zu späten Abendstunden durch, aus Rücksicht auf die meist ärmlichen Verhältnisse und den Wunsch nach Anonymität für die erwerbstätigen Patienten. Daß zur Bekämpfung der Geschlechtskrankheiten eine »Desinfektionsanstalt« eingerichtet wurde, verschaffte der »Poli-Tièche« auch den Übernahmen »Tripperhüüsli« und »Brunnestube«.

Der große Andrang führte 1923 zum Umzug in das ehemalige Pulverhaus an der Hohlstraße 119. Seit 1922 hatten Tièche und seine Frau von der Stadt eine jährliche Gratifikation für die geleisteten Arbeiten erhalten, und ab 1926 übernahm die Behörde auch die Ausgaben für die Assistenten. Nachdem 1927 die obligatorische Krankenpflegeversicherung der Stadt Zürich in Kraft getreten war, wurde ab 1928 durch die Krankenkassen eine Pauschale von zwölf Franken pro Krankheitsfall entrichtet. Und nach der Ernennung von Tièche zum Direktor der nun Städtischen Poliklinik im selben Jahr wurden endlich alle Ausgaben von der Stadt und den Kassen übernommen, mit Ausnahme des Salärs von Tièche und seiner Gattin. 1927 wurde die Poliklinik an der Hohlstraße erweitert und 1934 ein Kredit zur Errichtung einer größeren Einrichtung an der Herman-Greulich-Straße 70 genehmigt, die am 8. Februar 1936 bezogen werden konnte.

Interessantes Detail: Zwischen den beiden Polikliniken für Haut- und Geschlechtskrankheiten in Zürich – der städtischen von Tièche und der des Kantonsspitals – fand über all die Jahre kein Austausch statt und kein einziger Patient der Städtischen Poliklinik wurde zur stationären Behandlung ins Kantonsspital überwiesen. Persönlichen Zwistigkeiten zwischen Tièche und Bruno Bloch hatten von Beginn an ein äußerst gespanntes Verhältnis zwischen den beiden Institutionen entstehen lassen.

Als Max Tièche 1938 kurz vor dem fünfundzwanzigjährigen Jubiläum der Städtischen Poliklinik starb, versuchte Guido Miescher mit einem Schreiben an den Stadtpräsidenten Einfluß auf die Neuregelung der Städtischen Poliklinik zu nehmen. Miescher beklagte die kostspielige Doppelspurigkeit zweier Polikliniken desselben Fachs, wichtig war ihm aber auch die Sicherung des Lehrauftrages an der Universität. Die Städtische Poliklinik übte dank ihren abendlichen Sprechstunden und unentgeltlichen Behandlungen eine so starke Anziehungskraft auf die Bevölkerung aus, daß Miescher von einem gefährlichen Verlust eines großen »Krankengutes« für die Universität sprach. Der Stadtrat erachtete den vertrauensvollen Kontakt der Städtischen Poliklinik zur Bevölkerung als wichtiger und erteilte Miescher eine Absage, bekräftigte aber den Willen, für ein besseres Verhältnis zwischen den Poliklinikleitern zu sorgen.

Zürichs neueste »Bedürfnisanstalt« – Die Desinfektion, unmittelbar nach möglicher Infektion mit einer Geschlechtskrankheit, wie sie in der Städtischen Poliklinik um 1920 angeboten wurde, war Gegenstand vieler satirischer Beiträge.

Am 1. September 1938 wurde Walter Burckhardt (1905 – 1971), habilitierter Oberarzt unter Guido Miescher, zum neuen Direktor gewählt. Er hatte sich bei Miescher mit Studien zur Ekzemfrage, speziell dem Maurerekzem, habilitiert. Burckhardt entwickelte die nach ihm benannte Alkaliresistenzprobe zur Funktionsbeurteilung der gesunden Haut, schaffte mit seinen Epikutanteststudien wichtige Grundlagen für die Berufsdermatologie und widmete sich dem Problem der Hautschutzsalben (Entwicklung von Turexan®). Trotz der weiterhin hohen Konsultationen an der Poliklinik herrschte unter Burckhardt zwischen ihr und der Universitätsklinik eine enge und freundschaftliche Zusammenarbeit. Für ihn erwies sich die Arbeit an der Poliklinik als Lebensaufgabe. Kurz nach seinem Rücktritt 1971 erlitt er einen Herzinfarkt, von dem er sich nicht mehr richtig erholte. Am 29. Oktober 1971 starb Walter Burckhardt.

Sein Nachfolger, Kaspar J. Schwarz (geb. 1923), zuvor ebenfalls Oberarzt an der Dermatologischen Klinik Zürich, zählte die Photoallergien zu seinen wichtigsten Forschungsinteressen. Nach seinem altersbedingten Rücktritt übernahm 1988 erneut ein habilitierter Oberarzt der Zürcher Klinik, Alfred Rudolf Eichmann (geb. 1939), die Leitung. Unter ihm wurde 1995 die ehemals Städtische Poliklinik als dermatologisches Ambulatorium dem Stadtspital Triemli angegliedert.

Die Bekämpfung der Geschlechtskrankheiten

Michael L. Geiges

Die Prostitution galt als eine der schlimmsten Ursachen für die Verbreitung der Geschlechtskrankheiten. In den meisten Aufklärungsschriften wurden die Männer als Opfer verführerischer »gefallener« Mädchen dargestellt.

Dachte man die Syphilis eindämmen zu können, indem man vor dem gefährlichen Milieu der Prostitution warnte, so mußte man spätestens nach der Entdeckung von Krankheitserregern einsehen, daß die Geschlechtskrankheiten nicht zwingend an einen bestimmten Lebensbereich gebunden waren, wenn auch der Einfluß von Lebensführung und Umfeld weiterhin stark gewichtet wurde. Die besonders von prominenten deutschen Dermatovenerologen publizierten, teilweise erschreckend hohen Zahlen von infizierten Personen ergaben sich aus Beobachtungen an speziellen Kollektiven und fragwürdigen Hochrechnungen (so rechnete zum Beispiel Alfred Blaschko um 1898/1900 in den deutschen Städten mit bis zu zwanzig Prozent geschlechtskranken Studenten). Eine Ausbreitung in der bürgerlichen Mittel- und Oberschicht schien nun die zukünftige Elite zu gefährden. Auch in Zürich diskutierte man auf politischer Ebene heftig über die Art und Weise der Bekämpfung der Geschlechtskrankheiten, besonders um die Formen der Aufklärung, die Gefahren der Prostitution und der sexuellen Abstinenz. Man schrieb Aufklärungs- und Erziehungsschriften, die sich mit der Stellung und den Aufgaben der Frauen in der Gesellschaft sowie mit ihrer Rolle als verführerische Arbeitermädchen, »gefallene Mädchen« und Prostituierte beschäftigten, andererseits sorgte man sich um die Geschlechtsnot und die ritterliche Ehre der jungen Männer.

In Deutschland wurde unter der Leitung von Albert Neisser (1855 – 1935) 1902 die Deutsche Gesellschaft zur Bekämpfung der Geschlechtskrankheiten (DGBG) gegründet – die neben der Tuberkulose und dem Alkohol die ›dritte Geißel‹ der Menschheit seien. Die DGBG organisierte Veranstaltungen, Vorlesungen und Ausstellungen, bei denen neben moralischen und erzieherischen Reden auch medizinische Vorträge gehalten und zur Abschreckung Bilder und Moulagen von Geschlechtskrankheiten gezeigt wurden. 1918 folgte unter Federführung von Bruno Bloch in Zürich die Gründung der Schweizerischen Gesellschaft für die Bekämpfung der Geschlechtskrankheiten (SGBG). Bloch betonte, daß die Patienten – Frauen wie Männer – ohne Vorurteile wie bei anderen Seuchen behandelt werden müßten. Er forderte klare Aufklärung über die Ansteckungswege und Desinfektion- und Schutzmittel für Männer. Bei Frauen galten diese allerdings als wirkungslos, so daß bei ihnen meist eine Zwangsbehandlung (d.h. die stationäre Langzeittherapie auf einer geschlossenen Station, auch gegen den Willen der Betroffenen) angewandt wurde. 1921 waren in der Stadt Zürich drei sogenannte Desinfektionsanstalten eingerichtet: in der Städtischen Poliklinik von Tièche, in der Medizinischen Poliklinik und im Amtshaus I.

Eine von Blochs Assistenzarzt Hubert Jaeger erstmals durchgeführte repräsentative Umfrage relativierte die herrschende Meinung, daß die Geschlechtskrankheiten ungeheuer zugenommen hätten. Aber immer noch waren die Hälfte der Patienten in der Klinik Geschlechtskranke, die zeitaufwendige Therapien mit fraglichen Erfolgsaussichten über sich ergehen lassen mußten. Erst die Einführung der Antibiotika milderte das gesellschaftliche Stigma und die soziale Belastung durch Geschlechtskrankheiten, und die SGBG wurde 1964 aufgelöst und in eine Kommission der SGDV (Schweizerischen Gesellschaft für Dermatologie und Venerologie) umgewandelt.

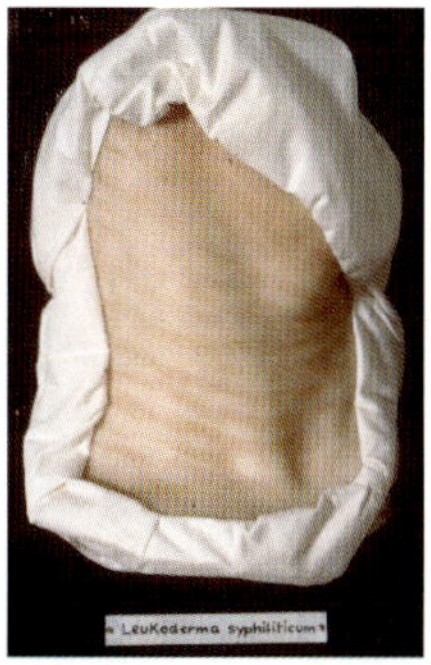

Syphilitisches Leukoderm (Collier de Vénus) – Nach einem syphilitischen Ausschlag können helle Streifen zurückbleiben, am Hals werden sie »Halsband der Venus« genannt.

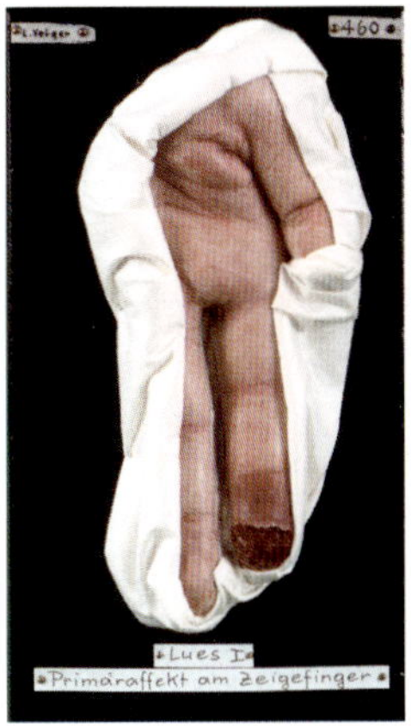

Die verschiedenen Stadien der Syphilis – Ein schmerzloses Geschwür nach circa drei Wochen am Ort der Ansteckung, das auch ohne Therapie wieder abheilt.

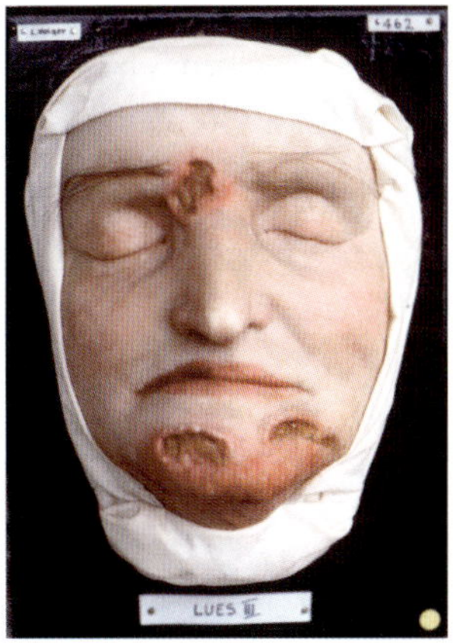

Die verschiedenen Stadien der Syphilis – Jahre danach: An der Haut können Knoten und Geschwüre auftreten.

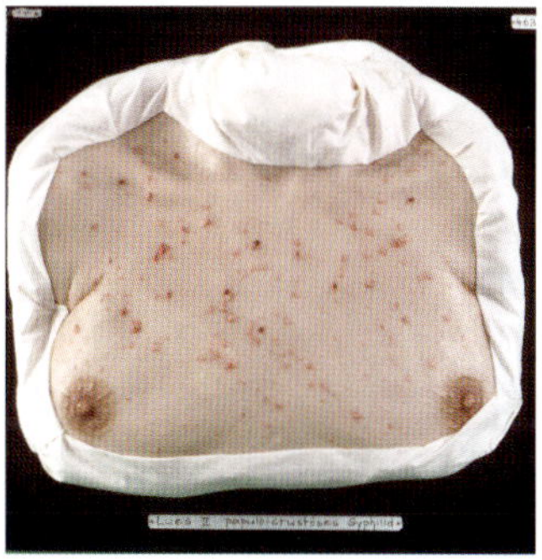

Die verschiedenen Stadien der Syphilis – Nach etwa 9 Wochen kann es durch Ausbreitung der Syphiliserreger zu einem Ausschlag am ganzen Körper kommen.

Eine umstrittene Diagnose: Lenins Syphilis

Christoph Mörgeli

Nach Medizinstudium und Promotion zwang eine Turbekuloseerkrankung Max Tièche vorerst dazu, seinen Beruf in Davos auszuüben. 1910 ließ er sich, nunmehr als Dermatologe spezialisiert, in Zürich nieder; 1913 wurde er Privatdozent an der Universität Zürich, 1926 Titularprofessor. Max Tièche galt als bester Pockenkenner der Schweiz, der auch vor Impfselbstversuchen nicht zurückschreckte. Während er in der Städtischen Poliklinik für Haut- und Geschlechtskrankheiten vornehmlich die Männer betreute, stand seine Frau Sabine als Dermatologin der Frauenabteilung vor.

Lenins Zürcher Arzt – Max Tièche, Direktor der Stadtzürcher Poliklinik für Haut- und Geschlechtskrankheiten

Von besonderem Interesse ist folgende Begebenheit, die Felix Somary 1939 in einem Erinnerungsband an Max Tièche festhielt: *In seinem privaten Leben hat Tièche von seiner Berufstätigkeit nur selten gesprochen und dann immer mit tiefstem Ernst, der geradezu faszinierte. Ich gedenke eines dunklen Abends, an dem er die Zusammenhänge zwischen der Krankheit Lenins, der sein Patient in Zürich gewesen war, und der Steigerung der Suggestionskraft erörterte, wobei er die Parallelität zwischen den einzelnen Krankheitsphasen und der progressiven Radikalisierung der politischen Doktrin aufs schärfste herausgearbeitet hatte. Die furchtbare Tatsache, daß psychisch scharf abgleitende Menschen so vielfach den stärksten Einfluß auf ihre Umwelt auszuüben vermögen, hat niemand so erschütternd veranschaulichen können. Lenin verließ seine Ordination nach mitgeteilter Diagnose mit hohlem Lachen – und wurde kaum ein Jahr später der unbeschränkte Herrscher des größten europäischen Reiches. Manch andere, wenn auch nicht gleich wichtige Fälle konnte Tièche aus reicher Erfahrung andeuten und es ist ein dauernder Verlust, daß er über dieses Problem literarisch sich nicht geäußert hat.*

Lenins Syphilisdiagnose ist heute sehr umstritten. Es ist immer wieder vorgebracht worden, er habe sich 1905 – zur Zeit seiner ersten Emigration – in der Schweiz mit Lues angesteckt. Der spätere Diktator der Sowjetunion (1870 – 1924) soll mit Quecksilber, Wismut, Jod, vielleicht auch Salvarsan behandelt worden sein. Mit Ausnahme des letzteren wurden diese Medikamente nicht syphilisspezifisch eingesetzt. Der kinderlos gebliebene Lenin lebte seit etwa 1910 mit Duldung seiner Frau Nadeshda Krupskaja in einem Dreiecksverhältnis mit Ines Armand. Anfang der zwanziger Jahre zeigten sich cerebrale Erscheinungen wie Kopfschmerzen und Schwindelgefühle. Im Winter 1921/22 beschäftigte sich Lenin – in der Überzeugung, an Neurosyphilis zu leiden – mit medizinischen Büchern. Zwischen 1921 und 1924 erlitt er vier Schlaganfälle, wobei der letzte seinem Leben ein Ende setzte. Der beigezogene Internist und Neurologe Adolf von Strümpell hielt fest, daß Lenin nicht an Paralyse im Sinne einer syphilitischen Folgekrankheit litt, sondern an Gehirn-Arteriosklerose mit Gefäßveränderungen. Auch der Obduktionsbericht sprach von allgemeiner Arteriosklerose und Cerebralsklerose. Der bedeutende Pathologe Ludwig Aschoff überprüfte 1930 Gehirnschnitte Lenins aus dem Moskauer Institut für Hirnforschung und diagnostizierte eine schwere cerebrale Gefäßsklerose mit nachfolgenden frischen und älteren Hirnerweichungsherden; für Syphilis fand er keinerlei Anhaltspunkte. Dennoch ist die Diskussion um eine allfällige Geschlechtskrankheit Lenins nie ganz verstummt. Das diagnostische Urteil Max Tièches in Lenins Zürcher Zeit mag darauf zurückzuführen sein, daß im ersten Drittel des 20. Jahrhunderts der Gehirnsyphilis wesentlich mehr ärztliche Aufmerksamkeit zuteil wurde als etwa der Arteriosklerose, insbesondere derjenigen der Gehirngefäße.

Mussolini in Lausanne

Jean-Maurice Paschoud, Michael L. Geiges

Im Frühjahr 1903 suchte ein junger Mann namens Benito Mussolini mit einer Trippererkrankung die venerologische Ambulanz der Dermatologischen Klinik der Universität Lausanne aufsuchte. Mussolini, geboren 1883 in Doria di Predappio in der Romagna, amtierte in den Jahren 1901 – 1902 als Hilfslehrer in seiner Heimatstadt. Als begeisterter Sozialist fehlte er an keiner Versammlung und war an jeder Kundgebung aktiv dabei. Nach einem Krawall im Juli 1902 mußte aus der Stadt fliehen, nicht zuletzt um seiner Mutter, die er hoch verehrte, die Schande der Inhaftierung ihres Sohnes zu ersparen.

Über Mailand floh er per Eisenbahn in die Schweiz, wo er auf Arbeitssuche ging und schließlich in Lausanne Glück hatte. Zu jener Zeit lebten etwa sechstausend Italiener in der Westschweizer Stadt; sie bildeten eine recht geschlossene Gesellschaft, waren fast alle miteinander bekannt und standen politisch eindeutig links. Das Schicksal ihres jungen Landesgenossen interessierte sie um so mehr als er wegen sozialistischem Aktivismus aus Italien geflohen war. Ein Herr Emilio Marzetto, Redaktor des sozialistischen italienischen Lokalblattes ›L'avvenire del lavoratore‹, nahm ihn unter seine Fittiche.

Durch Marzettos Vermittlung fand Mussolini sofort Arbeit, zunächst als Laufbursche bei einem Metzger, dann in anderen Geschäften, zwischendurch auch als Maurergehilfe. Viel interessanter war für ihn jedoch das intensive politische Leben im Hause Marzetto. In diesem Umfeld, mit besonderer Unterstützung durch den aus Italien verbannten Politiker Pasquale Boninsegni, wurde der junge Mussolini als Propagandist für den Sozialismus ausgebildet. Er war ein überzeugender, guter Redner, und schien es wert zu sein, in Dialektik und der Redaktion von politischen Artikeln und Aufrufen ausgebildet zu werden. So redigierte Mussolini unter der strengen Kontrolle von Boninsegni und Marzetto Beiträge für den ›L'Avvenire del lavoratore‹, dann auch für andere sozialistische Blätter in Bern und Genf. Sein Leben lang hat Mussolini Pasquale Boninsegni als seinen Mentor bezeichnet und blieb ihm in Verehrung und Freundschaft immer verbunden. In jener Zeit steckte sich aber Mussolini offensichtlich mit Gonorrhöe, dem Tripper, an und mußte die damals übliche Therapie mit Spülungen über sich ergehen lassen.

1879 hatte Albert Neisser in Breslau ein doppelkugeliges Bakterium als Erreger der Gonorrhöe nachweisen können, das später Gonokokkus oder Diplokokkus Neisser und schließlich Neisseria gonorrhoeae genannt wurde. Bei chronischem Verlauf oder Komplikationen bestand die damals gängige Therapie, die stationär durchgeführt werden mußte, bei Männern in erster Linie aus desinfizierenden Spülungen der Harnröhre. Die Gonorrhöe oder »Blenorrhöe« konnte wegen der typischen Symptome, besonders des eitrigen Ausflusses, sowie mit Hilfe des Mikroskops und der noch heute üblichen Anfärbungen des eitrigen Harnröhrensekretes mit Methylenblau oder der Färbung nach Gram, gut diagnostiziert werden. Im damals sehr beliebten Lehrbuch Edmund Lessers aus dem Jahre 1888 (herausgegeben vier Jahre bevor er als erster Ordentlicher Professor für Haut- und Geschlechtskrankheiten in die Schweiz an die Universität Bern kam) sind weitere Untersuchungsmethoden genau beschrieben. Sie dienten besonders dazu, einen Befall des hinteren Teiles der Harnröhre oder Komplikationen zu erkennen, wie z.B. Harnröhrenverengung, Abszesse, Prostata- und Nebenhodenentzündungen, die Sterilität verursachen konnten. Eine genaue Einschätzung der Infektion war therapeutisch entscheidend, da systemisch wirksame Antibiotika als Spritzen oder in Tablettenform noch fehlten, und sie nur bei lokaler Begrenzung einigermaßen effektiv bekämpft werden konnte. Bei Befall des hinteren Teils der Harnröhre wandte man spezielle »Irrigationskatheter« für lokale Spülungen an und mit langen Ansatzrohren (»Tripperpistole«) wurden Medikamente von der Blase her auf die ganze Harnröhre direkt aufgetragen.

Eine frische Infektion mit Gonokokken mußte in der Regel zwischen vier bis sechs Wochen lang behandelt werden; mit drei bis vier täglichen Einspritzungen in die Harnröhre mit Hilfe einer Injektionsspritze, wobei die injizierte Flüssigkeit eine bis mehrere Minuten zurückgehalten werden mußte. Nach einem damals gängigen Verfahren (aus einem weitverbreiteten Standardwerk jener Zeit, dem Handatlas von Dr. Mracek aus Wien von 1898) wurden in den ersten zwei Wochen rein desinfizierende Lösungen eingespritzt (z.B. 100 ml Protargol – ein von Neisser entdecktes und sehr beliebtes Silberpräparat – verdünnte Borsäure oder Kaliumpermanganat). Nach circa zwei Wochen wurden adstringierende (gefäßverengende) Medikamente beigemischt (z.B. Zinksulfat, Silbernitrat oder Bismuthsalze).

Am häufigsten war die Lokalbehandlung mit Spülungen. Unterstützend wurden aber auch Medikamente innerlich verabreicht, so z.B. Tabletten oder Pulver mit Copaivbalsam, Perubalsam, Terpentin oder Sandelöl. Eine salzarme Diät, ein Verzicht auf Bier (Wein war erlaubt und galt sogar als heilsam) sollten die Heilung fördern.

Um 1900 hatte man die sogenannte Abortivtherapie bereits aufgegeben. Noch zwanzig Jahre zuvor wurde als erstes – besonders wenn die Infektion noch nicht lange zurücklag – mit einer aggressiven Höllensteinlösung gespült, die die Bakterien noch effektiver vernichten sollte, gleichzeitig aber zu massiven Reizungen geführt haben muß.

Die Spülungen schienen bei Mussolini gewirkt zu haben. So nahm er während des Sommers 1903 an sozialistischen Kundgebungen in Bern und Genf teil, aber immer noch in sekundärer Stellung als namenloser Mitarbeiter. Im Herbst 1903 erkrankte seine Mutter in Italien so ernsthaft, daß er den Rest des Jahres in seiner Heimatstadt verbrachte. Im Januar 1904, nach dem Tode seiner Mutter, kehrte er nach Lausanne zurück und wurde bald ausschließlich sozialistischer Propagandist und Publizist. Als solcher war er nicht nur in Lausanne, sondern auch in Bern und Genf tätig und erntete große Erfolge. Er verfügte über die Macht des Wortes und verstand es, seine Zuhörer für seine Ziele zu begeistern. Nach einem Krawall am 9. April 1904 wurde er in Genf wegen Vorweisen eines gefälschten Passes im Gefängnis St. Antoine in Haft gesetzt, am 15. April entlassen und über Chiasso aus der Schweiz ausgewiesen.

Mussolini kam dann erst als Ministerpräsident für eine internationale Konferenz Ende 1922 wieder nach Lausanne. Bei seiner Ankunft in Lausanne lehnte er das zur Verfügung stehende Auto ab und stieg in Begleitung Pasquale Boninsegnis zu Fuß vom Bahnhof die steile Strasse zum Hauptplatz St. François hinauf. Das Publikum jubelte ihm zu, und er begrüßte und umarmte unterwegs seine früheren Arbeitgeber, seine alten politischen Freunde und Logisgeber. Damals war Mussolini wegen seiner normativen Tätigkeit in Italien unbestritten beliebt. Denn, ohne näher auf seine politische Laufbahn eingehen zu wollen, ist doch zu erwähnen, daß er erst nach dem Ersten Weltkrieg von seinem sozialistischen Kurs abkam und die extrem rechtsstehende faschistische Partei gründete. Auch sein Mentor und Freund Boninsegni in Lausanne verließ die Reihen der Sozialisten und wurde eine der Säulen von Mussolinis neuer erfolgreicher Rechtspartei. Auf Antrag des Duce wurde Boninsegni 1925 »Commendatore« des Ordens der italienischen Krone, 1933 »Grande Ufficiale«.

Zum Lausanner Besuch bleibt noch zu bemerken, daß wenige Wochen zuvor der Name Benito Mussolini immer noch auf der Polizeiliste der Ausgewiesenen figurierte. Als er am 31. Oktober 1922 im Namen des Königs von Italien die Regierung übernommen hatte, hatte er dies telegraphisch dem schweizerischen Bundesrat mitgeteilt. Bevor diesem berühmten Ausgewiesenen wie üblich gratuliert werden konnte, mußte eine Notstreichung im Polizeiregister vorgenommen werden!

Im Jahre 1937 wurde Benito Mussolini Ehrendoktor der Universität Lausanne. Wegen langwieriger Diskussionen um die Verbindungen des Faschisten mit Hitlerdeutschland kam es im Vorfeld dieser Ernennung zu Verzögerungen. Das Problem wurde politisch ausgeschlachtet. Italien grollte und die Zeitungen drohten mit Vergeltungsmaßnahmen. Der Senat der Universität schwankte. Und der schweizerische Bundesrat versuchte vergleichend zu wirken. Es wäre natürlich für den Staatschef von Italien eine große Beleidigung gewesen, das Ehrendoktorat nicht zu erhalten, nachdem es ihm halb offiziell schon versprochen worden war. Nach langen Diskussionen gab der Senat aus politischen Gründen und unter Druck des Bundesrates nach, und am 18. Januar 1937 konnte Boninsegni Mussolini das positive Ergebnis mitteilen und ihn beglückwünschen.

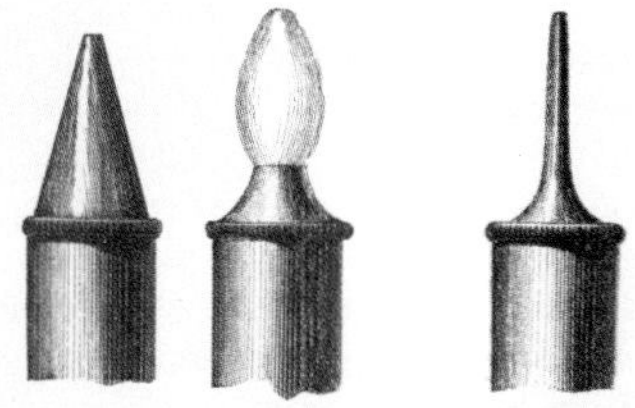

a b.

Fig. 2.

Tripperspritzen a) mit zweckmässigem, b) mit unzweckmässigem Ansatz.

Tripperspritzen – Aus dem Lehrbuchtext: »Unmittelbar vor der Injektion muß der Kranke urinieren, damit nicht der Eiter in weiter nach hinten gelegene Theile der Harnröhre befördert werde. Dann ist die mit konischer oder olivenförmiger Spitze versehene, 5 Grm. oder wenig mehr haltende, gefüllte Spritze mit der rechten Hand in die Urethralmündung einzuführen, mit Daumen und Zeigefinger der linken Hand die Eichel an die Spitze anzudrücken und nun mit gleichmäßigem, langsamem Druck der Inhalt in die Harnröhre zu befördern. Die Urethralmündung wird dann zugehalten und die Flüssigkeit etwa eine Minute in der Harnröhre belassen.«

Feindlicher Mikrokosmos

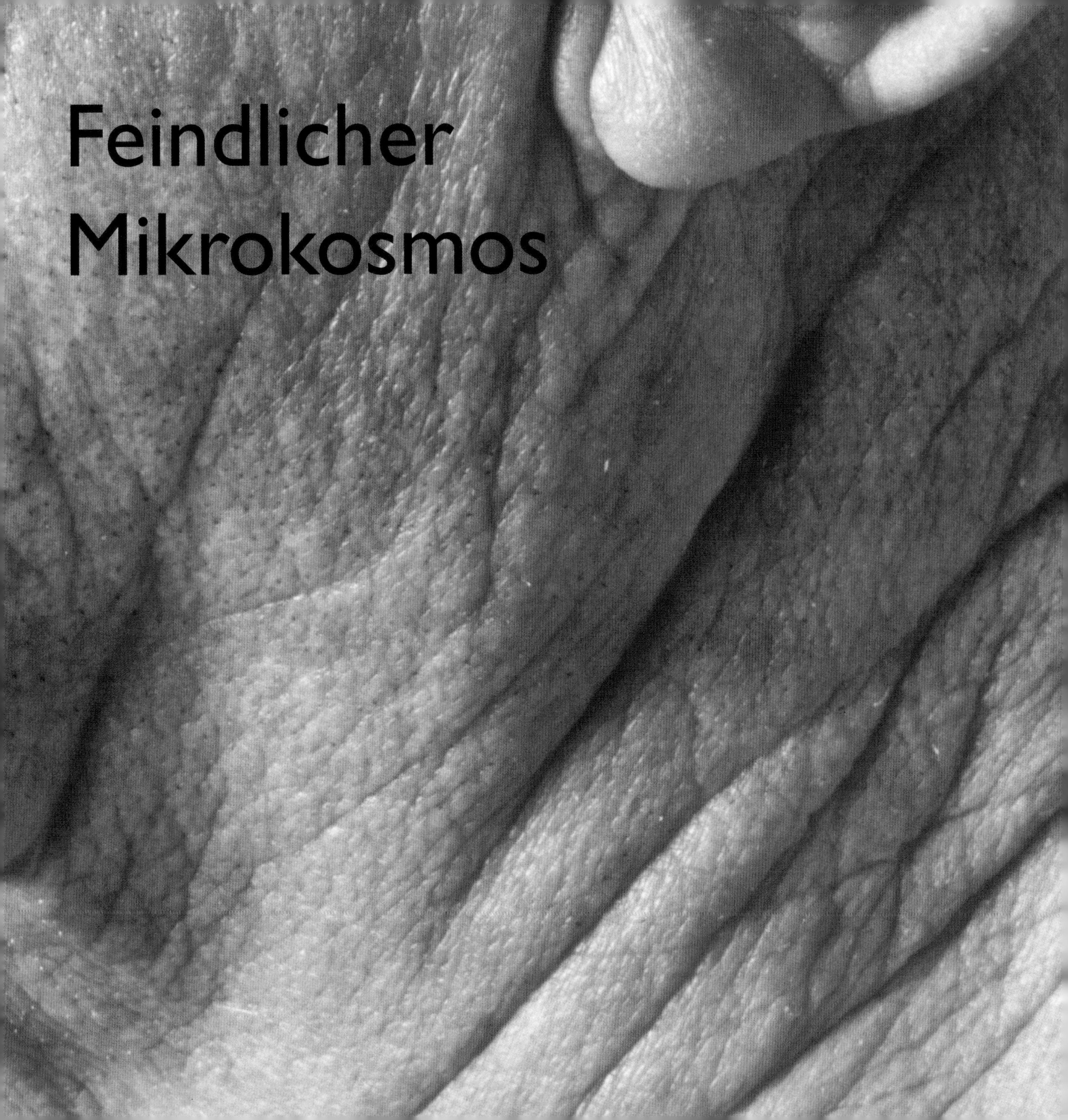

Feindlicher Mikrokosmos

Michael L. Geiges

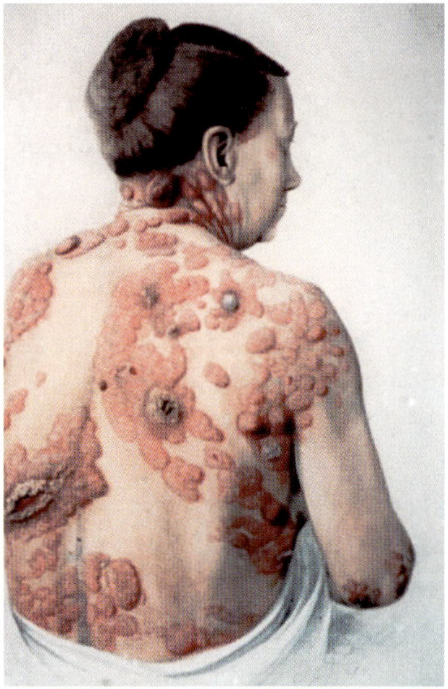

Krankheiten wie die Mycosis fungiodes (eine Form einer sehr langsam wachsenden tumorösen Blutkrankheit in der Haut), die zu Knoten und Geschwüren im Gesicht und am Körper führen, wurden vermutlich gleich wie die Lepra als »Malzey« (Aussatz) bezeichnet.

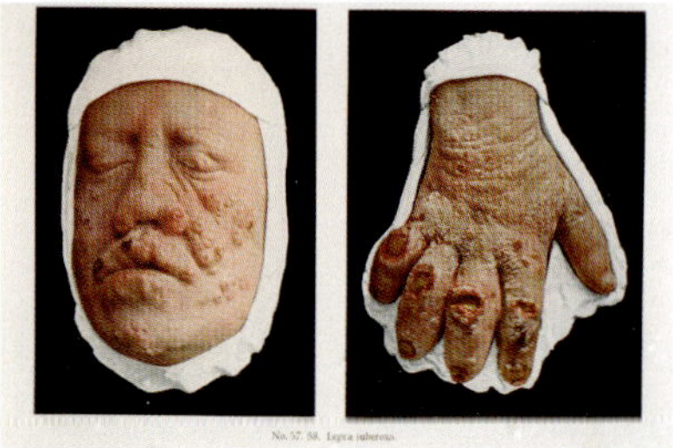

Moulagen der Infektionskrankheit Lepra

Der Pest und dem Aussatz im Sinn einer Seuche begegnet man schon früh in den Aufzeichnungen der abendländischen Geschichte. Die plötzliche Ausbreitung einer Krankheit mit Massensterben wurde als Ausdruck göttlichen Zorns, als Unreinheit und Strafe angesehen. Aus der medizinischen Anschauung eines Säftegleichgewichtes im Körper wurden Verunreinigungen der Luft (Miasmata), astrologische Einflüsse und Naturanlage einerseits und übertragbare Krankheitsauslöser (Kontagien) andererseits als Verursacher bezeichnet. Daß Krankheiten auf irgendeine Weise weitergegeben werden konnten, war bekannt. Doch bis ins 19. Jahrhundert hinein fand die Theorie lebender Krankheitserreger (contagium animatum) keine Akzeptanz, auch wenn sie unter Ärzten immer wieder diskutiert wurde.

Aussätzige wurden ausgeschlossen, um andere vor ihrem häßlichen Anblick zu bewahren, aber auch um die Übertragung auf Gesunde zu verhindern. Wen die Lepraschau als von der Malzey (aussätzig, »Siech«) befallen beurteilte, wurde in einer kirchlichen Zeremonie von der Gesellschaft ausgeschlossen und in ein Leprosorium überführt. (Die Lepraschau für den Raum Zürich fand ab Ende des 15. Jahrhunderts nicht mehr in Konstanz statt, sondern in Zürich selbst durch die sogenannte Wundgschau.) Es herrschten harte Regeln: 1538 durften die Aussätzigen aus dem Siechenhaus St. Jakob in Zürich in der Stadt nicht mehr wie bisher um Almosen betteln. Zudem war das Heiraten aus Furcht vor Vererbung auf die Nachkommen verboten. Gepflegt und behandelt wurden sie in den Lazariterhäusern und Franziskanerklöstern von Mönchen, in anderen Institutionen durch angestellte Knechte, Bader und Wundärzte.

Auch in den Zürcher Wundgschau-Akten, die für den Zeitraum von 1534 bis 1654 erhalten sind, finden sich Abschnitte über die vielfältigen ursächlichen Zusammenhänge bei der Entstehung von Krankheiten, die wir heute als Infektionskrankheiten kennen; interessante Texte zum Aussatz (Malzey), zu den Pocken (Blatern), zum Erbgrind oder anderen Grinderkrankungen und zur Syphilis (böse Blatern). Dabei gilt es zu beachten, daß sowohl die einzelnen Begriffe als auch die ihnen zugrundeliegenden Erscheinungen den jeweils aktuellen medizinischen und kulturellen Ansätzen entsprechend einem steten Wandel unterliegen und nicht einfach mit den heute so bezeichneten Krankheiten und Symptomen gleichgesetzt werden dürfen.

Viele Hautkrankheiten dürften zeitweise unter dem Überbegriff »Aussatz« oder »Elephantiasis« zusammengefaßt worden sein, außer der heutigen Lepra (Morbus Hansen) auch die Psoriasis (Schuppenflechte) und die Vitiligo (Weißfleckenkrankheit). Die Bezeichnung »Grind«, insbesondere »Erbgrind« oder »Kopfgrind«, wird am ehesten mit dem Favus, einer Pilzerkrankung des behaarten Kopfes oder ähnlichen Mykosen gleichgesetzt. Grind meinte ursprünglich Pustel, Borke oder Kruste, womit eine große Anzahl infektiöser wie nichtinfektiöser Hautkrankheiten beschrieben werden kann. Die Pilzinfektionen des behaarten Kopfes in Form des erwähnten »Erbgrindes« oder Favus befiel besonders Kinder und Jugendliche und führte zu jahre- bis jahrzehntelang andauernden Entzündungen der Kopfhaut mit Vernarbungen und bleibenden kahlen Stellen.

Zur Malzey (Aussatz) und zum Erbgrind (Favus, aber auch andere Flechten des behaarten Kopfes und vermutlich zeitweise auch Milchschorf) findet man in den Akten von 1551 Hinweise auf die Übertragbarkeit: *Demnach und vilfaltiglichen erwissen und erfahren werde, daß die Malzey denn erbliche Krankheit sey, also diesselbig ein Mensch von dem anderen anstossen oder ererben möge*. Bis ins 19. Jahrhundert hinein blieb die Ursache des Favus unerkannt. Meist wurden mangelnde Reinlichkeit und Liederlichkeit als Ursachen postuliert.

Zum Umgang mit Eltern von »Grindkindern« findet sich folgende Stelle in den Wundgschau-Akten von 1569: *...und so die Elteren Ihre Kind, die mit Züchten, mit den bösen Haübtlin beladen, für Rath brechten, und die artzen zulassen begehrten, daß Ihnen die Elteren allwegen auf dem Rahthauss und im Spital mit ernst undersagt werden, und Sie auch verheissen und globen, so dieselben ihre Kind geartznet seigen, daß Sie fürhin gut Sorg zu denselben haben und Sie rathsamen, dann wo das nit geschehe, und die Kind, nachdem Sie geartznet, wider durch Ihr hinlässigkeit krank und presthafft wurden, daß mann Sie die Elteren darum nach der gepühr büssen und straffen werde.*

Bezeichnend für die damalige Krankheitsauffassung der Syphilis ist die Bestimmung, daß nur diejenigen, die die Krankheit von »Landfahrern geerbt oder durch Unfall« – also ohne eigene Verfehlung – bekommen hatten, ins Blaternhaus aufgenommen werden durften. Wer aber infolge fleischlicher Leichtfertigkeit erkrankte, wurde dem Ehegericht zur Bestrafung überwiesen. Eine gemeine Dirne, die zum zweiten Mal angesteckt worden war, sollte keine Aufnahme mehr finden, sondern mit dem Eide aus Stadt und Land gewiesen werden. Ebenso wurden fremde Huren und Buben mit einem Zehrpfennig versehen und fortgeschafft.

1757 wurde verfügt, daß alle, die zum zweiten Mal erkrankten, mit Ruten gezüchtigt und ins Gefängnis geworfen werden sollten, und der Arzt am Ötenbach diese Verurteilungen den Kranken der Anstalt mitzuteilen hatte, um sie vor ähnlicher Leichtfertigkeit abzuhalten.

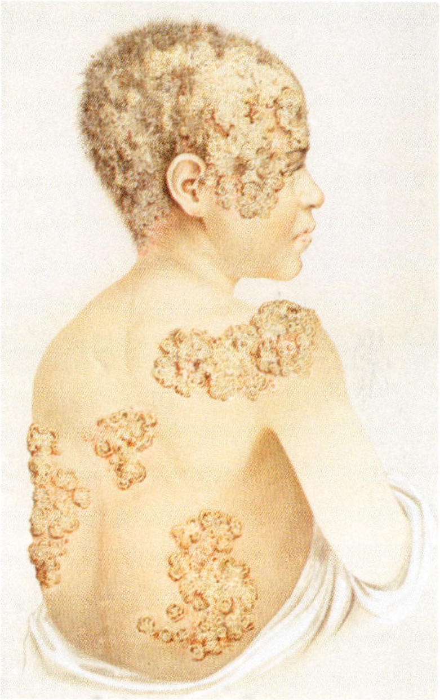

Der Favus oder Erbgrind wurde früher als Ausdruck einer schlechten Pflege oder Diät und eines liederlichen Lebenswandels empfunden.

Seit dem Aufkommen der Pest im 14. Jahrhundert wurden Kontagien (durch Körperkontakt übertragbare Auslöser von Krankheiten) vermutet und zwar in Form von giftartigen Stoffen. Gegen Ende des 17. Jahrhunderts kamen Theorien über lebende Krankheitserreger auf, doch es dauerte noch bis ins 19. Jahrhundert, bis sich auch dank verbesserter Technik – insbesondere der seit 1600 erfundenen Mikroskopie – diese Ansicht durchsetzen konnte.

Das mikrobielle Zeitalter

Am Übergang zum mikrobiellen Zeitalter in der Medizin steht die Beschreibung eines Pilzes als Erreger des Favus durch Johann Lucas Schönlein in Zürich. Schönlein beschrieb nicht nur genau die Befunde am Krankenbett und im Labor, sondern betonte die Notwendigkeit, diese zuerst möglichst unbefangen von Theorien zu sammeln und erst im nachhinein, wenn überhaupt, eine passende Krankheitstheorie aufzustellen.

In einer kurzen Publikation, die lediglich dreiundzwanzig Zeilen umfaßt, beschrieb er 1839 einen Pilz bei der Porrigo lupinosa (Favus, Erbgrind). Er sandte diese kurze Notiz dem Berliner Anatomen und Physiologen Johannes Müller (1801 – 1851), der sie noch im gleichen Jahr in seinem *Archiv für Anatomie, Physiologie und Wissenschaftliche Medizin* in Berlin veröffentlichte. Schönlein war durch die neuesten Forschungen und Publikationen von Agostino Bassi (1773 – 1856) – einem italienischen Juristen, der sich nebenbei mit Biologie beschäftigte – zu seinen Untersuchungen angeregt worden. Bassi hatte entdeckt, daß die »Kalksucht« der Seidenraupen durch einen Schimmelpilz, später Botrytis Bassiana genannt, hervorgerufen wird.

Schließlich gelang es Schönleins Schüler Robert Remak (1815 – 1865) durch Selbstversuche 1844 in Berlin, den ursächlichen Zusammenhang zwischen dem Pilz – von Remak Achorion schönleinii genannt – und dem Krankheitsbild des Favus zu beweisen. Unter Medizinhistorikern wurde immer wieder diskutiert, ob nun Schönlein oder Remak als Begründer der Mykologie (Lehre der Pilzerkrankungen) angesehen werden soll. Die Formulierung Schönleins im Zusammenhang mit Bassis Arbeiten deuten darauf hin, daß auch er einen pathogenetischen Zusammenhang vermutete. Rudolf Virchow (1821 – 1902), der 1856 bei der Schilderung der Aspergillose (Pilzerkrankung durch Aspergillus, meist ist die Lunge betroffen) den Begriff der Mykosen einführte, hat Schönlein in einem Nachruf »den eigentlichen Begründer der Lehre von den Dermatomykosen« genannt.

Obwohl Schönleins Entdeckung in der Fachwelt ernsthaft aufgegriffen und von angesehenen Naturwissenschaftlern diskutiert wurde, vergingen noch ungefähr

Zur Pathogenie der Impetigines. (c)*

Von

Prof. Schoenlein in Zürich.

(Auszug aus einer brieflichen Mittheilung an den Herausgeber.)

(Hierzu Taf. III. Fig. 5.)

Sie kennen ohne Zweifel Bassi's schöne Entdeckung über die wahre Natur der Muscardine. Die Thatsache scheint mir von höchstem Interesse für die Pathogenie, obgleich meines Wissens auch nicht ein Arzt sie bisher seiner Aufmerksamkeit gewürdigt hatte. Ich liess mir deshalb zahlreiche Exemplare von Seidenwürmern, die an der Muscardine litten, von Mailand kommen, und meine damit angestellten Versuche haben nicht bloss Bassi's und Audouin's Angaben bestätigt, sondern noch einige andere nicht ganz unwichtige Resultate ergeben. Dadurch wurde ich denn wieder an meine Ansicht von der pflanzlichen Natur mancher Impetigines erinnert, eine Ansicht, die durch Unger's schöne Arbeit über Pflanzen-Exantheme schon früher eine mächtige Unterstützung fand. Da ich gerade glücklicher Weise einige Exemplare von Porrigo lupinosa W. im Hospitale hatte, so machte ich mich an die nähere Untersuchung, und gleich die ersten Versuche liessen keinen Zweifel über die Pilz-Natur der sogenannten Pusteln. Anliegend eine mikroskopische Abbildung eines Pustelstückes. Zugleich sende ich einige mit der grössten Leichtigkeit aus der oberen Schichte der Lederhaut am Lebenden ausgeschälte Porrigo-Pusteln bei. Ich bin eifrig mit weiteren Untersuchungen über diesen Gegenstand beschäftigt, deren Resultat ich bald zu veröffentlichen gedenke.

5.

In dieser 23 Zeilen langen Mitteilung beschrieb Johann Lucas Schönlein erstmals einen unter dem Mikroskop gefundenen belebten Erreger (Pilz) als Ursache für eine Krankheit des Menschen.

vierzig Jahre, bis sich die Vorstellung lebender Krankheitserreger durchsetzen konnte. Dabei ist insbesondere das 1940 von Jacob Henle (1809 – 1885) verfaßte Werk *Von den Miasmen und Kontagien* erwähnenswert. Henle – ab 1840 Professor für Anatomie und Physiologie in Zürich – bezog sich in seiner damals sehr umstrittenen Schrift auch auf Schönlein und postulierte einen Kontagium animatum (belebten Krankheitserreger) als Auslöser einer ganzen Reihe von Krankheiten. Aber erst durch die Arbeiten und Publikationen von Louis Pasteur (1822 – 1895) und Robert Koch (1843 – 1910) in der Zeit von 1860 bis 1880 wurde die Existenz von Krankheitserregern akzeptiert.

Als erster Sekundärarzt und Leiter der Station für Hautkranke amtete unter Schönlein ab 1834 Johann Jakob Schrämli. Sein besonderes Interesse galt den Krätzekranken. Von 1850 an übernahm er von Robert Willan und Thomas Bateman die englische Klassifikation der Hautkrankheiten. In seinem Jahresbericht 1853 analysierte er die Pityriasis versicolor, eine oberflächliche Hautpilzerkrankung mit hellen und dunklen Flecken, bei der sieben Jahre zuvor ein Pilz nachgewiesen worden war, legte sich aber nicht fest, ob dieser Pilz Ursache oder Folge der Erkrankung sei.

Im Gegensatz zu Schönlein anerkannte er jedoch die Krätzmilbe als Krankheitserreger. Seit der Antike hatte man gewerweißt, ob die Milbe Auslöser oder Ergebnis der Hauterscheinungen und des Säfteungleichgewichtes im Körper sei. 1834 war sie durch den korsischen Studenten Renucci eindeutig als Ursache der Krankheit nachgewiesen worden. Auch Henle hatte sie in seiner schon erwähnten Abhandlung als Kontagium und Auslöser der Krätze definiert. Die Therapie der Krätzekranken gehörte zu den größten Herausforderungen jener Zeit: Aus den Berichten des Spitalarztes David Rahn (1769 – 1848) geht hervor, daß im Jahr 1817 Krätzekranke mit jeweils zweiunddreißig Fumigationen (schwefelsauren Räucherungen) über zwei bis drei Wochen behandelt werden mußten. Damals wurden etwas über hundert Patienten pro Jahr wegen Krätze behandelt. Unter Schrämli waren es im Jahr 1852 schon tausend Patienten, die nunmehr mit zweitägigen Schwitz- und Salbenkuren behandelt und deren Kleider im Hitzekasten desinfiziert wurden.

Schönleins Entdeckung des Achorion schönleinii bewirkte aber selbst in Zürich keine Änderung in der Beurteilung und Behandlung der Favösen. In einer Werbeschrift Schrämlis für eine – allerdings nie realisierte – private Heilanstalt für Flechtenkranke in Zürich geht hervor, daß er zwar bereit war, neben Patienten mit chronischer Nessel, Leberflecken, Schuppenflechte und anderen Hauter-

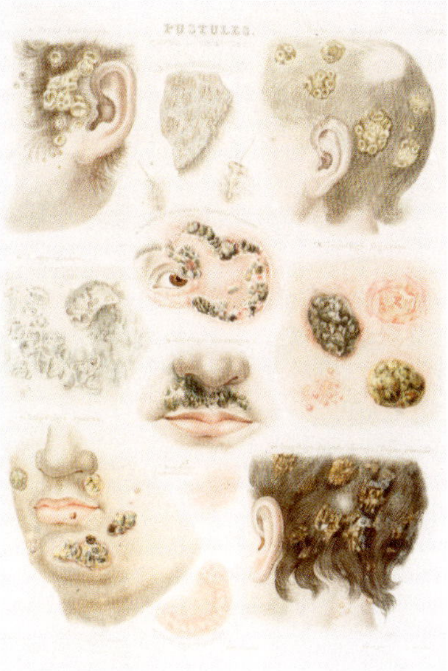

Pierre-François-Olive Rayer (1793–1867) beschrieb 1838 die Veränderungen beim Favus sehr genau und distanzierte sich bereits von spekulativen Theorien über die heilsame Wirkung dieser Hautveränderungen. Trotz seiner genauen Detailschilderungen erkannte er die Pilznatur der Krankheit nicht.

Titelbild der Werbeschrift von Johann Jakob Schrämli für die geplante Heilanstalt für Flechtenkranke auf der Sonnenseite der Stadt, an der unteren Hirschengrabenallee. Die Anstalt wurde nie realisiert.

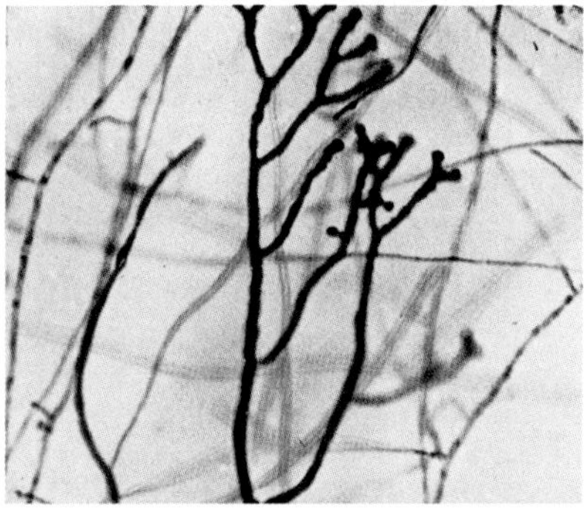

Mikroskopische Aufnahme des Favuserregers, dem Pilz Trichophyton schönleinii, benannt nach dessen Erstbeschreiber Johann Lukas Schönlein im Jahr 1839

krankungen auch die Favösen in seine Heilanstalt aufzunehmen, da er den Favus nicht als Infektionskrankheit erkannte ausschloß. Über die pathophysiologischen Grundlagen äußerte er sich nicht explizit, weil für ihn die Grundlagen der pathologischen Dermatologie noch zu sehr in Frage standen. Die Krankheiten, die in seinem Kurhaus behandelt werden sollten, betrachtete er alle entweder von Eltern oder Großeltern ererbt oder aber durch jahrelang andauernde schädliche Einflüsse hervorgerufen.

In der zweiten Hälfte des 19. Jahrhunderts wurden besonders in Frankreich, später auch in Deutschland weitere Pilze als Erreger von Hautkrankheiten entdeckt. Die Eigenart, daß aus ähnlichen Hautveränderungen verschiedene Pilze isolierbar waren und daß der gleiche Pilz unterschiedliche Hautveränderungen hervorrufen konnte, führte zu Verwirrungen und war Anlaß verschiedener Theorien, wie z.B. der Theorie der Pleomorphie, die besagte, daß es nur einen Mutterpilz gebe, der unterschiedliche Formen annehmen könne. Es war Raymond Jacques Adrien Sabouraud (1868 – 1938) in Paris, der 1910 in seinem Standardwerk *Les Teignes* die zahlreichen Befunde und Beobachtungen minuziös ordnete, klassifizierte und erneut die Zusammenhänge zwischen Infektion und Krankheit nachwies. Es gelang ihm damit, der Diskussion um die Dermatomykosenlehre ein Ende zu setzen und gleichzeitig die Grundlage für die weiteren Entwicklungen in der mykologischen Forschung zu legen.

Den zahlreichen Erstbeschreibungen von Hautpilzerkrankungen folgten in den Jahren 1870 bis 1910 die Schilderungen der durch Bakterien ausgelösten Krankheiten der Haut. Für die Dermatologie sind besonders wichtig: die Entdeckung der Leprabakterien 1873 durch Armauer Hansen (1841 – 1912), der Gonokokken (Trippererreger) 1879 durch Albert Neisser, des Tuberkelbazillus 1882 durch Robert Koch und des Spirochaetum pallidum (Syphiliserreger) 1905 durch Fritz Schaudinn (1871 – 1906) und Erich Hoffmann (1868 – 1959).

Die geradezu stürmische Entwicklung der Bakteriologie revolutionierte die Medizin, da erstmals für viele Krankheiten eine Ursache gefunden und dem neuen Wissenschaftsverständnis entsprechend eine kausale Therapie möglich wurde. Die als Folge angewandten hygienischen Maßnahmen erzielten aufsehenerregende Erfolge.

Als Bruno Bloch 1916 nach Zürich kam, hatte er sich der weiteren Erforschung der Dermatomykosen zugewandt, obwohl man ihm mit dem Argument, dieses Gebiet sei bereits vollständig erschlossen, davon abgeraten hatte. Bloch schrieb dazu: *Die statisch morphologische Betrachtung mußte einer dynamisch funktionellen*

Platz machen. Damit treten wir in die dritte, die experimentell biologische Phase der Dermatomykosenlehre ein, die heute noch nicht abgeschlossen ist. An anderer Stelle wies Bloch speziell darauf hin, daß Erkenntnisse aus Untersuchungen harmloserer Hautkrankheiten direkte Auskünfte über den Umgang mit ungleich gefährlicheren anderen Krankheiten liefern können.

Die Haut, ursprünglich als Abgrenzung des Körperinneren und als Regulationsorgan zur Homöostase, dem Gleichgewicht der Körpersäfte aufgefaßt, war über die Identifikation als Organ mit »eigenen« Krankheiten als ein Spiegel der Mechanismen im ganzen Körper erkannt worden. Die unmittelbare Möglichkeit, Veränderungen an der Haut mit den Sinnen und mit Apparaten einfach und direkt messen, Gewebeproben entnehmen und Therapeutika direkt lokal einsetzen zu können, hat aus dem »Reinigungsorgan« ein interdisziplinäres »Forschungsorgan« für Grundlagenfragen der gesamten Medizin gemacht.

In der Erforschung der Hautpilzerkrankungen kam es nach 1933 unter Guido Miescher zu weiteren Erkenntnissen. Bemerkenswert ist Mieschers Feststellung, daß der Fußpilz eine Infektionskrankheit des 20. Jahrhunderts ist. 1928 bezeichnete er die Häufigkeit der Fußmykosen als außerordentlich groß; sie sei eine Erkrankung der besser situierten Bevölkerungsgruppen, bedingt durch das Tragen von gummibesohlten Schuhen und Strümpfen aus synthetischem Material. Das dadurch entstehende feuchtwarme Milieu sei ideal für das Pilzwachstum. Etwa fünfunddreißig Jahre zuvor, 1892 an einem Dermatologenkongreß in Paris, war der Fall eines Patienten mit Fußpilz noch als Kuriosum und Seltenheit vorgestellt worden.

Unter Guido Miescher und Hans Storck hielt die Bakteriologie in der dermatologischen Forschung Einzug. Chemotherapeutika aus der Gruppe der Sulfonamide (Cibazol) kamen auf den Markt und – in den vierziger Jahren – die Penicilline. Die bisherige langwierige lokale Therapie des Trippers (Gonorrhöe) wurde obsolet, die Syphilis zu einer ambulant heilbaren Krankheit. Doch 1944 erschien eine Publikation Mieschers mit dem Titel *Warum wirkt Cibazol nicht mehr?* und rückte die Aufmerksamkeit der Wissenschaft auf das Aufkommen antibiotikaresistenter Bakterien bei Gonorrhöe und anderen Infektionskrankheiten. Zwei, die sich diesem Forschungszweig bis gegen Ende des 20. Jahrhunderts widmeten, waren Hans Storck und später Alfred Eichmann. Glücklicherweise konnten bis heute aber keine Resistenzen der Syphiliserreger gegenüber Penicillin beobachtet werden.

Auch die Mykologie erfuhr einen Aufschwung. Seit Kortison und andere sogenannte immunsuppressive Therapien nach 1950 auch bei schweren und

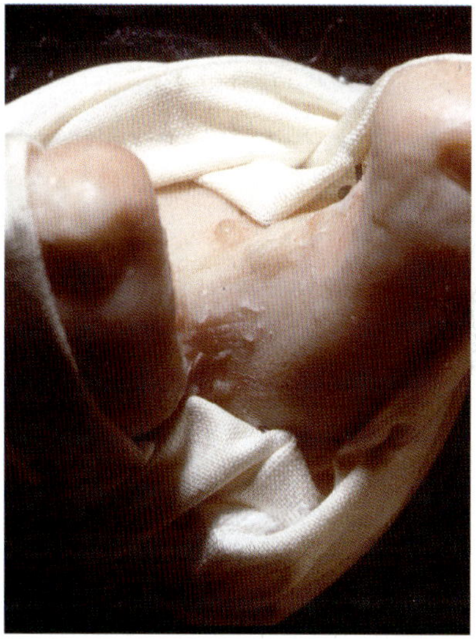

Experimentell ausgelöste Fußmykose – Der Fußpilz ist eine Zivilisationskrankheit des 20. Jahrhunderts. Vor 1900 waren Fußpilzerkankungen eine Rarität und galten als Kuriosum.

chronischen Hautleiden (Psoriasis, Ekzeme, Autoimmunerkrankungen) zu sensationellen Erfolgen führten, wurden neuartige und besonders hartnäckige Pilzinfektionen beobachtet. Ein ähnliches Problem beobachtete man nach der breiten Einführung von Antibiotika, die gegen Bakterien wirksam waren. Bei Patienten, die wegen einer anderen Krankheit über Wochen und Monate mit antibiotischen Medikamenten behandelt wurden, mußten neu schwere pilzbedingte Krankheiten konstatiert werden. Ursächlich wurde eine Störung des mikrobiologischen Gleichgewichtes auf der Schleimhaut von Darm, Mundhöhle und Atemwegen erkannt. Die Forschung begann sich vermehrt mit der Mikrobiologie der normalen Haut und Schleimhaut zu befassen. In Zürich waren es besonders Arbeiten von Miescher und von dessen Schüler Walter Burckhardt, die neue Erkenntnisse über die Schutzfunktion der Haut hervorbrachten. 1952 zeigten zudem Miescher und sein Mitarbeiter Sonck im Tierversuch, daß Cortison die eigentliche Pilzinfektion nicht beeinflußt, die allergische Fernreaktion aber deutlich geschwächt wird.

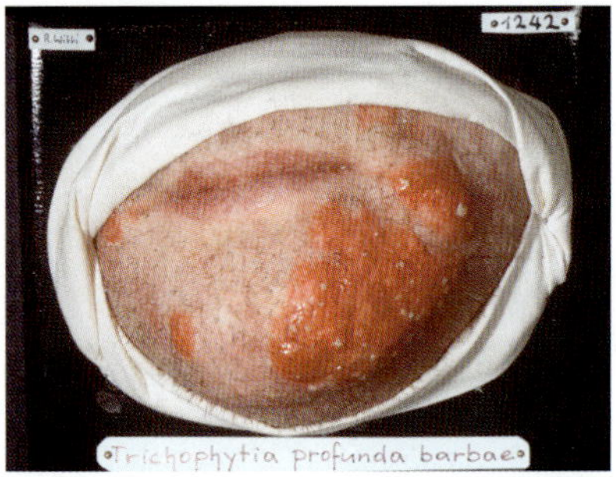

Nachdem die Selbstrasur durch die Erfindung der Wegwerfklinge von King Camp Gillette im Jahr 1901 einfach geworden war, verschwand die »Barbierflechte« (beim Barbier übertragene Pilzinfektion im Bartbereich) zunehmend.

1957 war das therapeutische Problem beim Pilzbefall des behaarten Kopfes bei Kindern noch immer nicht gelöst. Doch konnten zumindest die Techniken zur Diagnose und Identifizierung der Pilze verbessert werden, unter anderem auch durch Forschungen von Emil Fischer (geb. 1919), Oberarzt an der Dermatologischen Klinik Zürich. Dank der Erkennung der Übertragungswege (Bettwäsche) und entsprechender hygienischer Maßnahmen wurde der früher so gefürchtete »Erbgrind« in der Schweiz eine Rarität. Auch die sogenannte Bartflechte (wegen der Übertragung mit dem Rasierpinsel des Coiffeurs von Mann zu Mann trug sie den Beinamen Barbier- oder Frisierstubenflechte) verschwand dank der unterdessen üblich gewordenen Selbstrasur praktisch völlig.

Ebenfalls 1957 berichtete der Wiener Klinikchef Gustav Riehl (1894 – 1981) über die erfolgreiche Wirkung des in Tablettenform einzunehmenden Griseofulvin bei Infektionen mit Pilzen der Dermatophyten-Gruppe beim Menschen. Dies war der Beginn einer neuen Äera in der antimykotischen therapeie und ermöglichte auch, bisher kaum zugängliche Pilzinfektionen zu behandeln. Da Griseofulvin und spätere, synthetisierte Medikamente nur gegen bestimmte Pilzgruppen wirksam sind, erhielt die Erforschung von Unterscheidungsmethoden dieser Gruppen großes Gewicht. Aus Fischers Arbeiten geht hervor, daß die medizinische Mykologie den dermatologischen Rahmen längst gesprengt hatte und als Querschnittsfach betrachtet werden mußte, in dem Internisten, Ohrenärzte, Gynäkologen usw. eine bedeutende Rolle spielten. Doch aus traditionellen Gründen führen bis heute noch vorwiegend dermatologische Kliniken ein spezialisiertes Mykologielabor.

Viren und Gene

Viele infektiöse Hautkrankheiten werden durch Viren ausgelöst. Bereits gegen Ende des 19. Jahrhunderts wurde die These aufgestellt, daß es lichtmikroskopisch unsichtbare Krankheitserreger gäbe, die die feinsten Bakterienfilter passieren können. Doch erst durch die Erfindung des Elektronenmikroskops konnten Viren auch sichtbar gemacht und kurz danach, 1935, als erstes das Tabakmosaikvirus isoliert werden. Viren bestehen, wie der englische Nobelpreisträger Peter Medawar (1915 – 1987) formulierte, aus einem Stück Nukleinsäure (genetischer Code), umgeben von schlechten Nachrichten (Eiweißmantel). Sie bauen sich in die befallenen Zellen ein und sind nicht mit Antibiotika therapierbar. Viele Viruserkrankungen, meist klassische »Kinderkrankheiten«, die zu Hautausschlägen (Masern, Röteln, Windpocken) führen, sind durch prophylaktische Impfung vermeidbar. Hartnäckige, hochansteckende virale Hautkrankheiten, wie Herpes simplex labialis und genitalis sowie Herpes zoster, bieten aber immer noch viele ungelöste Probleme und sind ein wichtiger Forschungszweig der Zürcher Dermatologie. Besonders durch das Auftreten von HIV und AIDS, aber auch durch neue Erkenntnisse der Krebsforschung, die Viren als Co-Faktoren bei der Entstehung gewisser Krebsformen nachweisen konnten, hat die virologische Forschung zusätzliche Bedeutung erhalten. Moderne immunbiologische und gentechnische Methoden haben die Virologie zu einem Bestandteil einer Vielzahl medizinischer Teilgebiete werden lassen, und ein großer Teil der täglichen dermatologischen Forschungsarbeit hat direkt oder indirekt mit Viren zu tun. Auch hier bietet sich die Haut als Modellorgan und Spiegel körpereigener Mechanismen, als Forschungsorgan bei der Lösung von Virus- und Krebskrankheiten anderer Organe an.

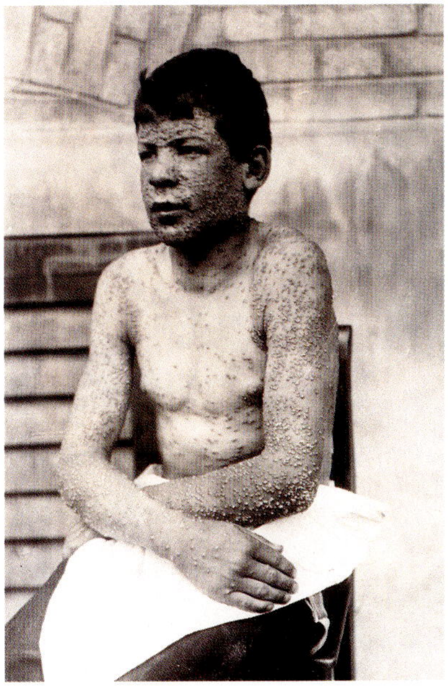

Ein pockenkranker Junge – Max Tièche beschrieb in seiner Dissertation Selbstimpfversuche mit Sekret oder Pustelinhalt von Pockenkranken, um zwischen echten Pocken und Windpocken unterscheiden zu können.

Pest und Pestilenzen

Beat Rüttimann

Ein Pestsarg im Medizinhistorischen Museum Zürich – Der Sarg ließ sich auch auf der Unterseite öffnen, und konnte bei einem Massensterben beliebig oft verwendet werden.

»Pestilencia maxima« oder »Schwarzer Tod« hieß die erste große Beulenpestepidemie, die von 1348 bis 1352 in Europa wütete, wobei die Gelehrten noch immer streiten, warum sie als »schwarz« und als »Mors atra« charakterisiert wurde. Eine der Deutungen basiert darauf, daß sich zu den Beulen oder Bubonen eine äußerst schwere Blutvergiftung mit stellenweise absterbenden oder abgestorbenen (= schwarzen) Gewebepartien gesellte. Die Zahl der damaligen Todesopfer wird auf fünfundzwanzig bis fünfzig Millionen veranschlagt. Neben kleineren Pestzügen folgten bis zur Marseiller Pest in den Jahren 1720 bis 1722 neun weitere Großepidemien. In Zürich vor allem 1349 und zweimal in den sechziger Jahren des 14. Jahrhunderts, wovon nicht nur schriftliche Quellen, sondern auch archäologisch untersuchte Notbestattungen Zeugnis geben.

Unter Pest und Pestilenz verstand man aber nicht immer und ausschließlich die Krankheit, die von Pasteurella pestis ausgelöst wird. Beide Begriffe meinten auch einfach Seuche. Die Syphilis wurde »gemeyne peste« und »Geschlechterpest« genannt, das Fleckfieber »*une espèce de peste*« oder »Kriegs-« und »Lagerpest«, die Pocken »*la peste des petits enfants*«, die Cholera »kalte Pest« und die Schwindsucht »weiße Pest«. Am besten setzt man Pestzug einer Seuchenzeit gleich. Einer Seuchenzeit infolge Verbreitung krankmachender Agenzien (unsichtbare Tierchen, Samen, Gifte) durch direkten Kontakt, also Kontagion im engeren Sinn, oder ausgelöst durch Miasmen und Krankheitsstoffe in der Luft (entsprechend den Witterungsverhältnissen und der Konstellation der Gestirne), und letztlich bestimmt durch das Walten des Herrgotts. Läßt sich das historisch-medizinische Verständnis einer Pestzeit auf diese Art umreißen, so findet die Stimmung einer Seuchenzeit in den Bildern von Brueghel und Böcklin und in den Texten von Camus und Axel Munthe ihren Ausdruck.

In einem Gutachten griff im Jahr des Großen Sterbens, 1348, die Medizinische Fakultät von Paris eine Empfehlung der Antike wieder auf: *Cito longe fugas et tarde redeas* (»Flieh rasch weit weg und kehr spät zurück«). Als Erkrankungsprophylaxe riet sie, *fatigua, fames, fructus, femina, flatus* (Ermüdung, Hunger, frische Früchte, Beischlaf, Blähungen) zu meiden. Wie damals bei den meisten Leiden wurde zur Ader gelassen, zu ganz bestimmten Zeiten und an ganz bestimmten Stellen des Körpers. Manche Ärzte und Chirurgen schnitten die Beulen auf, was auch im Rückblick sinnvoll erscheint. Man verabreichte Theriak, ein Heilmittel mit Dutzenden von – nicht nur appetitlichen – Ingredienzen, Pillen aus Aloe, Myrrhe und Safran, und suchte den Pesthauch mit Duftessenzen, Tabakrauch oder großen Feuern zu bannen. Das »Kölnisch-Wasser« war ursprünglich ein Pestmittel.

Als nachhaltiger wirksam erwiesen sich politische, wirtschaftliche und administrative Maßnahmen. Sie variierten von Reich zu Reich, von Gegend zu Gegend und von Stadt zu Stadt; in ihrer Gesamtheit stellten sie aber bereits ein umfassendes sozialhygienisches Abwehrdispositiv dar. Im Vordergrund standen Verbote: Verbote von Handelsbeziehungen, Versammlungsverbote, Verbote von Märkten, Jahrmärkten, Spielen. Es wurden Pestkordons und Pestbarrieren errichtet, Quarantänen angeordnet, Gesundheitspässe und Passierscheine ausgestellt, Gesundheitsinspektoren eingesetzt und sogar zu Denunziationen ermutigt, Häuser verbrannt und Familien isoliert, Sperrstunden verhängt und Straßenreinigungen durchgeführt. Die Zusammenarbeit zwischen Behörden, Ärzten und Pflegegemeinschaften kann als früher Ansatz eines öffentlichen Gesundheitswesens gewertet werden.

Ärzte und andere Menschen, die mit Pestkranken in näheren Kontakt kamen, schützten sich auf mannigfaltige Weise: Sie trugen lange Gewänder, hohe Stiefel und Handschuhe, eine Kopfbedeckung und Gesichtsmasken, deren Augenöffnungen mit Kristallen versehen waren und deren weit vorspringende Nase Duftstoffe enthielt. In der eigenen Nase hatten sie Rosenduft, im Mund Knoblauch, und in den Ohren Weihrauch. In der Hand trugen sie einen weißen Stab oder auch einen Handstock, dessen Griffende als Pomander zur Aufnahme einer Duftkugel, als Vinaigrette für aromatischen Essig gestaltet war.

Als die Cholera in den dreißiger Jahren des 19. Jahrhunderts ihr Kerngebiet in den großen Deltas von Südasien verließ und sich über Europa, Nord- und Südamerika ausbreitete, wurden die Behörden und Ärzte wiederum überrascht, von wenigen Ausnahmen abgesehen. So verfaßte beispielsweise der Zürcher Arzt Johannes Hegetschweiler eine Schrift *Über den Charakter, die Cur und die Verhütung der ostindischen Brechruhr* lange bevor sich die Seuche der Schweiz genähert hatte. Dabei griff er auf eigene Erfahrungen mit bösartigen Krankheitsverläufen und auf das neueste Schrifttum zurück; seine Empfehlungen paßte er der Beschaffenheit des Landes und den Verhältnissen der Einwohner an. Da man den Erreger nicht kannte, spielten Miasmen sowie kosmische und tellurische Umwelteinflüsse immer noch eine überragende Rolle.

Als wichtigste Seuchen wären nebst Pest und Cholera die Syphilis, die Lepra, der Ergotismus (die Vergiftung durch den Mutterkornpilz, einen Getreideparasiten) in bestimmten Gegenden, das allgegenwärtige Fleckfieber, die Pocken bis zum letzten gemeldeten Fall am 26. Oktober 1977, der Skorbut zur See und gebietsweise auch auf dem Land, sowie schließlich die Tuberkulose im 19. Jahrhundert und die Kinderlähmung im 20. Jahrhundert zu nennen.

Originaldarstellung eines französischen Pestarztes, mit Spezialgewand, Gesichtsmaske und Handschuhen ausgerüstet

Fidelia – ein ausgesetztes Lepra-Mädchen

Christoph Mörgeli

Die kleine Wundgschau, auch Maltzey- oder Sondersiechengschau genannt, wurde in Zürich erstmals 1491 urkundlich erwähnt. Bis 1404 hatten sich die Bewohner von Stadt und Landschaft Zürich zur Lepraschau in den Chorherrenstift der Augustiner nach Kreuzlingen begeben müssen; später ging diese Aufgabe an die geschworenen Meister des Bischofs von Konstanz über, zu dessen Diözese Zürich damals gehörte. Die Behörde zur Untersuchung von aussatzverdächtigen Personen bestand seit 1491 aus dem Stadtarzt und zwei geschworenen Scherern. Diesem regelmäßig zusammentretenden Gremium oblag die Pflicht, den Aussatz zu erkennen und die sogenannten »Sondersiechen« von den Gesunden abzusondern. Vor die kleine Wundgschau traten aber auch Angehörige anderer eidgenössischer Orte, die der Zürcher Medizinalbehörde großes Vertrauen entgegenbrachten. Die Diagnose hatte für die Betroffenen in der Regel schwerwiegendste Konsequenzen: Sie mußten ihre Familie und soziale Umgebung verlassen und ihr weiteres Leben als wandernde »Feldsiechen« oder in Lazaretten außerhalb der Stadtmauern fristen.

Vom Einzelschicksal eines aussätzigen Mädchens zeugt das Pfründenbuch des Zürcher Almosenamtes, in dem der Schreiber im Jahre 1526 die folgende Geschichte eintrug: *Pale Schärer zücht ein meitli heist fidli desselben muoter ein arme frow ist an dem zürich see gestorben und ein andre arme frow das Kind genomen in ein Schiff bis in die stat gfuert und es bi dem rappen an der schifflande laßen sitzen, und als das kind den ungenambten an beden hendlinen gehabt, fast geweint, hetz Junker Aeberhart von Rischach laßen artznen und ludwig Harnischer im an iedwaeder hand ein finger abgehowen anno 1515, dis meitli hat kaspar schneberger uff suntag vor S. joergen tag als man zalt 1526 jahr angenomen also das wir nütt weiter von jm bedörfend ze lonen.*

Paul Schärer hatte also mit einer armen Frau ein Kind namens Fidelia gezeugt, dessen Mutter am Zürichsee gestorben war. Eine andere arme Frau führte Fidelia auf dem Schiff in die Stadt Zürich und setzte es beim Haus zum Rappen an der Schiffländе aus. Beide Hände des stark weinenden Kindes waren vom Aussatz befallen. Der Zürcher Bürger Junker Eberhard von Reischach erbarmte sich des Mädchens und ließ es auf seine Kosten medizinisch versorgen. Der Wundarzt Ludwig Harnischer amputierte im Jahre 1515 an jeder Hand je einen leprösen Finger. Am Sonntag vor dem Georgstag des Jahres 1526 nahm ein anderer Zürcher Bürger, Kaspar Schneeberger, das Mädchen bei sich auf, so daß dem Almosenamt künftig keine Kosten mehr erwuchsen.

Dieser Fall aus der beginnenden Zürcher Reformationszeit belegt, daß nicht alle Aussatzpatienten unbedingt abgesondert wurden. Daß Fidelia Schärer aber in eine Familie aufgenommen wurde, lag möglicherweise daran, daß ihre Lepra nach dem chirurgischen Eingriff als geheilt beurteilt wurde. Dabei handelte Kaspar Schneeberger zweifellos nicht in erster Linie uneigennützig: Das Mündel mußte vielmehr kräftig mitarbeiten, damit sich der Vormund für seine Aufwendungen schadlos halten und wenn möglich sogar einen Nutzen aus dessen Arbeitskraft ziehen konnte.

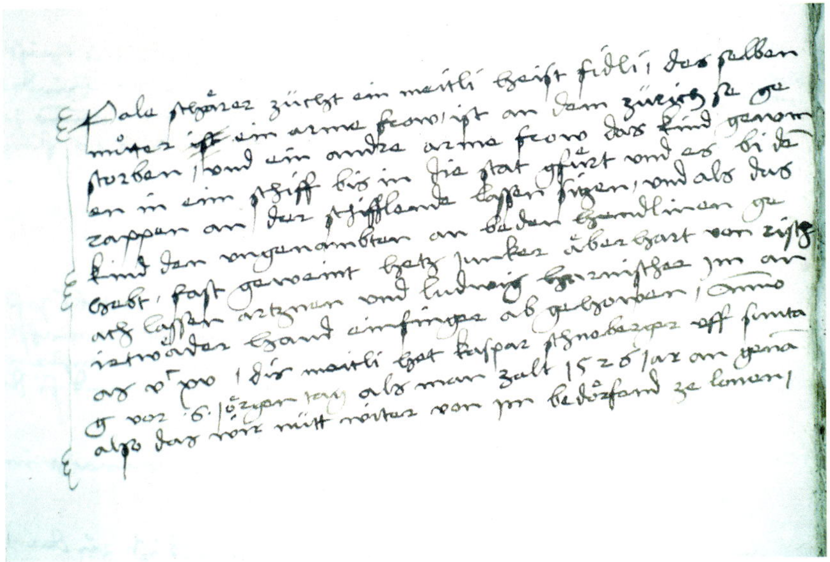

Bericht über die lepröse Fidelia Schärer im Beschreib der Pfründen zum Almosenamt *aus dem Jahre 1525*

Rubine und Quecksilber

Beat Rüttimann

Vom Verfasser des *Simplicius Simplicissimus,* Johann Jakob Christoph von Grimmelshausen (1621 – 1676), gibt es auch die *Ausführliche und wunderseltzame Lebensbeschreibung der Erzbetrügerin und Landstörzerin Courage.* Die Geschichte einer Frau, die nach eigenem Bekunden Offiziersgattin, Marketenderin, Musketiererin und schließlich Zigeunerin war. Sie berichtet: *Demnach ichs aber beides aus großer Begierde des Gelds… als meiner eigenen unersättlichen Natur halber gar zu grob machte, und beinahe ohne Unterschied zuließ, wer nur wollte, siehe, da bekam ich… die liebe Franzosen, mit wohlgeneigter Gunst. Diese schlugen aus und begannen mich mit Rubinen zu zieren…*

Mit der Franzosenkrankheit meinte Courage die Syphilis oder Lues, deren Hautausschlag im zweiten Stadium sie an Rubine erinnerte. Die »Lustseuche« oder »Geschlechterpest« hatte sich Ende des 15. Jahrhunderts fast epidemisch über Europa ausgebreitet, vielleicht von den Schiffen des Kolumbus importiert, vielleicht aus Afrika stammend: Der Theorien sind viele. Offensichtlich war der Erreger zu Beginn sehr aggressiv oder die Bevölkerung – immunologisch betrachtet – überrumpelt; es scheint jedenfalls auch außergeschlechtliche Ansteckungen gegeben zu haben. In therapeutischer Hinsicht gab es zwei Optionen: den wenig wirksamen Guajakholz-Absud und die gefährliche Quecksilberkur, die nützte, wenn sie der Vergiftung nahe kam.

Die vielversprechende Laufbahn des Ritters und Dichters Ulrich von Hutten erfuhr durch die Ansteckung, den Verlauf und die Behandlung einer syphilitischen Erkrankung einen nicht mehr umkehrbaren Knick.

Ulrich von Hutten (1488 – 1523) – Reichsritter, Dichter und von Kaiser Maximilian I. mit Lorbeer bekränzt – hatte sich wahrscheinlich in Italien infiziert. Er muß fürchterlich gelitten haben. Paläopathologische Untersuchungen zeigten eindeutige Spätschäden am Skelett. Gelitten hatte er nicht nur unter der Krankheit, sondern ebenso unter der »Blatteren«-Behandlung, die in seinem Fall aus elf Schmierkuren mit Quecksilber in der Hitzestube bestand. Wie das vor sich ging, schilderte er (mit kleinen sprachlichen Anpassungen) folgendermaßen: Die Kraft der Salbe trieb alles Krankhafte in den Mund und aufwärts zum Gehirn; ein furchtbar stinkender, ansteckender, alles besudelnder Speichelfluß stellte sich ein. Schwären traten an den Lippen, im Mund und Rachen auf, alle nicht festsitzenden Zähne fielen aus. Die meisten wollten lieber sterben als auf diese Weise kuriert zu werden. Bei vielen wurde das Gehirn angegriffen, mit Schwindel, Tobsucht, Zittern und stammelnder Sprache. Manche starben während der Kur an Ersticken oder Harnverhaltung; nur wenige genasen.

In verschiedenen Applikationsformen, auch als subkutane Injektionen, Pillen, Likörs oder Sirupe, blieb das Quecksilber die Therapie der Wahl, allenfalls ergänzt durch Jodkali und andere metallische Präparate, bis 1910 Paul Ehrlich und

Sahachiro Hata ihr Präparat »606«, das Salvarsan und später das Neo-Salvarsan, entdeckten. Dabei handelt es sich um das erste Chemotherapeutikum überhaupt. In den dreißiger Jahren des 20. Jahrhunderts folgten ihm Sulfonamide, in den Vierzigern das Penicillin und dann bald weitere Antibiotika.

Als Ehrlich und Hata 1910 das Arsenpräparat »Salvarsan« (auch »Substanz 606« genannt) zur Therapie der Syphilis entdeckten, glaubten sie mit diesem ersten Chemotherapeutikum die »Wunderkugeln« gefunden zu haben. Mißerfolge und schwere Nebenwirkungen jedoch enttäuschten und provozierten heftige Reaktionen in der Öffentlichkeit.

Erste Zürcher Pockenimpfungen

Christoph Mörgeli

Die regelmäßig und in recht kurzen Intervallen grassierenden Pocken (»Blatern«) wüteten vor allem im 17. und 18. Jahrhundert. Die Viruskrankheit befiel neben Kindern auch Erwachsene, tötete zahlreiche Patienten oder ließ die Überlebenden dauernd entstellt und oftmals erblindet zurück. Um 1720 gelangte das im Orient schon lange bekannte vorbeugende Verfahren der Variolation bzw. Inokulation von Konstantinopel nach London. Dabei wurden gesunde Kinder mit dem Pockeneiter eines kranken Menschen geimpft. Die so Behandelten blieben im günstigen Fall nach leichteren Krankheitszeichen immun. In Genf beschäftigte man sich seit 1749 mit der Inokulation; das Verfahren gelangte von dort über Lausanne und Bern nach Zürich.

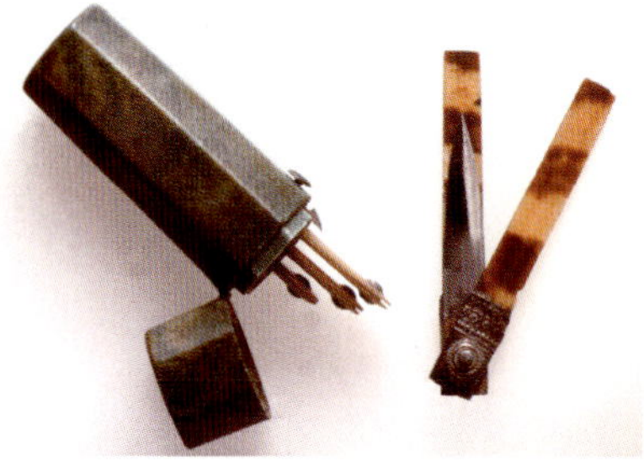

Die Übertragung von Menschenpocken wurde vom Zürcher Impfpionier Conrad Rahn mit der Lanzette vorgenommen.

Als erster Zürcher Arzt begann Conrad Rahn 1760 mit der Inokulation von Menschenpocken. Darüber berichtete er im dritten Band der Abhandlungen der Naturforschenden Gesellschaft in Zürich: *Ich inoculirte den 4ten Hornung 1760 eine Tochter von 4, einen Sohn von 3, und einen andern von 2 Jahren. Ich machte die Einschnitte an beyden Beinen ungefehr in der Mitte der Tibia. Bey der Tochter zeigte sich den 12ten Tag nach der Operation eine völlige ausgewachsene Blater auf dem einschnitt des rechten Beins. Erst den 14ten kam das Fieber und den 15ten der Ausbruch einer ziemlich großen Menge Pocken. Den 18ten öffneten sich beyde Wunden und eiterten 3 Wochen lang stark. Bey beyden Knaben zeigte sich das Fieber am 27ten Tag nach dem einpropfen, und den 29ten der Ausbruch der Pocken, auch hat bey beyden sich keiner von den Einschnitten mehr geöfnet, doch hat die Krankheit ihren ganzen Lauf ohne besondere Beschwerden und Zufälle vollendet. Von dieser Zeit an sind diese Kinder so gesund und stark als sie vorher gewesen sind, haben auch keine besondre Krankheiten gehabt.*

Da die Variolation in Zürich relativ spät praktiziert wurde, blieb man von den ersten abenteuerlichen Übertragungstechniken verschont. Beliebt war vornehmlich die von Thomas Dimsdale in London empfohlene Inokulation. Seine Schrift *Neue Methode für die Einpfropfung der Pocken* wurde 1768, zwei Jahre nach ihrem Erscheinen, in Zürich erstmals ins Deutsche übersetzt: *Nachdem man diejenige Person, bey welcher die Einpfropfung vorzunehmen ist, in das Haus, oder, wenn es nichts dargegen einzuwenden giebt, in das nämliche Zimmer gebracht hat, wo jemand an den Blattern krank liegt, so nimmt man, wenn die kranke Person ist inoculirt worden, ein wenig Pockeneiter von der Pfropfwunde; oder aber, wenn die Krankheit natürlich ist, eine reiffe Blatter, auf die Spitze einer Lanzette, so daß beede Seiten der Spitze darvon befeuchtet werden. Mit dieser Lanzette macht man an derjenigen Stelle des Arms, wo man sonst Fontanellen zu setzen pflegt, einen Einschnitt, tief genug, daß solcher durch den Narben der Haut durchgehe, und just die Haut selbst berühre; die Länge soll so wenig als möglich, und nicht über den achten Theil eines Zolls betragen. Nachdem sodann der Operator diese kleine Wunde zwischen seinen Daumen und Zeigfinger etwas in die Breite gezogen und geöfnet hat, befeuchtet er den Einschnitt mit der Pockenmaterie, indem er die flache Seite der inficirten Lanzette dargegen andrückt.*

Der Kampf gegen Bedenken, Vorurteile und die Furcht vor den Kosten waren auch in Zürich aufreibend. Als entschiedener Impfbefürworter konnte Johann Heinrich Rahn 1782 in seinem *Gemeinnützigen medizinischen Magazin* von sechshundert erfolgreich geimpften Kindern berichten und hoffte, mit diesen »lebenden Beyspielen« die »stärksten Einwürffe« zu widerlegen. 1796 verbesserte der englische Landarzt Edward Jenner die Pockenverhütung durch das gefahrlosere Verfahren der Vakzination, indem er gesunde Kinder mit Pockeneiter einer kranken Kuh impfte.

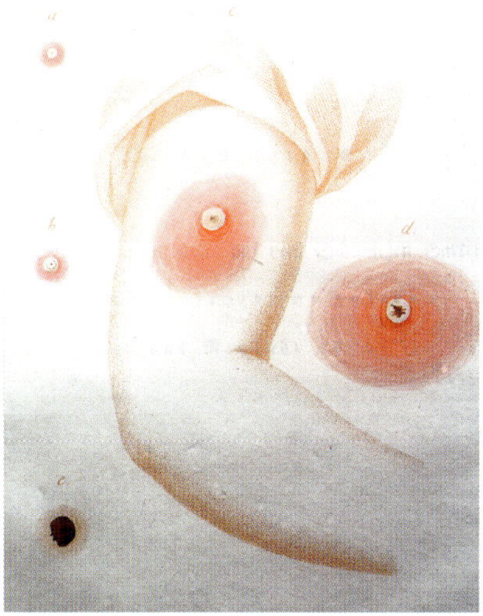

Verlauf einer gelungenen Vakzination mit Kuhpocken nach der Methode von Edward Jenner (Kolorierter Kufperstich, 1805)

Dermatologische Evergreens »made in Switzerland«

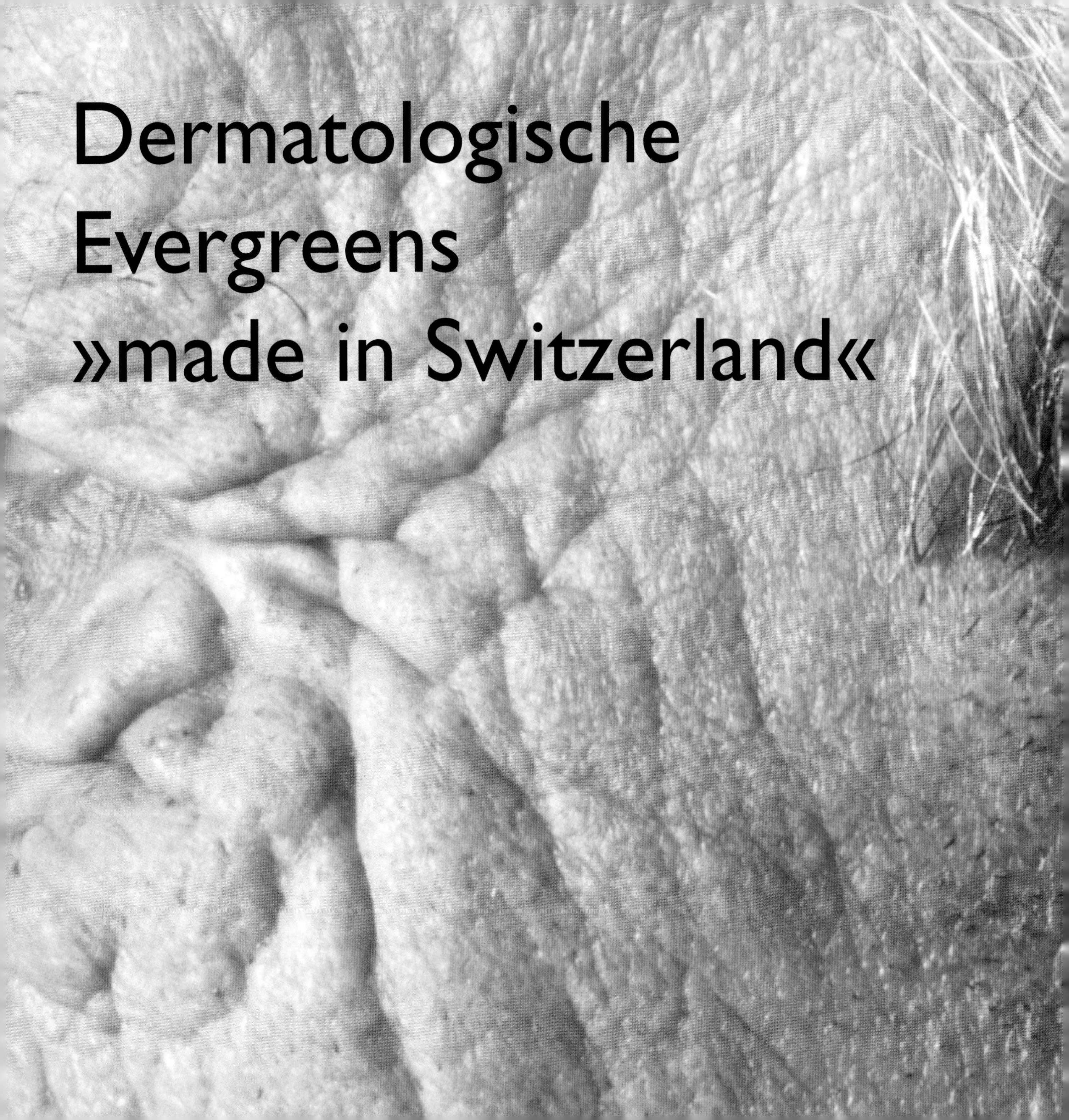

Dermatologische Evergreens »made in Switzerland«

Günter Burg

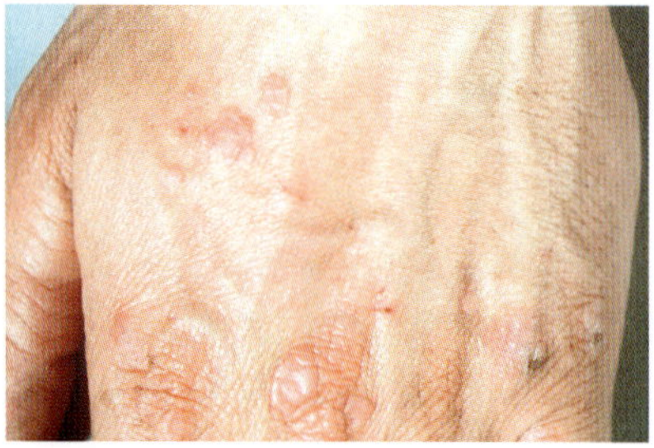

Flache Knötchen am Handrücken – Epidermodysplasia verruciformis, eine vererbbare Erkrankung, bei der große Wahrscheinlichkeit für die Entstehung bösartiger Hauttumoren gegeben ist.

Schweizer Dermatologen haben im 20. Jahrhundert wichtige Beiträge zur Entwicklung des Faches geleistet. Felix Lewandowsky stellte anhand von Photographien und Moulagen beim Kongreß der Schweizerischen Dermatologischen Gesellschaft in Zürich 1920 und ein Jahr später im Rahmen des Kongresses der Deutschen Dermatologischen Gesellschaft in Hamburg einen neunundzwanzigjährigen Patienten mit einem bisher unbekannten Krankheitsbild vor. Der aus Solothurn stammende Sohn hochbetagter, geschwisterlich blutsverwandter gesunder Eltern zeigte seit Geburt rötliche und stark schuppende Flecken an der Haut. Im Alter von siebenundzwanzig Jahren entwickelte sich zunächst an der rechten Stirnseite, später auch links eine Geschwulst. Die übrigen ausgedehnten Hautveränderungen glichen jugendlichen flachen Warzen. Daneben fanden sich sommersprossenartige Veränderungen. Das feingewebliche Bild war typisch und zeigte in den oberen Hautschichten »blasige« Zellen. Als Ursache wurde eine Anlageanomalie der Epidermis (obere Hautschicht) mit einer gewissen Ähnlichkeit zum Xeroderma pigmentosum, einer Erkrankung mit hoher Lichtempfindlichkeit und Neigung zur Entwicklung von Hauttumoren, angenommen. Auch verschiedene Formen von Verhornungsstörungen wurden differentialdiagnostisch diskutiert und es blieb offen, »aus was für einer Substanz der Inhalt der geblähten Zellen besteht«. Wegen der unverkennbaren Ähnlichkeit mit planen Warzen und dem atypischen, dysplastischen Aufbau der oberen Hautschichten erhielt die Erkrankung den Namen Epidermodysplasia verruciformis.

Es besteht kein Zweifel, daß Felix Lewandowsky und Wilhelm Lutz (1888 – 1958) das Verdienst zukommt, ein Krankheitsbild erstmalig präzise beschrieben zu haben, über das in der Folge weitere wichtige Informationen zusammengetragen wurden. So wissen wir heute, daß bei dem autosomal (nicht an Geschlechtschromosomen gebundenen) rezessiv (nur unter bestimmten Umständen phänotypisch erkennbar) vererbten Leiden eine Verminderung der zellvermittelten Abwehr auftritt. Diese wiederum bieten eine hervorragende Voraussetzung für die Ausbreitung bestimmter Warzenviren (humane Papillomviren, HPV), die in einem hohen Prozentsatz krebserzeugend sind. Da die elektronischen Suchmaschinen der medizinischen Literatur Arbeiten vor 1966 nicht erfassen, ist es zwar enttäuschend, aber nicht verwunderlich, daß in allen neueren Arbeiten der von Lewandowsky und Lutz gegebene Terminus Epidermodysplasia verruciformis wohl übernommen, die Originalarbeit jedoch praktisch nie zitiert wird.

Wenn die nächtliche Ruhe nicht gefunden wird, weil ein unscheinbares linsengroßes Knötchen an der Ohrmuschel im Liegen derartige Schmerzen bereitet, daß nicht an Schlaf gedacht werden kann, dann liegt die Ursache gelegentlich in einer Chondrodermatitis nodularis helicis (knötchenförmige Entzündung des Ohrmuschelknorpels), die der Luzerner Dermatologe Winkler 1916 erstmalig bei acht Patienten beschrieben hat. Die Ursache und Entstehung dieses Krankheitsbildes ist auch heute noch nicht geklärt. Eine Zusammenstellung von hundertdreiunddreißig Fällen aus der Zürcher Klinik zwischen 1973 bis 1985 zeigt ein deutliches Überwiegen der Männer (80%) und einen Befall des rechten Ohres (zwei Drittel der Fälle), doch warum dies so ist, bleibt unbekannt. Ein kleiner operativer Eingriff oder die Abtragung mit dem Laser setzt dem lästigen Leiden ein Ende.

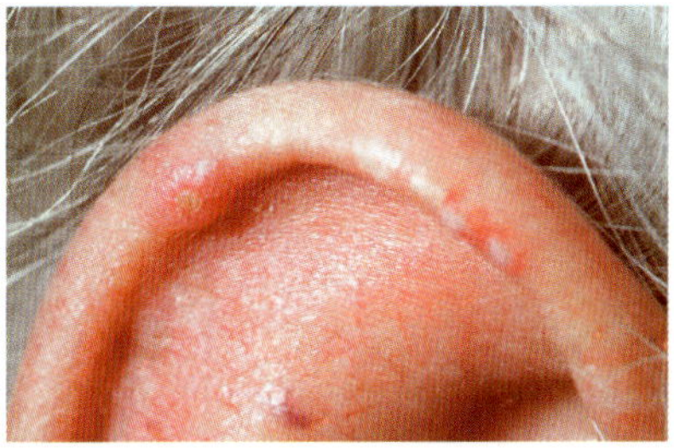

Auf Druck schmerzhafte Knötchen im Bereich der Ohrmuschel (Chondrodermatitis nodularis helicis)

Bruno Bloch, der erste Inhaber eines Lehrstuhles für Dermatologie und Venerologie am Universitätsspital Zürich, stellte an einer Tagung der Schweizerischen Dermatologischen Gesellschaft im Jahre 1925 einen Fall mit eigentümlicher, bis dahin nicht beobachteter Pigmentanomalie vor, über die Marion Sulzberger, ein amerikanischer Gastarzt an der Hautklinik der Universität, drei Jahre später eingehend berichtete. Er gab eine ausführliche Beschreibung des klinischen und feingeweblichen Bildes der als Incontinentia pigmenti bezeichneten Krankheit und zog den Schluß, *daß es sich primär um eine angeborene krankhafte Veränderung der pigmentbildenden unteren Zellagen der Oberhaut (Basalzellen), den sogenannten Melanoblasten, handelt. Diese Zellen lassen das von ihnen gebildete Pigment (Melanin) in die darunterliegenden Hautschichten »abtropfen«, anstatt es nach oben und außen zu befördern (Incontinentia pigmenti). Das in die Unterhaut (Cutis) abströmende Pigment wird von den Bindegewebszellen aufgenommen und bleibt wie tätowiertes Material jahrelang fast unverändert in ihnen liegen.*

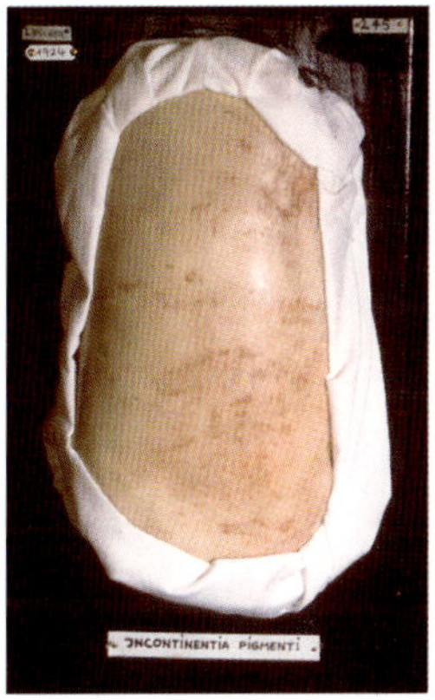

Die Moulage zeigt die Haut eines Mädchens aus dem Jahr 1924 mit einer seltsamen dunklen Pigmentierung. Genau dieser Fall wurde 1925 von Bruno Bloch vorgestellt und drei Jahre später von Marion Sulzberger publiziert. Das Krankheitsbild trägt heute den Namen Incontinentia pigmenti Bloch-Sulzberger.

Es ist heute bekannt, daß es sich bei der Incontinentia pigmenti um ein X-chromosomal (Lokalisation der Störung auf dem weiblichen Sexualchromosom) dominantes (eine der stets doppelt angelegten genetischen Informationen ist ausreichend) Erbleiden handelt. Diese Konstellation ist beim männlichen Geschlecht tödlich, während bei Frauen das zweite gesunde X-Chromosom die Lebensfähigkeit ermöglicht. Die weiblichen Säuglinge zeigen nach der Geburt Blasen an der Haut, danach entwickeln sich knötchenförmige Veränderungen mit vermehrter Hornbildung. Letztlich bleiben milchkaffeefarbene Hyperpigmentierungen in bizarrer, teils netzförmiger oder girlandenförmiger Anordnung, die sich nach vielen Jahren in der pigmentierten Atrophie verlieren. Neuere Untersuchungen des Krankheitsbilds haben Störungen in der zielgerichteten zähen Beweglichkeit von weißen Freßzellen (Granulocyten) erkennen

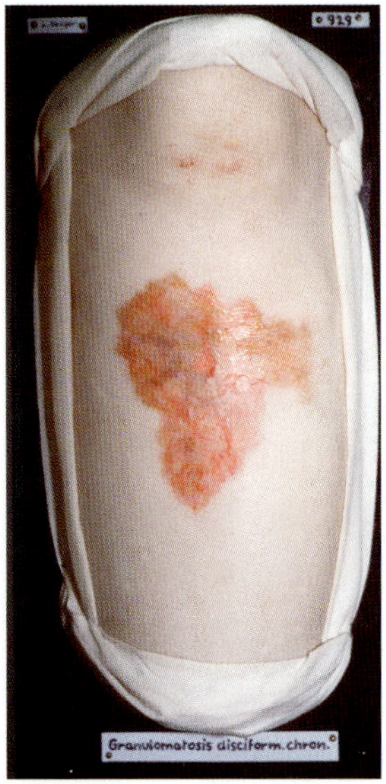

Moulage der Hautveränderung am Unterschenkel einer Patientin – Das Krankheitsbild trägt heute noch den Namen seines Entdeckers Miescher (Granulomatosis disciformis Miescher).

lassen. Auch neuere elektronenmikroskopische Untersuchungen stützen das bereits von Blocher und Sulzberger geäußerte »Abtropfungskonzept« des Pigmentes.

Unter dem Titel *Psoriasis mit lupoider Umwandlung einzelner Herde* stellten Guido Miescher und Walter Burckhardt (1905 – 1971) an der Schweizerischen Dermatologentagung 1936 in Zürich den Fall einer schon seit siebenundzwanzig Jahren an Psoriasis (Schuppenflechte) leidenden Patientin vor. Bei ihr hatten sich im Bereich der Unterschenkel eigenartige große scheibenförmige Herde entwickelt, die nicht mehr dem Bild einer Psoriasis entsprachen, sondern feingeweblich einen charakteristischen Aufbau (sogenannte Granulome) erkennen ließen. Bei diesem Granuloma disciforme und einer viele Jahre später ebenfalls von Miescher beschriebenen mehr scheibenförmigen Variante der Erkrankung wurde die Frage diskutiert, ob es sich um eine ungewöhnliche und bisher unbekannte Form der Tuberkulose oder der »Sarcoidose« (granulomatöse Erkrankung unbekannter Ätiologie) handeln könnte.

In einer dermatologischen Bildersammlung, der *Iconographia dermatologica,* berichteten Werner Jadassohn und Felix Lewandowsky 1910 über ein fünfzehnjähriges Mädchen mit einer »eigenartigen Verhornungsanomalie an der Haut und an der Zunge« und Nagelveränderungen, die seit Geburt bestanden. Sie nannten dieses Krankheitsbild, bei dem die Nagelplatten sämtlicher Finger und Zehen hochgradig verdickt waren, Pachyonychia congenita. Die Nagelplatten waren so hart, daß sie mit der Schere nicht abgeschnitten werden konnten, sondern vom Vater »mit Hammer und Meißel abgetragen werden müssen«. Aus den relativ spärlichen Mitteilungen, die darüber hinaus bis heute erschienen sind, wissen wir, daß neben Veränderungen an Händen und Füßen Defekte an den Zähnen, dem Rückenmark und inneren Organen vorhanden sein können. Aufgrund neuster Befunde kann dieses Krankheitsbild heute als eine komplexe, mehrere Deckhäute einbeziehende angeborene und vererbbare Reifungsstörung der hornbildenden Zehen angesehen werden.

Im Jahre 1906 legte Max Tièche von Reconvillier der Medizinischen Fakultät der Universität Bern seine Inaugural-Dissertation zum Thema *Über benigne Melanome (»Chromatophorome«) der Haut; »Blaue Nävi«* vor. In dieser nur zwanzig Seiten und eine Abbildungstafel umfassenden Arbeit beschrieb Tièche – *einer Anregung des Herrn Prof. Jadassohn folgend – eine bestimmte Art von dunkelblauen Flecken auf der Haut, welche ihm schon längst eigentümlich aufgefallen waren und die er nur einem allgemeinen Eindruck folgend als »Blaue Nävi« zu bezeichnen pflegte, über deren Struktur er aber weder aus der Literatur noch aus eigener Erfahrung etwas wußte.*

Neun von siebzehn innerhalb eines Zeitraumes von acht Monaten beobachteten derartigen Pigmentflecken wurden feingeweblich untersucht. Der Grund dafür, daß »diese Gebilde, die doch als etwas sehr Eigentümliches imponieren, keine Beachtung gefunden haben« wurde darin gesehen, daß man sie entweder für Fremdkörper gehalten oder daß man die Differenzen der blauen bis blauschwarzen und der braunen bis braunschwarzen Farbe nicht für irgendwie wesentlich gehalten hat«. Über die Namensgebung führte Tièche aus: *Das in ihnen enthaltene Pigment charakterisiert sich nach seinem Aussehen und nach seinen Reaktionen als Melanin. Wir könnten sie also sehr wohl Melanome (und da sie sich bisher als benigne erwiesen haben, benigne Melanome) nennen, wenn auch dieser Name ... ganz speziell für die malignen Pigmenttumoren der Haut im Gebrauch steht. Da das Pigment ganz oder fast ausschließlich in Zellen eingelagert ist, welche wohl zweifelhaft zur Bindegewebsreihe gehören... und da diese Pigmentzellen jetzt oft als Chromatophoren bezeichnet werden, könnte man diese Tumoren als »Chromatophorome« bezeichnen...* Was die Gewebezugehörigkeit betrifft, ordnete Tièche diese Veränderungen in die Reihe der Muttermale ein. Das Verdienst, den blauen Nävus (Nävus bleu) als krankheitstypische Entität klar definiert zu haben, kommt ihm zu. Grundsätzlich neue Erkenntnisse für diese besondere Form von Muttermale finden sich in der neuen Literatur nicht.

Aus Federn Schweizer Dermatologen stammen auch folgende interessante Mitteilungen: So hat Bruno Bloch die sogenannte DOPA-Reaktion zur feingeweblichen Darstellung der Melanocyten (pigmentbildende Zellen in der Oberhaut) beschrieben. Außerdem hat er im Selbstversuch die Entstehungsweise der Primelallergie nachvollzogen und die Suggestivtherapie der Warzen propagiert. Zu erwähnen sind zudem der Alkaliresistenztest zur Prüfung der Barrierefunktion der Haut von Walter Burckhardt; Untersuchungen zur Hauttuberkulose und zur Pellagra (einer Vitaminmangelerkrankung, die mit Hautblutungen, Durchfällen und Dement schließlich zum Tode führen kann) von Josef Jadassohn; experimentelle Ekzemforschung von Werner Jadassohn; Untersuchungen zur Epidemiologie von Geschlechtskrankheiten in der Schweiz und in Zürich durch Hubert Jäger (1892 – 1977); Studien zu lichtprovozierten Hauterkrankungen, sogenannten Photodermatosen, durch Hans Kuske (1909 – 1970) und die Beschreibung einer seltenen Verhornungsstörung durch Wilhelm Lutz. Guido Miescher hat sich neben der Strahlenbiologie insbesondere auch mit den feingeweblichen Veränderungen der Hauterkrankungen beschäftigt. Eigenhändig illustrierte Beiträge zur Ekzem- und Allergieforschung stammen von Hans Storck. Urs Schnyder schließlich hat wesentliche klinische und elektronenmikroskopische

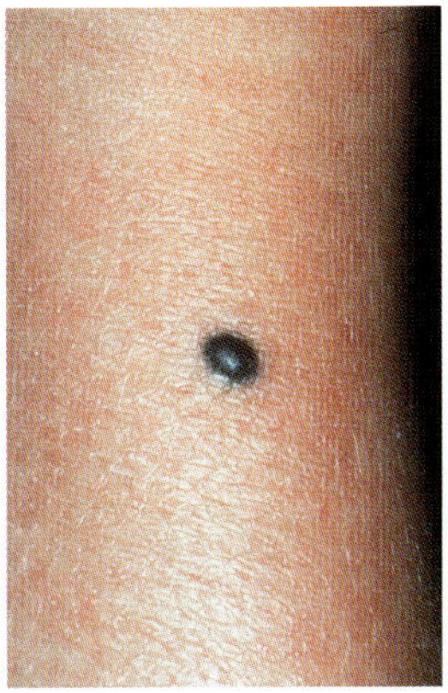

Der blaue Nävus (naevus bleu) *ist eine harmlose Neubildung, die von einem malignen Melanom abzugrenzen ist und deshalb in den meisten Fällen operativ entfernt wird. Die blauschwarze Farbe kommt durch die Lage des Pigmentes im mittleren Hautbindegewebe zustande.*

Beiträge zu angeborenen Erkrankungen mit Verhornungsstörungen und mit Blasenbildungen geleistet.

Insgesamt hat die Schweiz in ihrer knapp hundertjährigen Geschichte wichtige und originelle Beiträge zur Dermatologie geleistet. Eine morphologisch solide Dermatologie bildet auch die Basis einer innovativen experimentellen Forschung. Dies hat sich in der Vergangenheit bestätigt und soll auch in Zukunft so bleiben, wobei die Kontakte mit ausländischen Kliniken und Forschern für die weitere Entwicklung und die Übermittlungen der Leistungen der Schweizerischen Dermatologie über die Grenzen hinweg lebensnotwendig sind.

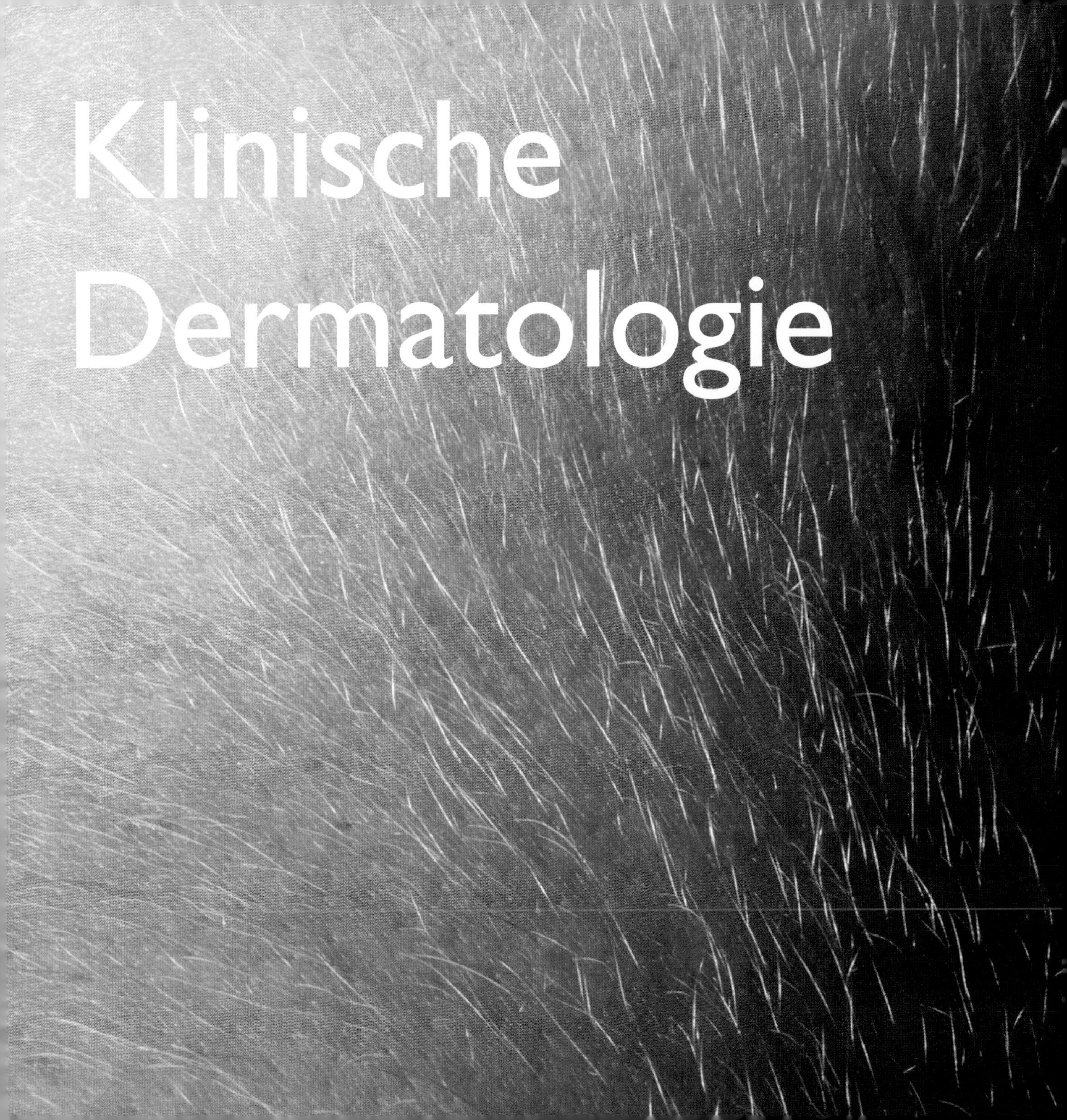
Klinische
Dermatologie

Die Haut – Ein föderalistischer Zellenstaat

Die Haut – Ein föderalistischer Zellenstaat

Günter Burg

Die Haut (Cutis) besteht aus Oberhaut (Epidermis), Lederhaut (Corium oder Dermis) und dem Unterhautfettgewebe, der Subcutis. Epidermis und Corium sind durch zapfenartige Ausläufer, den Reteleisten von Seiten der Epidermis, bzw. den Papillen von Seiten des Coriums, miteinander verzahnt.

Die Epidermis ist ein mehrschichtiger Verband von Zellen, die zur Oberfläche hin immer flacher werden. Die Dicke dieser Schicht schwankt je nach Lokalisation erheblich: zwischen 0,1 Millimeter, z.B. an den Augenlidern, und 1 bis 1,5 Millimeter, an Handflächen und Fußsohlen. Dazwischen finden sich Zellen mit tentakelartigen Ausläufern, sogenannten dendritischen Zellen, die bei der Entwicklung allergischer Reaktionen eine wesentliche Rolle spielen. Zwischen den Zellen der unteren Epidermisschicht, der Basalzellschicht, findet sich eine zweite Art dendritischer Zellen, die Melanozyten, die das Melaninpigment bilden und damit für den Teint der Haut verantwortlich sind. Dunkelhäutige haben nur unwesentlich mehr Melanozyten; lediglich die Verteilung des Pigmentes ist anders als bei Hellhäutigen.

Die Steuerung des Absterbens und der Erneuerung der Epidermiszellen ist ein komplexer Prozeß, der bei einigen Hauterkrankungen aus dem Gleichgewicht gerät und z.B. zu einer vermehrten Schuppenbildung führen kann.

Die Lederhaut (Corium) ist eine vier bis acht Millimeter dicke Schicht faserelastischen Gewebes, das die Zugfestigkeit und Elastizität der Haut bestimmt, und in die verschiedene Strukturen wie Haare, Talg- und Schweißdrüsen, Blutgefäße, Hautnerven und ihre Rezeptoren (Sinneszellen) eingebettet sind.

Die Blutgefäße bilden ein oberes, zwischen den zapfenartigen Reteleisten sich ausdehnendes Geflecht und ein tieferes, zur Subcutis (Unterhautgewebe) hin gelegenes.

Zwischen den faserbildenden Bindegewebszellen finden sich weitere zum Teil residente (ortsständige) Zellen, wie z.B. Matzellen, oder nicht-residente Zellen, die aus dem Blut in die Haut und wieder in den Blut- oder Lymphkreislauf gelangen.

Die Komplexität ihres Aufbaus läßt erkennen, daß die Haut nicht nur eine leblose Schutzhülle, sondern ein Organ mit zahlreichen wichtigen Funktionen darstellt, dessen Schutz und Pflege unserer körperlichen Gesundheit dienen.

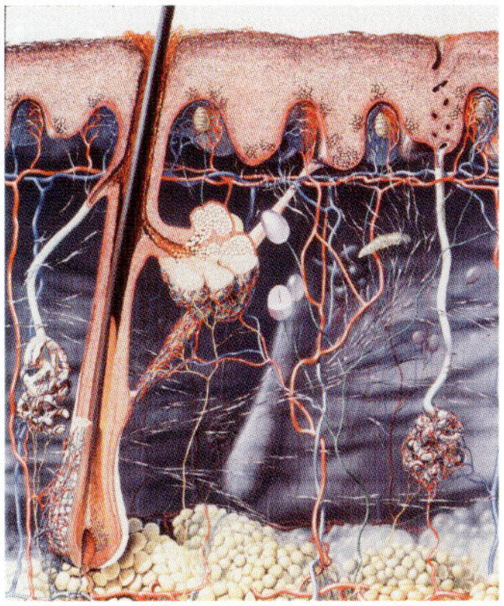

Schema der Haut (2D)

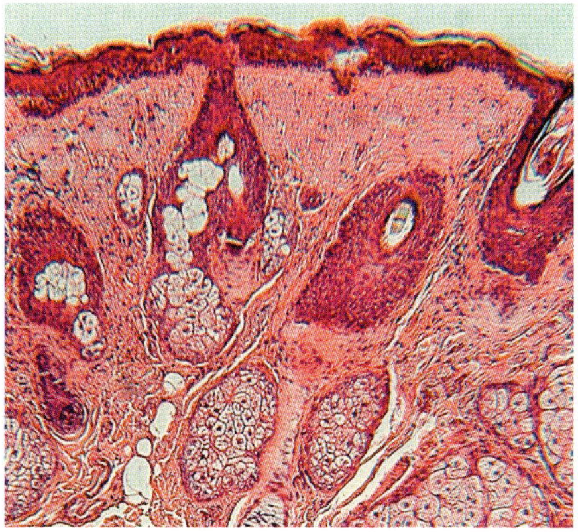

Histologie der Haut

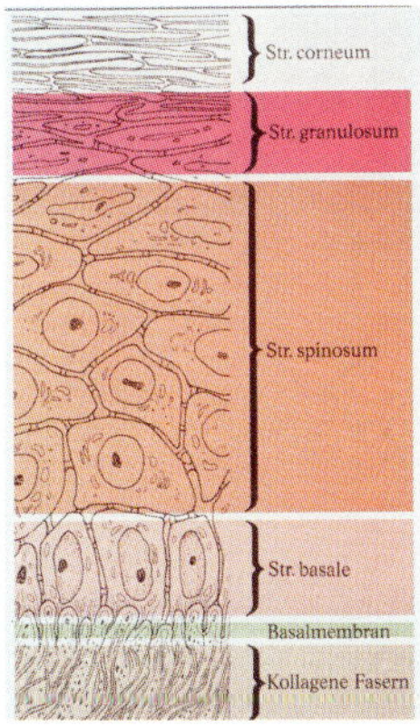

Schema der Haut (grob)

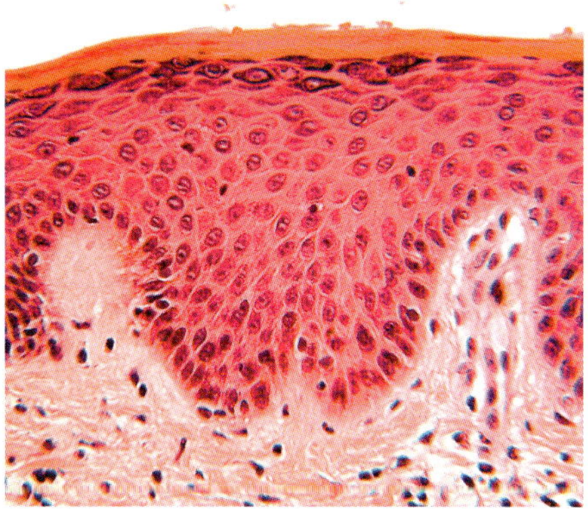

Histologie der Haut

Skin Terror, oder: Sichere Wege, seine Haut zu ruinieren

Skin Terror, oder: Sichere Wege, seine Haut zu ruinieren

Günter Burg

Der Liebe Gott läßt es zu und die Natur hat es so eingerichtet, daß das Leben anhand von Runzeln und Furchen deutliche Spuren in eine von Sonne, Alkohol, Nikotin und sonstigen Genußessenzen geschundenen Haut schreibt. Da Lebenserfahrungen nie zu früh gemacht werden können, kann man als fachspezifisch denkender und empfindender Dermatologe Verständnis und sogar Sympathie dafür aufbringen, wenn manche Mitmenschen es darauf anlegen, in den unfehlbaren Genuß eines Hautleidens zu kommen. Für einen Dermatologen ist nichts schöner als eine schöne und gesunde Haut – es sei denn eine schöne Krankheit derselben.

Wer einem mühsam erworbenen Ekzem nicht die gebührende Wertschätzung zollt, ist bedauerlicherweise auch noch nie in den Genuß des erlösenden Gefühls einer hemmungslos entfesselten Kratzattacke gekommen. Eine solche Erfahrung zu machen ist einfacher, als es dem gemeinen Hautträger vordergründig erscheinen mag; wenn man es nur richtig anfängt, konsequent dabei bleibt und die Chancen nutzt, die ein gewöhnlicher Tagesablauf in verführerischer Vielzahl bietet.

Wenn wir nach verdienter Nachtruhe die Wolke der unausrottbaren Hausstaubmilben und ihrer Exkremente in unserer Bettstatt verlassen, so bleiben uns für den Tag die zahlreichen Milben und Bakterien erhalten, die unbemerkt symbiotisch bis schmarotzerisch in unseren Haarfollikeln kopulieren und sich im Fett unserer Talgdrüsen und Hautoberfläche suhlen. Nicht zu vergessen die Intimregionen unseres Körpers, in denen die blinden, allen deodoranten Hygienemaßnahmen trotzenden bakteriellen Passagiere die schweißigen Ausdünstungen unserer Haut durch enzymatische Zersetzung dem Träger und seinem mehr oder weniger weiten Umfeld auch olfaktorisch zur Kenntnis bringen.

Das Ritual der Morgentoilette wird eingeleitet durch den harten Strahl aus vertikalen, horizontalen oder sonstwie raffiniert angeordneten Duschköpfen und bringt unser Äußeres so richtig auf Trab, so daß sich auch die letzten verschlafenen inneren Geister so langsam der ernüchternden Realität des Arbeitstages fügen. »Tritt frisch auf…« ist die Devise frei nach Luther und der schäumende alkalische Saft des dermatologisch geprüften Duschgels frißt sich zwischen die Hornzellen der Oberhaut und öffnet mit chemischer Kraft und biologischer Unvernunft alle Poren. Eine Zeitlang spielt sie mit, unsere geduldige Haut, und repariert sogar nachsichtig alle hygienebesessenen Peitschenhiebe, bis sie rebelliert und mit Brennen, Rötung, Nässen und Krustenbildung meist an Stamm, Armen und Beinen den Erfolg der Ekzembemühungen vermeldet.

Zu selbstzerstörerischen Möglichkeiten einer kultivierten Morgentoilette läßt die kosmetische Industrie heute keine Wünsche offen, um nach den duschmäßigen

Hautentfettungsverfahren mit Wässerchen, Lotionen und alkoholischen Tinkturen die Gründlichkeit dieser Prozeduren zu maximieren. Es erscheint fair und folgerichtig, die so geschundene Haut wieder zu versöhnen – mit Cremes und Salben in allen Duftschattierungen. Salbengrundlagen, mehr oder meist weniger deklarierte Konservierungs- und Duftstoffe eröffnen dabei ausgezeichnete Voraussetzungen, durch die willfährig gemachte Hautbarriere zu den sogenannten Antigen präsentierenden Zellen der Oberhaut vorzudringen. Damit wird die Kaskade der Allergisierung eingeleitet, als deren Krönung ein allergisches Kontaktekzem dem Anwender keinen Zweifel an der Richtigkeit seiner Strategie läßt. Sollte diese Entwicklung ausbleiben, so bleibt noch die Möglichkeit, daß nach überstandener fetthaltiger Nachtcreme die am Morgen applizierte Tagescreme bei regelmäßiger und reichlicher Anwendung eine sogenannte periorale – um den Mund – gelegentlich aber auch periorbitale – um die Augen – lokalisierte akneartige Dermatitis (Hautentzündung) generiert.

»Die Zukunft ist unser Hemd,
aber die Gegenwart ist unsere Haut.«
Eugène Ionesco, 1912–1994

Das Zupfen der Haare in den Axillen oder Entfernung derselben an den Beinen mittels jumbokleber-artigen Wachsen erfordert ein ungeheures von Eitelkeit getriebenes Maß an Mut, das neben Erleichterung nach erfolgter Operation, das wunderbare Gefühl vermittelt, Gastgeber einer ohnehin nicht übermäßig verwöhnten Mikrobenkultur auf unserer Haut zu sein. Diese honorieren es mit der Entwicklung von Haarbalgentzündungen und Schweißdrüsenabszessen.

Das Kopfhaar – soweit in ausreichender ordnungsbedürftiger Üppigkeit vorhanden – erfordert zu seiner Bändigung chemische Maltraktion im Rahmen der Haarwäsche, bei der die Disulfidbrücken des Haarkeratins vorübergehend gespalten werden. Die wenigen Minuten bis zur Wiederherstellung der strukturgebenden chemischen Konfiguration ist durch Einrollen, Brennen, Flechten, Biegen und Brechen ausgiebigst zu nutzen, bevor die brandheiße Luft der Föhnhaube dem gestylten Frisurenzauber die erforderliche Beständigkeit gegen die wettermäßige Unbill des Tages verleiht. In ausreichend intensiver Manier betrieben, gesteigert durch Bleichen, Tönen und Färben, ergibt sich hieraus der Trost, die Zeit für diese aufwendige Prozedur in Zukunft einsparen zu können, da sich das Haar irgendwann mit Befremden abwendet und sich nicht nur in der tolerablen, weil normalen täglichen Hundertschaft, sondern in Tausendschaften von seinem Träger verabschiedet.

Sofern die Zeit reicht, werden auch noch die Nagelhäutchen zurückgequetscht und beschnitten und damit ihrer abdichtenden Funktion an der Nagelmatrix, dem kritischen Bereich für das normale Nagelwachstum, enthoben.

Mit dem Gefühl, alles für sich, mit und gegen seine Haut getan zu haben, begibt man sich zur Arbeit.

Öffentliche Verkehrsmittel sind besonders geeignet, im Ausstoßstrahl des Hustenschwalls eines Mitreisenden ein paar Bakterien oder Viren zu ergattern. Soweit durch entsprechende frühere Kontakte die Abwehrlage nicht bereits in einen Zustand versetzt wurde, in denen man derartigen unerwarteten nackenwärts gerichteten Attacken die Stirn bieten kann, ergibt sich die wunderbare Chance, zu einer Gürtelrose zu kommen, die beileibe nicht immer in Gürtelhöhe zum Ausbruch kommen muß. Diese meist sehr schmerzhafte bläschenreiche Erkrankung betrifft nach durchgestandenen Windpocken eines unserer horizontalen Hautsegmente, dies aus unerklärlichen Gründen und Gott sei Dank nur halbseitig und meist nur einmal im Leben.

»In einem Nudistenareal sind Hautausschläge keine Krankheit, sondern ein Design.«
Roberto Benigni, ital. Komiker

Wenngleich das Auge des Gesetzes mit zahlreichen Arbeitsplatzverordnungen heute die Möglichkeiten zum Erwerb einer Berufsdermatose erheblich eingeschränkt hat, lassen sich bei konsequenter Mißachtung dieser Vorschriften Hauterkrankungen in den verschiedensten Varianten erzeugen. Dies vor allem in den handwerklichen Berufen, in denen das Tragen von Schutzkleidung und Schutzhandschuhen eine nicht akzeptable Distanz von der geliebten Arbeit schafft. Erst der direkte über längere Zeit ungeschützte Kontakt mit Kühlschleifmitteln, Haarfärbestoffen, Chromationen im Zement, Formalin in Reinigungsmitteln, Desinfektionssubstanzen in den Heilberufen und zahlreichen anderen wunderbaren potenten Allergenen erbringt durch Erzeugung eines allergischen Kontaktekzems den Nachweis für die Verbundenheit mit der spezifischen beruflichen Aktivität. Das allergische Kontaktekzem ist die Königsklasse unter den Ekzemen, die sich auch durch Streureaktionen nicht nur an den Kontaktstellen, sondern auch fernab am ganzen Körper bemerkbar machen kann. Während eine einmal erworbene Allergisierung – sofern man das Glück und die genetische Konstellation dazu hat – gleich einer Tätowierung die Mühen des Erwerbs durch lebenslänglichen Bestand belohnt, muß das toxische, degenerative Kontaktekzem, das durch chronische Einwirkung hautschädigender Agenzien bei jedem erzeugt werden kann, durch anhaltende Schädigungen mühsam unterhalten werden.

Personen, die ihren Beruf in der freien Natur an frischer Luft und Sonne ausüben, nutzen darüber hinaus die naturgegebenen Einflüsse elektromagnetischer Wellen, die als ultraviolette Strahlung die Dynamik des Alterungsprozesses der Haut beschleunigen und damit sozusagen im Zeitraffer Gelegenheit bieten, mit vierzig schon zu wissen, wie man mit achtzig aussehen wird.

Das Leben ist hart, wenn man es wirklich lebt und man gönnt sich nichts – oder kaum was. Ein paar gepreßte Maiswaffeln, weil das Sandwich BSE-verseucht ist. Zwar ginge auch der Salat; aber was ist schon ein Salat ohne Beef-Sandwich. Eine Zigarette tut es auch, zumal sie den unschätzbaren Vorteil bietet, die Bemühungen um die Voralterung der Haut und weiteren soliden Krankheiten wie z.B. dem Lungenkarzinom effektvoll zu unterstützen. Eine konsequent eingehaltene Mangelernährung läßt sich nach außen den Arbeitskollegen gegenüber als Diätbewußtsein und dem Chef gegenüber als streßerfülltes Überengagement ohne Zeit für das profane Ritual einer Mittagspause vertreten. Darüber hinaus schont es das Haushaltsbudget und setzt Ressourcen frei für eine konzentrierte Kalorienaufnahme durch Konfekt, Alkohol und deren verlockenden Kombinationen.

Wer hart arbeitet, soll sich am Feierabend auch die verdiente Erholung gönnen dürfen. Im vollen Mens-sana-in-corpore-sano-Bewußtsein steht das Fitnesstraining an oberster Stelle. Dabei bieten sich im buschigen Waldparcours ausgezeichnete Kontakte mit lauernden Holzböcken, die sich nicht – wie auf manchen dümmlichen Warnschildern suggeriert – von den Bäumen fallen lassen, sondern leichtfüßig auf Körperhöhe den Transfer vom Unterholz zum Jogger schaffen. Sofern es ihnen gelingt, für vierundzwanzig Stunden unentdeck zu bleiben, haben sie soviel Blut gesogen, daß sie dieses wieder durch die Bißstelle vomitieren und damit im Falle einer Übertragung einer bestimmten Bakterienart, die in circa zwanzig Prozent der Zecken im Darm ihr bedauernswertes dunkles Dasein fristet, ein wundersames ringförmig sich ausdehnendes Erythem (Hautrötung) bewirken, das langsam wächst und wächst, bis es am Ende hinten herunterfällt. Das Glück, eine solche Lyme-Borreliose zu erwischen, haben nur wenige. Diese aber genießen die Aussicht, neben dem migrierenden Erythem noch Gelenkbeschwerden, pergamentpapierartige Atrophie der Haut und eine schmerzvolle Nervenerkrankung zu erleben, sofern dem Prozeß nicht durch eine gezielte oder unbeabsichtigt zufällige Antibiotikabehandlung Einhalt geboten wird. Durchschwitzt und mit dem Hochgefühl, wieder etwas für Kreislauf und Gesundheit getan zu haben, trifft man sich mit Gleichgesinnten unter der Gemeinschaftsdusche und teilt nicht nur das Hochgefühl der Fitneß sondern auch die zahlreichen Pilze und Viren, die an den Füßen und zwischen den Zehen ihre Spuren gesetzt haben. Sich durch Tragen von entsprechendem Schuhwerk hiervor zu schützen widerspricht jeder Corporate Identity einer fitnessverschworenen Leidensgemeinschaft. Sollte es das Schicksal wollen, daß der bloße Duschgang für den Erwerb der gemeinnützigen Parasiten nicht ausreicht, so verbleibt die Exposition in der Sauna, die ohnehin eine empfohlene Maßnahme in der Serie der Bemühungen um eine strapazierte Haut ist.

Was den sonnenverehrenden Ägyptern heilig war, sollte für unsere Haut nicht schlecht sein können. Die boomende Sonnenstudiobranche hat den allabendlichen Ganzkörpergrill mit Tropic-Sun-Feeling für jeden erschwinglich gemacht. Seitdem die Modeschöpferin Coco Chanel in den zwanziger Jahren des letzten Jahrhunderts braun gebrannt von einem Yachturlaub zurückkehrte, ist statt käsiger und alabasterblasser Puderbleiche knackige Bräune gefragt. Tägliche Sonnenstudio-Expositionen verleihen der Haut den Aspekt eines sonnengebräunten Rhinozerosses. Sie schaffen darüber hinaus Gewißheit, daß innerhalb der nächsten zwanzig bis dreißig Jahre Hauttumore verschiedenster Art auftreten werden.

Solchermaßen physisch gestählt kommt endlich nach der Pflicht des Tages die Kür des Abends und der Nacht. Hier sind die Möglichkeiten dermatologischer Entgleisungen schier unerschöpflich und beginnen oft in einer alkoholbeflügelten Atmosphäre planerischer Aktivitäten. Unbewußt, aber beständig bringt eine Vorliebe zu alkoholischen Getränken eine wundersame Rötung der Wangen und der Nase. Die Nerven werfen das Handtuch und weigern sich, Empfindungen von Druck, Schmerz oder Temperatur zur Korrektur an das Gehirn weiterzugeben, was den unschätzbaren Vorteil bringt, daß die Zigarette, bei der üblicherweise eine gewisse Greifbreite ungenutzt verworfen werden muß, bis zum Verglimmen des Stummels zwischen den Fingern konsumiert werden kann, ohne daß die dabei auftretenden Verbrennungen den Rauchergenuß schmälern. Veränderungen, die sich in Form eines perforierenden Geschwürs an den Füßen manifestieren, bestätigen die Gründlichkeit, mit der die Natur ihr Werk vollbringt. Hilfestellung bei den alkoholbedingten Modifikationen am Hautorgan leistet unter Umständen auch unsere Bauchspeicheldrüse, die in empfindlich entzündlicher Manier unter übermäßigem Alkoholkonsum Enzyme freisetzt, die im Fettgewebe eine Entzündung – die sogenannte Panniculitis – hervorrufen. Alkohol ist darüber hinaus die billigste und sozial am breitesten akzeptierte Droge, die neben direkten Wirkungen am Hautorgan auch verschiedene indirekte hervorruft, deren Ursprung aber allesamt in der Beeinträchtigung unserer intellektuellen Fähigkeiten liegt.

Soweit er den beseelten Konsumenten nicht in Tiefschlaf versetzt, entwickelt sich durch Anhebung der Schmerztoleranzgrenze bei manchen Personen das Bedürfnis, die blanke makellose Haut als Leinwand für Tätowierungen zur Darstellung symbolhafter Allegorien und von amourösen Namensverwandtschaften zu nutzen. Hier bietet die Haut ein weites Feld für Phantastereien aus den Abgründen des jeweiligen Unterbewußtseins bis zur konkreten Benennung und Eingravur der gerade aktuellen Lebens- oder Liebespartner.

Verletzungen der Haut führen unter Umständen zu einer wulstförmigen Narbenbildung, den Keloiden. Bei afrikanischen Volksstämmen wird die Neigung zur Keloidbildung zur kultmäßigen Schmückung der Haut genutzt. Wenngleich bei kaukasischen Volksgruppen die Chance zur Keloidbildung etwas geringer ist, so eignet sich dennoch das Tätowieren, Burning und Piercing in besonderem Masse, um diese Schmuckattribute an einer sonst makellosen Haut zu erzeugen. Daß sie in unseren Breiten nicht die ihnen gebührende afrikanische Wertschätzung erfahren, liegt wohl eher am kulturellen Umfeld als am Subjekt derartig heroischer Selbstverstümmelungen.

In dieser Weise mit dem untrügerischen Stempel welterfahrener Männlichkeit versehen, ist es folgerichtig, sich einem anspruchsvollen Nachtleben zu stellen. Um dem hierbei erfahrenen meist kurzlebigen Genuß eine gewisse souvenirhafte Beständigkeit zu verleihen, kann die Akquisition einer veritablen Geschlechtskrankheit durchaus erstrebenswert erscheinen. Dies ist nicht immer ganz einfach zu realisieren, da bei den rundum aufgedrängten Schutzmaßnahmen nur das Nichtbeachten derselben eine gewisse Aussicht auf Erfolg bietet. Dieser kann nach einigen Tagen mit Brennen der Harnröhre und eitriger Sekretion oder nach einigen Wochen mit dem Auftreten eines Ulcus (Geschwür) in der Kontaktregion einsetzen, um dann – bei geflissentlicher Mißachtung dieser Symptome – nach einigen Jahren als Demenz zumindest die Umwelt an das Geschehene zu erinnern. Da heutzutage die vielfältigen, beim geringsten Verdacht irgendwelcher Infektionen verabreichten Antibiotika die Aussicht, in den Genuß einer ausgereiften luetischen Infektion zu kommen, äußerst empfindlich vermindert worden ist, darf man sich mit einem Herpes durchaus zufriedengeben.

»Die Jahre lassen unsere Haut welken, aber die Unfähigkeit zur Begeisterung läßt die Seele welken.«
Samuel Ullmann

Wenn alle Optionen, die das tägliche Leben zum Erwerb einer veritablen Hauterkrankung bietet, nicht ausreichen, so bleibt als letzte Option der Urlaub, der neben einer Intensivierung der ansonsten nur halbwegs sicheren Erfolgsrezepte weitere Nuancen der zusätzlichen Exposition gegenüber Parasiten und klimatischen Noxen sowie der zwischenmenschlichen Kontaktaufnahme bietet. Fazit: Die dermatologische Forschung scheut keine Mühen aufzuzeigen, wie das größte und ansehnlichste unserer Organe zu ruinieren ist.

Die Schattenseiten der Sonne

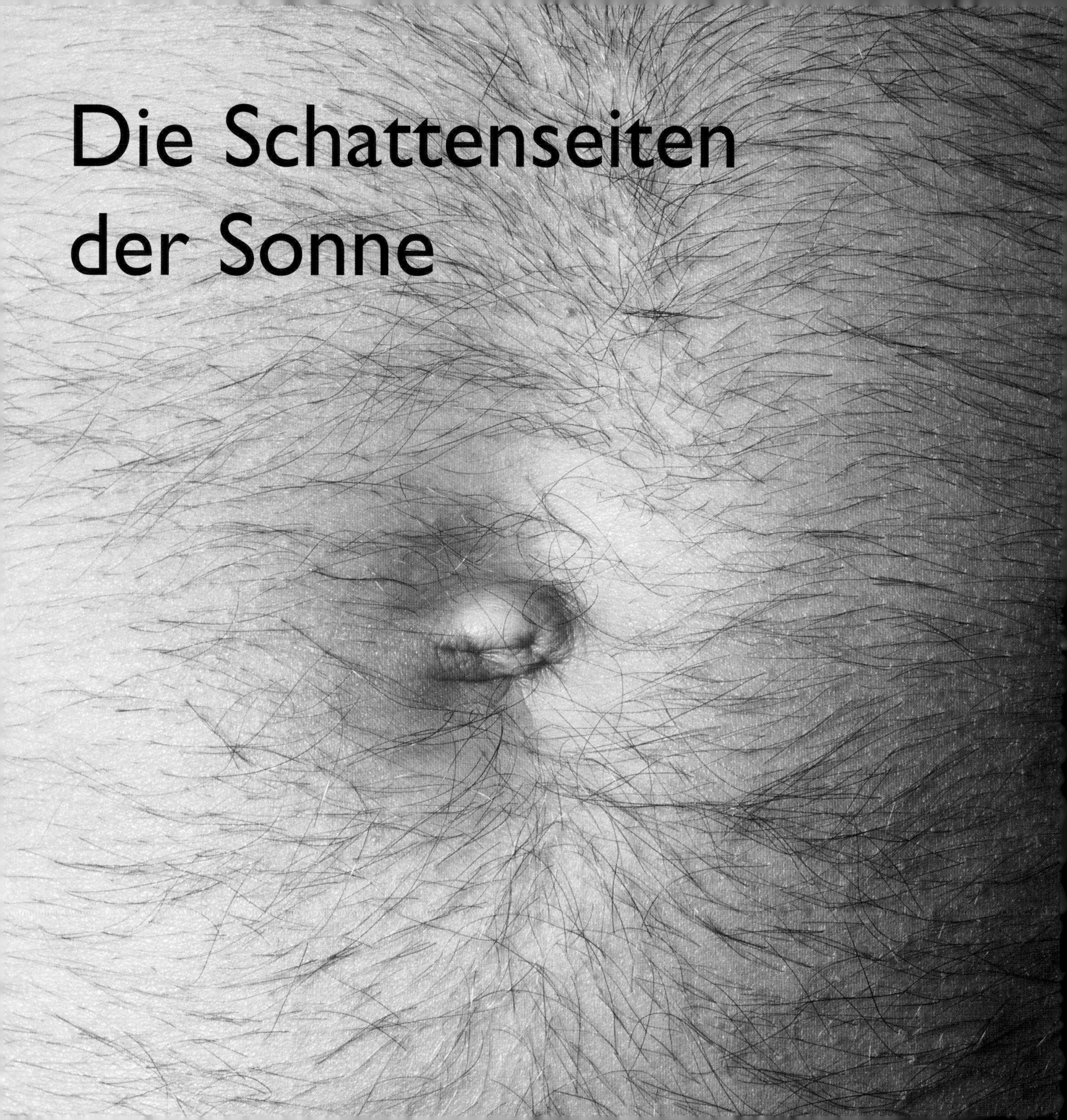

Die Schattenseiten der Sonne

Reinhard Dummer

Die Zusammensetzung der UV-Strahlung und ihre Auswirkungen auf die Haut

Die Sonne als Fixstern unseres Sonnensystems versorgt die Erde mit der für das Leben notwendigen Energie. Die Übertragung geschieht über elektromagnetische Wellen, die in großer Bandbreite und mit unterschiedlichem Energieniveau von der Sonne freigesetzt werden. So wichtig die Sonne für entstehendes Leben war, so wichtig ist auch der Schutz der Lebewesen auf der Erdoberfläche vor der gefährlichen kosmischen Strahlung, einschließlich Röntgen- und UVC-Strahlung. Die Zusammensetzung der Sonnenstrahlung mit dem entsprechenden Wellenlängenbereich und dem Anteil der Gesamtenergie sind in der folgenden Tabelle zusammengefaßt.

Zusammensetzung der Sonnenstrahlung an der Erdoberfläche

	Wellenlänge (nm)	Anteil der Gesamtenergie in %
Infrarot	700–2500	50
Sichtbar	400–700	44
Ultraviolett	295–400	6
UVA	320–400	95,9 des UV
UVA1 (lang)	340–400	
UVA2 (kurz)	320–340	
UVB	295–320	4,1 des UV
UVC	200–295	0 (bei intakter Ozonschicht)

Zusammensetzung der optischen Strahlung auf der Erdoberfläche

Die stratosphärische Ozonschicht blockiert UVC-Licht (200–280 nm) bis zu einer Wellenlänge von 290 nm (UVB-Bereich). Hingegen trifft UVB (Wellenlänge 280–320 nm), UVA (Wellenlänge 320–400 nm), sichtbares Licht (Wellenlänge 400–800 nm) sowie Infrarotstrahlung auf die Erdoberfläche. Von der gesamten UV-Strahlung an der Erdoberfläche sind etwa 5 % UVB, die übrigen 95 % bestehen aus UVA. Das bedeutet, daß zumindest achtzehnfach mehr UVA auf die Haut trifft als UVB. Die UVB-Strahlung wird wesentlich stärker durch den Sonnenstand beeinflußt als die UVA-Strahlung, d.h. die UVB-Belastung nimmt im Winter wesentlich stärker ab als die UVA-Belastung. Die Abschwächung durch Wolken wird in der Regel überschätzt. Sie beträgt maximal 50–60 %, wobei hierbei keine Unterschiede für UVA und UVB nachweisbar sind. In unseren Breiten erfährt ein Büroangestellter in einem Raum mit großen Fenstern im Gesicht etwa die Dosis von 1500 J/cm^2 UVA/Jahr, was etwa achtzig Stunden Aufenthalt in tropischer Sonne entspricht. Die mittlere tägliche kumulative Dosis für UVA wird in diesem Fall etwa auf 15 J/cm^2 geschätzt. Interessanterweise wird dabei circa 71 % der übers Jahr erworbenen UVB-Exposition im Sommer erworben; nur 29 % in den übrigen Monaten. Anders ist dieses Verhältnis für das UVA. Hier werden nur 48 % der Belastung im Sommer erworben und 52 % in der restlichen Zeit.

Die in unserer Umwelt vorhandene UV-Belastung führt an der Haut zu einer ganzen Reihe von Schäden. Wir unterscheiden hierbei akute Schädigungen von chronischen Schäden. Zu den akut (relativ kurz nach der Exposition) auftretenden Schäden gehören der Sonnenbrand, die sehr häufige polymorphe Lichtreaktion – die im Volksmund verallgemeinernd als Sonnenallergie bezeichnet wird –, die Lichturtikaria und andere Lichtdermatosen, lichtabhängige Allergien (Photoallergien) oder phototoxische Reaktionen (Wiesengräserdermatitis). Es ist wichtig, die Hauterkrankungen, die durch UV-Licht verschlechtert werden können, von diesem Spektrum abzugrenzen.

Zu den chronischen Hautschäden gehören die aktinische Elastose – die Faltenbildung, die den Aspekt der Altershaut bestimmt – und verschiedene Hautkrebsformen.

Sonnenbrand

Kann eine hohe Intensität von hochenergetischem UV-Licht (UVB) ausreichend lang auf die Haut einwirken, kommt es zu einer akuten entzündlichen Reaktion, die als Sonnenbrand (Dermatitis solaris) bezeichnet wird. Dabei entsteht eine Schädigung der hornbildenden Zellen der Haut (Keratinozyten), welche dann Stoffe aussenden, die sowohl lokal in der Haut als auch im übrigen Körper eine entzündliche Reaktion auslösen. Die systemische Wirkung dieser Hautentzündung zeigt sich in dem häufig damit verbundenen Mattigkeitsgefühl (vermittelt durch das Zytokin Interleukin-1) und durch die häufig auftretende Fieberzacke (vermittelt durch das Interleukin-6). Wie bei Verbrennungen unterscheiden wir verschiedene Grade. Bei einem Sonnenbrand ersten Grades findet sich nur eine schmerzhafte Rötung der Haut, beim zweiten Grad eine Blasenbildung und beim dritten Grad kann es zu einem großflächigen Absterben ganzer Hautareale kommen. Ausgedehnte Sonnenbrände zweiten und dritten Grades können sogar lebensbedrohlich sein.

Die Empfindlichkeit gegenüber der UVB-Strahlung ist individuell unterschiedlich und hängt vom Hauttyp ab; insbesondere die Hauttypen I und II neigen schon nach sehr kurzer Exposition mit UV-Strahlen zu einer sehr starken entzündlichen Reaktion. Diese vermehrte Empfindlichkeit ist typischerweise assoziiert mit einer sehr hellen Haut und weist wiederum auf ein erhöhtes individuelles Hautkrebsrisiko hin.

Die verschiedenen Hauttypen

Hauttyp I (Eigenschutzzeit der Haut: fünf bis zehn Minuten)
- sehr helle Haut
- keine Bräunung
- bekommt ungeschützt in kürzester Zeit einen Sonnenbrand
- extrem empfindliche Haut
- Sommersprossen
- helle Augen
- rotblondes Haar

Hauttyp II (Eigenschutzzeit der Haut: zehn bis zwanzig Minuten)
- helle Haut
- langsame Bräunung
- oft Sonnenbrand
- oft Sommersprossen
- empfindliche Haut
- helle Augen
- helles Haar

Hauttyp III (Eigenschutzzeit der Haut: zwanzig bis dreißig Minuten)
- mittelhelle Haut
- einfache und langsame Bräunung
- manchmal Sonnenbrand
- helle oder dunkle Augen
- braunes Haar

Hauttyp IV (Eigenschutzzeit der Haut: dreißig bis fünfundvierzig Minuten)
- bräunliche, wenig empfindliche Haut
- schnelle und tiefe Bräunung
- selten Sonnenbrand
- dunkle Augen
- dunkelbraunes oder schwarzes Haar

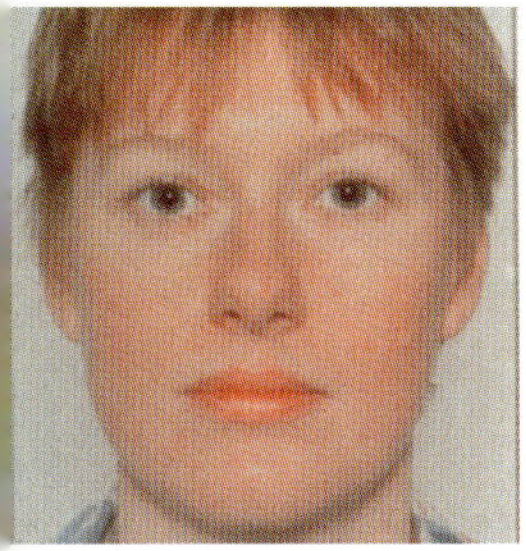

Hauttyp 1

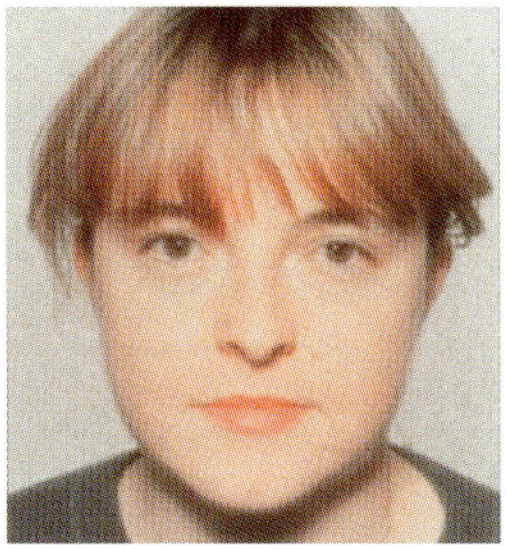

Hauttyp 2

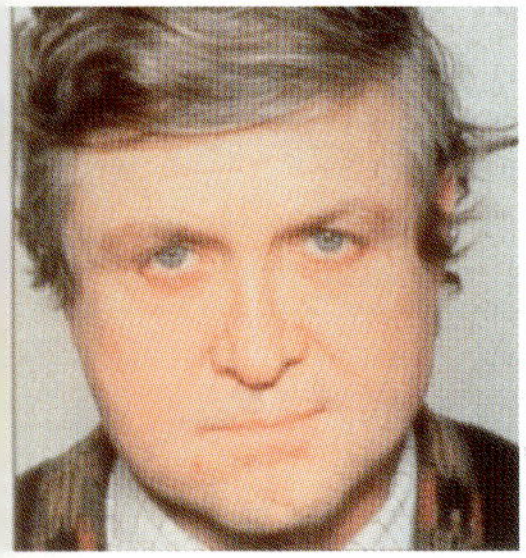

Hauttyp 3

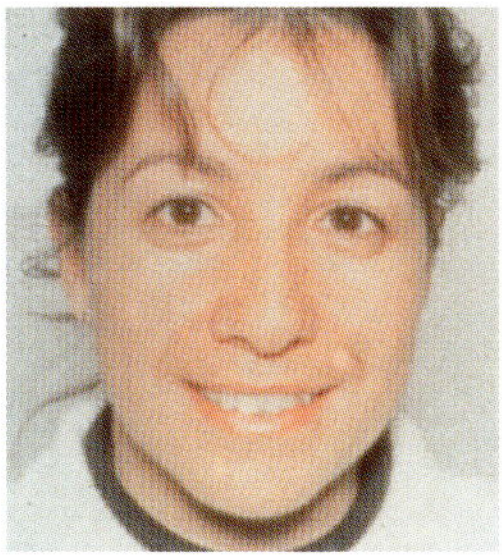

Hauttyp 4

Hauttyp V (Eigenschutzzeit der Haut: fünfundvierzig bis sechzig Minuten)
- dunkle, wenig empfindliche Haut
- selten Sonnenbrand
- dunkle Augen
- schwarzes Haar

Hauttyp VI (Eigenschutzzeit der Haut: sechzig bis neunzig Minuten)
- schwarze, wenig empfindliche Haut
- sehr selten Sonnenbrand
- schwarze Augen
- schwarzes Haar

Hauttyp 5

Hauttyp 6

Polymorphe Lichtreaktion (im Volksmund »Sonnenallergie«)

Die polymorphe Lichtreaktion ist eine sehr häufige Erkrankung, die mindestens fünfzehn Prozent aller Frauen im Alter zwischen zwanzig und dreißig Jahren betrifft und häufig auch bei jungen Männern vorkommt. Sie tritt typischerweise im Frühjahr auf. Dabei kommt es nach einer intensiven UV-Bestrahlung (vor allem UVA) circa vierundzwanzig bis achtundvierzig Stunden später zu stark juckenden Hautveränderungen, meist in Form kleiner Knötchen. Wird Sonnenexposition vermieden, verschwinden die Hautveränderungen wieder, treten jedoch bei der nächsten starken UV-Belastung bei unvorbereiteter Haut relativ präzis in gleicher Art wieder auf. Meist suchen die Patientinnen und Patienten den Arzt erst auf, wenn die Hautveränderungen abgeheilt sind, was eine exakte Diagnosestellung erschwert. In der Regel werden Lichttestungen mit UVB und UVA durchgeführt, um zuerst die Wellenlänge des UV-Lichts herauszufinden, die für die Hautveränderungen verantwortlich ist, und dann eine individuell angepaßte Beratung (Auswahl des Lichtschutzmittels und evtl. Phototherapie) einzuleiten. Bei typischer Anamnese handelt es sich meist um dieses Krankheitsbild, es ist jedoch äußerst wichtig, die unten aufgeführten Krankheiten auszuschließen, was in der Regel eine fachärztliche Untersuchung empfehlenswert macht.

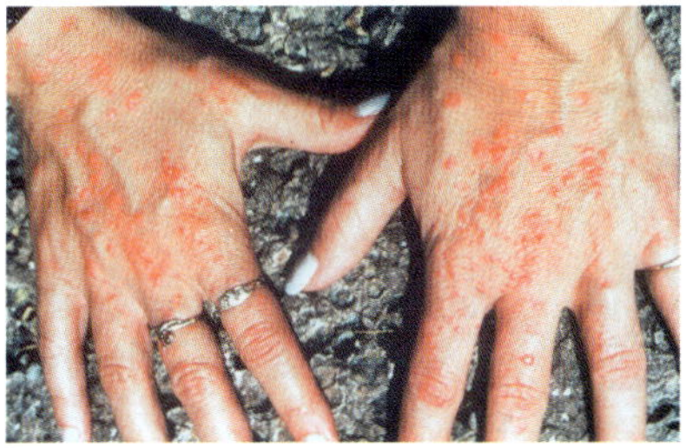

Polymorphe Lichtreaktion: stark juckende Knötchen 24 Stunden nach UV-Exposition

Lichturtikaria und andere idiopathische Photodermatosen

Bei einem kleinen Teil von Patienten mit Lichterkrankungen kommt es nach der Exposition in UV-Licht (UVA, UVB oder, eher selten, sichtbarem Licht) zur Entwicklung von Quaddeln, dann sprechen wir von einer Lichturtikaria. Bei stark juckenden Knötchen handelt es sich um eine aktinische Prurigo, die bei uns sehr selten ist. Bei Kindern beobachten wir gelegentlich Hautveränderungen, die den Bläschen bei Pocken ähnlich sind und deshalb Hydroa vacciniformia genannt werden.

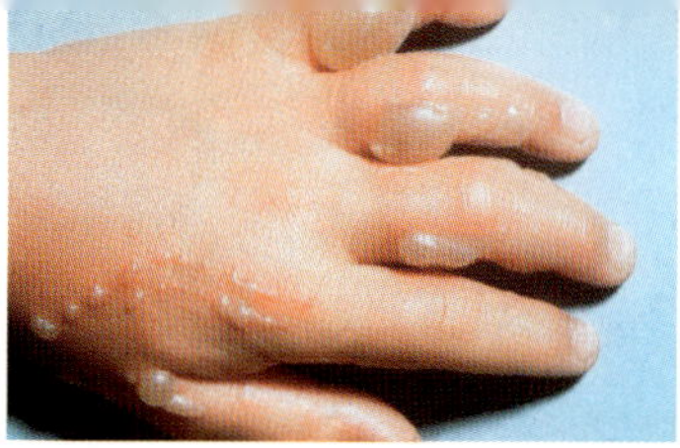

Blasenbildung nach Kontakt mit Riesenkerbel und anschließender UV-Exposition (Wiesengräser-Dermatitis)

Phototoxische und photoallergische Reaktionen

Viele chemische und natürliche Substanzen ändern ihre räumliche Struktur nach Anregung durch UV-Licht. Dies kann dazu führen, daß sich Stoffe, die normalerweise für die Haut völlig unschädlich sind, nach UV-Exposition in eine schädliche Substanz verwandeln. Führt diese schädliche Substanz zu einer sofortigen Schädigung der Haut, wie z.B. zur Blasenbildung, sprechen wir von einer phototoxischen Reaktion. Ein typisches Beispiel ist der Kontakt mit pflanzlichen Substanzen (Psoralenen), wie sie häufig z.B. im Bärenklau (Riesenkerbel) gefunden werden. Dies kann zu schwerwiegenden Hautveränderungen führen.

Ein durch UV-Licht in der räumlichen dreidimensionalen Struktur verändertes Molekül kann auch zu einem allergieauslösenden Stoff werden (Allergen). Wir sprechen in diesem Fall von einer Photoallergie. Dabei kann Psoralen sowohl in Form von Tabletten oral aufgenommen werden und dann in der Blutbahn vorhanden sein oder lokal auf die Haut aufgetragen werden.

Durch UV-Licht verschlechterte Hauterkrankungen (sogenannte photosensitive Dermatosen)

Es gibt eine ganze Reihe von ernsthaften Erkrankungen, die durch UV-Licht verschlechtert werden. Hierzu gehören auf der einen Seite typische entzündliche Hauterkrankungen wie der sogenannte Lupus erythematodes (diskoider, subakut kutaner, systemischer), Stoffwechselstörungen wie Porphyrien oder eine ganze Reihe von seltenen entzündlichen Hauterkrankungen wie die Pityriasis rubra pilaris oder die retikuläre erythematöse Mucinose.

Altershaut – UV-abhängige Schäden der Dermis (Lederhaut)

Geringe repetitiv angewendete UVA-Dosen (Bedingungen, die einer natürlichen UVA-Exposition entsprechen) führen zu einer Hautpigmentierung, haben einen negativen Einfluß auf die Elastizität der Dermis und trocknen durch Störungen der Hornschicht die Haut aus. Pathophysiologisch wichtig ist auch die Induktion von Lysozym-Ablagerungen an den elastischen Fasern, die heute als frühe Phase der aktinischen Elastose bewertet werden.

Während in der normalen Haut die elastischen Fasern ein feines filigranes Netzwerk bilden, findet sich in der aktinisch geschädigten Haut eine Verklumpung der elastischen Fasern, was sich in strukturellen Problemen an der Hautoberfläche zeigt. Neuere Untersuchungen weisen auch auf die Bedeutung der Kollagenfasern für die Faltenbildung hin.

Neu sind Erkenntnisse zur Bedeutung des UVA-Lichtes für das kutane Immunsystem. Bezüglich UVB war schon lange bekannt, daß es die Immunfunktionen der Haut unterdrücken kann, was u.a. mit einer reduzierten Zahl von Langerhans-Zellen in der Epidermis einhergeht. Neuere Erkenntnisse zeigen, daß auch UVA in der Lage ist, sowohl eine lokale als auch eine systemische Immunsuppression zu induzieren. Über die Mechanismen, die dabei zu einer systemischen Immunsuppression führen, ist noch wenig bekannt.

Hautkrebsentstehung durch UV-Licht (Karzinogenese)

Die Exposition der Haut mit Sonnenlicht führt dazu, daß die Erbsubstanz durch die ultraviolette Strahlung geschädigt wird. Unterschiedliche Wellenlängen von UV-Strahlung verursachen unterschiedliche DNS-Schäden. So ist z.B. UVB-Licht in der Lage, eine kovalente Bindung zwischen zwei benachbarten Pyrimidinbasen zu induzieren. Es entsteht typischerweise ein Thymidindimer. Ein DNS-Molekül kann aber auch indirekt durch UV-Einstrahlung (meist UVA) geschädigt werden. Dies passiert, wenn die UV-Strahlung zuerst von einem anderen Molekül absorbiert wird und dann anschließend die DNS direkt über Energie oder Elektronentransfer modifiziert wird. Glücklicherweise sind wir hervorragend mit verschiedenen Systemen zur Reparatur von solchen DNA-Schäden ausgestattet. Falls ein DNS-Schaden in einem wichtigen Abschnitt des Genoms nicht repariert werden kann, wird der programmierte Zelltod in der geschädigten Zelle eingeleitet. Dieser hängt wesentlich von dem bekannten Tumorsuppressor-Gen p53 ab. Reparatursysteme sind jedoch nicht fehlerfrei, so daß sich im Laufe der Jahrzehnte genetische Veränderungen (Mutationen in der Erbsubstanz) anhäufen, die langfristig einen bösartigen Hauttumor entstehen lassen.

Kind unter der Höhensonne: Das Arrangement einer energiestarken Quarzsonne ist therapeutisch bei chronischen Ekzemen hervorragend wirksam; leider birgt es auch die Gefahr einer späteren Karzinomentwicklung.

Eindeutig bewiesen ist der Einfluß der UV-Strahlung auf die Entstehung der häufigsten Hauttumoren Basaliom und Spinaliom. Es finden sich auch klare Hinweise dafür, daß vor allem die Einwirkung von hohen UV-Dosen für die Entstehung des schwarzen Hautkrebses (Melanom) verantwortlich ist, insbesondere bei einem hellen Hauttyp (Hauttyp I oder II).

Lichtschutzsysteme der Haut

Im Zuge der Evolution der Menschheit hat sich die Haut an die Umweltbedingungen angepaßt und mußte Schutzmechanismen vor den UV-Strahlen entwickeln. Wir kennen heute im wesentlichen drei Prinzipien zum Schutz von Hautzellen gegen UV-Strahlen:

- die »Lichtschwiele«
- die Pigmentierung (Bräunung)
- intrazelluläre Reparatursysteme (Eiweißkörper zur Reparatur von Schäden an der Erbsubstanz)

Die »Lichtschwiele«

Bei wiederholter UV-Exposition reagiert die Haut mit einer vermehrten Bildung von Hornmaterial, die sich im Hautschnitt durch eine verdickte Hornschicht zeigt. Dieses Phänomen wurde erstmals von Professor Miescher erkannt.

Die Pigmentierung

Insbesondere nach Exposition mit UVB reagieren die pigmentbildenden Zellen der Haut (Melanozyten) mit der vermehrten Bildung von Farbstoffen (Melanin). Melanin wird an umliegende hornbildende Zellen abgegeben, lagert sich dort über dem Zellkern als schützender Schild ab und ist für die Bräunung der Haut verantwortlich. Der Lichtschutzfaktor, der durch Bräunung erzielt werden kann, wird in der Bevölkerung in der Regel weit überschätzt: Er entspricht einem Lichtschutzfaktor von 5.

Intrazelluläre Reparatursysteme

Aufgrund der Häufigkeit und der Intensität der UV-Strahlung ist es nicht zu vermeiden, daß immer wieder UV-Strahlen an den Zellkern von Hautschäden herantreten können und dort weitere negative Folgen verursachen. Diese müssen unbedingt repariert werden, damit sie nicht auf die nachfolgenden Zellgenerationen übergehen können und längerfristig zu Krebs führen. Dafür existieren in allen Zellen hochspezialisierte Systeme mit vielen Eiweißkörpern, die Teile der DNA ausschneiden, reparieren und wieder adäquat zusammensetzen können. Daneben sind auch Sensoren vorhanden, die bei erfolgloser Reparatur die Zelle in den vorprogrammierten Zelltod treiben, damit sie keinen Schaden mehr anrichten kann.

Wie bei vielen ausgeklügelten Reparatursystemen gibt es auch für diese eine Kapazitätsgrenze, die erklärt, warum trotzdem häufig Hautkrebs entsteht. Wahrscheinlich hängt das auch mit der gestiegenen Lebenserwartung zusammen. Die oben genannten Schutzmechanismen sind so effizient, daß Hautkrebserkrankungen vor dem dreißigsten Lebensjahr äußerst selten sind, außer bei angeborenen Schäden des Erbsystems, wie z.B. beim Xeroderma pigmentosum.

Röntgen, Licht, Laser: elektromagnetische Wellen zur Behandlung von Hautkrankheiten

Röntgen, Licht, Laser: elektromagnetische Wellen zur Behandlung von Hautkrankheiten

Reinhard Dummer

Da die Haut als oberflächliches Organ fast überall gut von außen zugänglich ist, bieten sich verschiedene äußerliche, sogenannte physikalische Therapiemaßnahmen an. Hierzu gehört auch der lokale Einsatz von elektromagnetischen Wellen. Diese Methoden haben eine sehr lange Tradition und reichen bis auf Erfahrungen im Altertum zurück.

Einsatz von Röntgenstrahlen (Radiotherapie)

Bei der Radiotherapie wird die Haut mit Hilfe einer Röntgenröhre bestrahlt. Über die Röhrenspannung kann verschieden energiereiche Strahlung gewonnen werden; über diese errechnet sich auch die Eindringtiefe der Strahlung. Häufig angewandt wird die Röntgenstrahlung zur Behandlung von Tumoren der Haut, die von der Epidermis ausgehen, z.B. Basaliom und Spinaliom oder Frühformen wie die aktinische Keratose. Bei diesen Erkrankungen führt die wiederholte Anwendung von Röntgenstrahlung (zwischen sechs- bis zwölfmal) zu einem Verschwinden des Tumorgewebes und zu Heilungsraten, die durchaus mit Erfolgsraten der operativen Entfernung vergleichbar sind. Gerade für ältere Patienten mit verschiedenen internistischen Begleiterkrankungen ist diese Behandlungsform eine sehr schonende Alternative, zumal sie außer dem lokalen Erythem (Rötung des bestrahlten Bereiches) praktisch nebenwirkungsfrei ist. Ein weiterer Grund, warum sich diese Methode im wesentlichen für ältere Menschen eignet, liegt darin, daß negative Spätfolgen erst nach zwanzig bis fünfundzwanzig Jahren auftreten. Ebenso sehr erfolgreich kann mit der Strahlentherapie eine spezielle Variante des malignen Melanoms, das Lentigo maligna Melanom, behandelt werden, das auch eher bei älteren Patienten diagnostiziert wird.

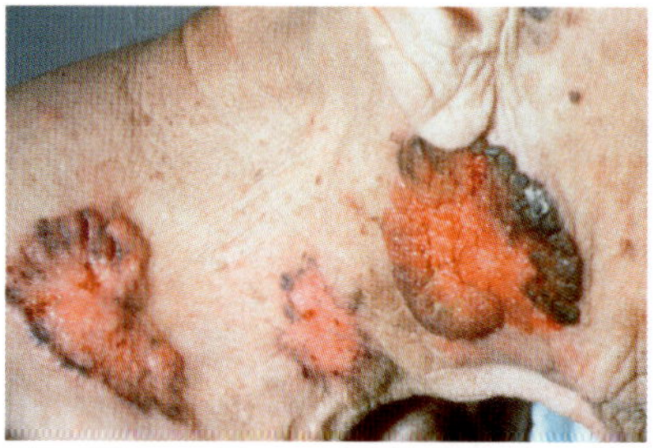

Ausgedehnte Basaliome am Hals – Eine Operation wäre sehr schwierig.

Ausgedehnte Basaliome am Hals – Ergebnis drei Monate nach Bestrahlung

Lichttherapie (Phototherapie)

Bei der Phototherapie wird ein Teil der UV-Strahlung zur Behandlung von meist entzündlichen Hauterkrankungen eingesetzt. Hierbei macht man sich die entzündungshemmende Wirkung dieser Strahlung zu Nutzen und wendet sie in der Regel über mehrere Wochen bis Monate an. Beim Einsatz der Phototherapie müssen Nutzen und Risiko sorgfältig abgewogen werden. In vielen Fällen wird die Behandlung auch mit photosensibilisierenden Substanzen wie Psoralenen, der lokalen Applikation von Vitaminpräparaten oder Teerpräparaten kombiniert.

Einsatz von UV-Strahlung

Typ der UV-Strahlung	Wellenlänge	Indikationen
UVB	280–315 nm	• Psoriasis • Ekzeme • evtl. Lichen ruber • andere Hauterkrankungen
UVA1	400–340 nm	• Atopisches Ekzem • Granuloma anulare • Mastozytosen
Schmalspektrum UVB-Behandlung	311 nm	• Psoriasis • Weissfleckenerkrankung (Vitiligo) • andere entzündliche Erkrankungen
Selektive UV-Bestrahlung (UVA+UVB)	280–340 nm	• Atopisches Ekzem • andere juckende Hauterkrankungen
PUVA-Behandlung	400–280 nm (zusätzl. Gabe von Psoralen lokal oder in Tablettenform)	• Mycosis fungoides • Sézary-Syndrom • Psoriasis • Vitiligo • schwere Ekzeme

Eine sorgfältige Phototherapie beinhaltet eine regelmäßige Kontrolle des Hautstatus und ein umfangreiches Wissen über die alternativen Behandlungsmethoden für das entsprechende Krankheitsbild. Die Bestrahlungsintensität muß am Anfang sorgfältig an die Lichtempfindlichkeit des Patienten angepaßt werden. Im Laufe der Therapie wird die Dosis regelmäßig erhöht, um der eintretenden Pigmentierung entgegenzuwirken.

Laser Der Ausdruck »Laser« ist ein Akronym für Light Amplification by Stimulated Emission of Radiation. Laserlicht ist elektromagnetische Strahlung mit einer Wellenlänge von 400 nm bis circa 10'000 nm und weist folgende spezifischen Eigenschaften auf:

- Es ist monochromatisch,
- kohärent,
- strahlenförmig (kollimiert).

Die Kohärenz eines Laserstrahls erlaubt, daß er fokussiert wird und damit eine sehr hohe Energie auf das Zielgewebe überträgt.

Bei der Anwendung von Laserstrahlen an der Haut kommt es zur Interaktion der elektromagnetischen Strahlen mit dem Gewebe. Dabei gibt es prinzipiell vier verschiedene Möglichkeiten: Der Laserstrahl kann reflektiert werden, er kann absorbiert oder gestreut werden, oder er kann transmittiert werden. Ein Gewebeeffekt kann nur dann auftreten, wenn das Laserlicht absorbiert wird und es dann zu einer Thermolyse (Zerfall einer chemischen Verbindung durch Wärmeeinfluß) des Zielgewebes in der Haut kommt. Die Thermolyse ist abhängig von den Chromophoren (Farbstoffen), die spezifische Wellenlängen selektiv absorbieren. Die wichtigsten Chromophoren in der Haut sind Hämoglobin, Wasser und Melanin. Bei der Auswahl einer Wellenlänge für ein Chromophor muß allerdings nicht nur das Absorptionsspektrum berücksichtigt werden, sondern auch die Eindringtiefe der entsprechenden Wellenlängen. In der Regel gilt: Je länger die Wellenlänge, desto tiefer die Eindringtiefe. In der Haut existiert ein

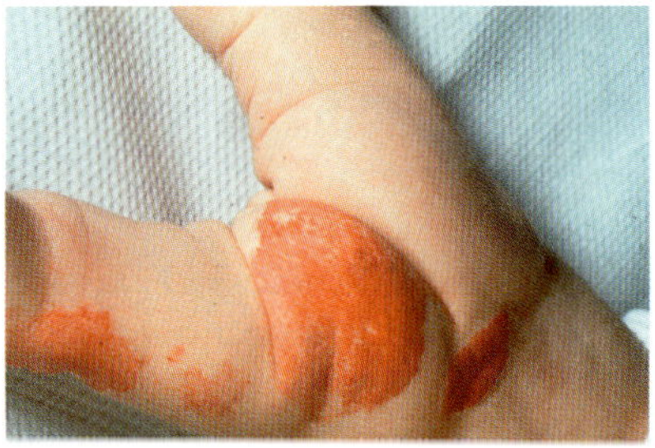

Erfolgreiche Behandlung eines Feuermals bei einem Kleinkind (vor der Laserbehandlung)

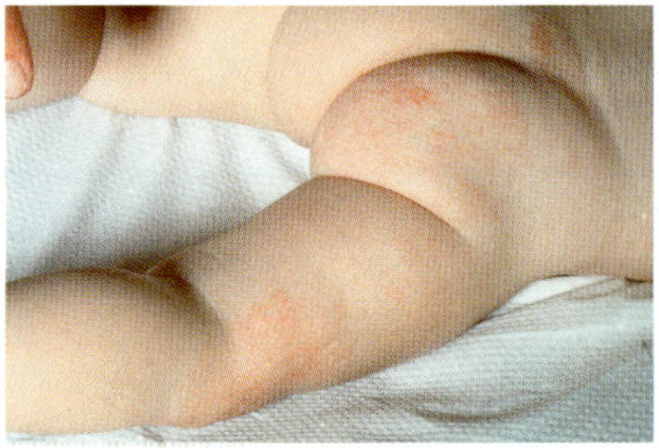

Erfolgreiche Behandlung eines Feuermals bei einem Kleinkind (nach der Laserbehandlung)

Erfolgreiche Behandlung einer Tätowierung (vor Behandlung mit dem Alexandrite-Laser)

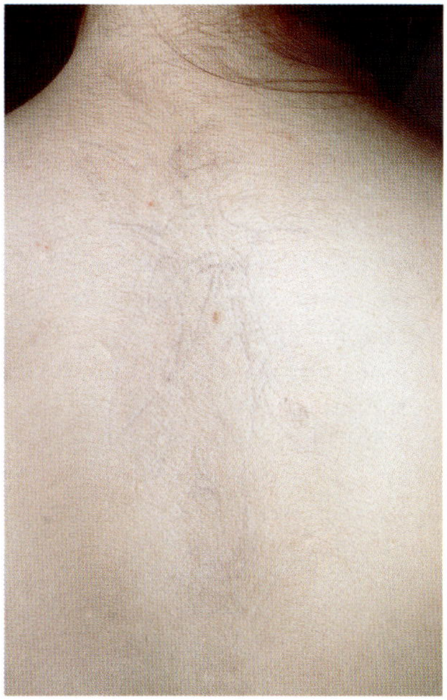

Erfolgreiche Behandlung einer Tätowierung (nach Behandlung mit dem Alexandrite-Laser)

gewisses optisches Fenster im Wellenlängenbereich von 500 – 1'300 nm. Unterhalb einer Wellenlänge von 300 nm wird ein Großteil der Energie von Proteinen, Melanin und DNA absorbiert. Über 1'300 nm erfolgt die Absorption der elektromagnetischen Strahlung vor allem durch Wasser. Die Schwierigkeiten der Auswahl einer Wellenlänge für ein bestimmtes Chromophor können am Hämoglobin anschaulich dargestellt werden: Hämoglobin hat einen Absorptionspeak bei 420 nm. Dieser ist jedoch zu kurzwellig, um klinisch für die Behandlung von vaskulären Läsionen relevant zu werden. Die Eindringtiefe bei dieser Wellenlänge beträgt nur etwa 100 nm und damit können Strukturen in der Dermis nicht behandelt werden. In der Regel werden deswegen Wellenlängen eingesetzt, die im Bereich der beiden anderen Hämoglobin-Absorptionspeaks bei 540 nm oder circa 580 nm liegen.

Bei der Interaktion zwischen Laserstrahl und Gewebe spielen Temperatureffekte eine große Rolle. Um die gewünschte Veränderung in der Haut zu erzielen, müssen der Temperaturanstieg und der daraus resultierende Effekt genau gesteuert werden. Ein wichtiger Punkt in diesem Zusammenhang ist die Ableitung der entstandenen Wärme. Diese erfolgt sofort nach der Absorption durch die Zielstruktur an die durch Ableitung der Hitze an die umliegenden Strukturen. Dieser Prozeß wird thermale Relaxation genannt. Ihre Geschwindigkeit variiert je nach thermaler Relaxationszeit (TRT) des Gewebes, die definiert ist als die Zeit, die eine Struktur braucht, um fünfzig Prozent abzukühlen. Es erscheint logisch, daß kleine Objekte (Melanosomen: TRT circa 1 ns) schneller auskühlen als große Objekte (Kapillaren: TRT circa 1 ms). Das Ausmaß der thermalen Gewebezerstörung hängt letztendlich ab von der erreichten Höchsttemperatur und von der Dauer der Erhitzung. Dies bedeutet, daß die thermale Gewebezerstörung abhängig ist von der Energiedichte, der Pulsdauer und der thermalen Relaxationszeit.

Lasercharakteristika und dermatologischer Gebrauch

Lasertyp	Wellenlänge	Zielchromophor	Typische Hautveränderungen
Argon	488, 514 nm	Hämoglobin, Melanin	vaskuläre, pigmentierte Hautveränderungen
Frequenz-verdoppelt Nd:YAG	532 nm grün	Melanin, Farbstoffe, Hämoglobin	vaskuläre, pigmentierte Hautveränderungen, Tätowierungen
Kupferdampf/ Bromid	578 nm gelb 510 nm grün	Oxy-hämoglobin, Melanin	vaskuläre Hautveränderungen, pigmentierte Hautveränderungen
Blitzlampen-gepumpter Farbstofflaser	585 nm gelb 595 nm gelb 510 nm grün	Oxy-hämoglobin, Melanin, Farbstoffe	vaskuläre Läsionen (Hämangiome, Naevus flammeus), Warzen, pigmentierte Hautveränderungen, Tätowierungen
Rubin	694 nm rot	Melanin, Farbstoffe	pigmentierte Hautveränderungen, Tätowierungen
Alexandrite	755 nm rot	Melanin, Farbstoffe	pigmentierte Hautveränderungen, Tätowierungen
Nd:YAG	1'064 nm infrarot	Melanin, Farbstoffe	pigmentierte Hautveränderungen, Tätowierungen
Er:YAG-Laser	2'094 nm	Wasser	»kalte« Ablation der Haut, Hautresurfacing
CO_2	10'600 nm infrarot	Wasser	Gewebeablation (aktinische Cheilitis, Virus-Papillome, Xanthelasmen, Syringome, epidermale Naevi)
Hochenergie-gepulst CO_2	10'600 nm infrarot	Wasser	Hautresurfacing (Faltenbildung, atrophische Narben)
Photoderm VL	multiple	Hämoglobin	vaskuläre Läsionen

Wilhelm Conrad Röntgen in Zürich

Beat Rüttimann

Am Abend des 8. Dezember 1895 um etwa 22 Uhr erblickte der Würzburger Physikprofessor Wilhelm Conrad Röntgen (1845 – 1923) »ein neues Licht«, »eine neue Art von Strahlen«. Er nannte sie X-Strahlen und verzichtete auf Patente. Bald sprach man nur noch von Röntgenstrahlen, so wie eine seiner früheren Entdeckungen die Bezeichnung Röntgenstrom erhalten hatte.

Zürich verdankt der erste Träger des Nobelpreises für Physik (1901) dreierlei. Da ist zunächst die Besonderheit, daß man – nach entsprechender Eintrittsprüfung – am Eidgenössischen Polytechnikum auch ohne Matura oder Abitur studieren konnte. Der junge Wilhelm hatte zwar eine holländische Mittelschulausbildung, aber kein Reifezeugnis; aufgrund seiner Unterlagen schenkte man ihm am Poly sogar das Aufnahmeexamen. Nach Abschluß eines Ingenieurstudiums bot ihm Zürich eine zweite Chance: Er konnte an der Naturwissenschaftlichen Sektion der Philosophischen Fakultät der Universität in Physik promovieren. Auch das dritte Angebot nahm Röntgen ohne langes Zaudern an; es handelte sich um die Hand der Anna Berta Ludwig, mittlerer Tochter des Wirtes vom Grünen Glas an den Unteren Zäunen – übrigens die Hand, die er als erstes menschliches Objekt mit seinen neugefundenen Strahlen durchleuchtete und auf eine Glasplatte bannte.

Mit Studienabschluß, Doktortitel und Gattin wandte er Zürich den Rücken, nicht aber seinen Freunden. Mit ihnen verbrachten Röntgens die Sommerferien im Engadin, bisweilen auch an anderen Schweizer Ferienorten; das Ehepaar freute sich darauf schon lang im voraus und blieb dem Land dankbar verbunden.

Herr und Frau Röntgen im Zweispänner des Fuhrhalters Emanuel Schmid, der sie jeweils ins Engadin brachte. Röntgens Strahlen dienten nicht nur bildgebender Diagnostik, sondern auch therapeutischen Zwecken. In der Anfangszeit verursachten sie wegen ungenügenden Strahlenschutzes auch schlimme Hautschäden bei Röntgenärzten, medizinischem Hilfspersonal und Patienten.

Der Mensch im Meer der Allergene

Umweltkrankheit Nummer eins: Der Mensch im Meer der Allergene

Brunello Wüthrich

In der Zürcher Spitalgeschichte, herausgegeben vom Regierungsrat des Kantons Zürich 1951, ist im Bericht von Prof. Guido Miescher zu lesen: *Eine große Zahl von Hautkrankheiten beruht auf einer Reaktionsweise des Organismus und der Haut auf fremde Reize mit der Bildung von Gegenstoffen (Antikörper) zu reagieren, welche den fremden Körper (Antigen) binden und dadurch unschädlich machen. Der Vorgang löst in der Regel heftige Entzündungen aus, welche sich nach dem Sitz der Reaktion in der mannigfaltigsten Weise äußern: Ekzem, Nesselfieber, Heuschnupfen, Asthma und so weiter. Die Aufdeckung der Ursachen spielt darum bei der Behandlung eine große Rolle. Der Ausbau der Testungsmethoden hat für Diagnostik, Therapie und Prophylaxe eine immer größere Bedeutung erfahren, so daß die Einrichtung und Organisation einer besonderen Allergie-Abteilung notwendig wurde. Die Abteilung spielt seither eine außerordentlich wichtige Rolle sowohl für den Betrieb als auch für die Forschung.*

Der Mensch ist mit seinem immunologischen Abwehrsystem im Laufe seines Lebens zahlreichen Umwelteinflüssen ausgesetzt, die er größtenteils toleriert, manchmal aber auch mit allergischen Abwehrreaktionen beantwortet. Allergische Reaktionen manifestieren sich in fast allen Organen; die Haut und die Atemwege jedoch – als die unmittelbaren Grenzflächen zur Außenwelt – sind der häufigste Sitz allergischer Erkrankungen. In den letzten Jahrzehnten sind wir mit einem anhaltenden Anstieg von Krankheiten aus dem sogenannten atopischen Formenkreis konfrontiert worden. Darunter versteht man den allergischen Schnupfen, insbesondere den Heuschnupfen, das allergische Bronchialasthma und die Neurodermitis (atopisches Ekzem) sowie bestimmte Formen von Nahrungsmittelallergien. Diese Atopien kommen in gewissen Familien gehäuft vor, d.h. deren Auftreten setzt eine Erbanlage voraus, und der Betroffene kann gleichzeitig oder abwechslungsweise an mehreren krankhaften Erscheinungen der Schleimhäute (Auge, Nase, Bronchien, Darm) oder der Haut leiden. Immunologisch charakterisiert sich der atopische Zustand durch eine hohe und anhaltende Produktion von Antikörpern (Abwehrstoffen) der Immunglobulinklasse E (IgE) gegen natürlicherweise in der nahen Umgebung und in der Nahrung vorhandene Stoffe, meist von Eiweiß-Struktur. Im Normalzustand werden dagegen keine oder nur geringe Mengen allergenspezifischer IgE produziert.

Andere Allergien, z.B. Berufsekzeme durch Kontakt mit Chemikalien oder anderen Arbeitssubstanzen (z.B. Zementekzeme aufgrund einer Chromatallergie) haben, dank besseren prophylaktischen Maßnahmen am Arbeitsplatz (Hautschutz), eher abgenommen. Zugenommen haben hingegen die Kontaktekzeme auf Nickel (Modeschmuck, Jeansknöpfe) sowie Reaktionen auf Medikamente.

Repräsentative Stichproben an Bevölkerungskollektiven in zeitlichen Abständen beweisen, daß die Atopien nicht nur scheinbar zugenommen haben wegen der verbesserten Diagnostik und ihres Bekanntheitsgrads. Gerade die Universität Zürich und die Allergiestation haben eindrückliche epidemiologische Studien zur Häufigkeit der Pollenallergien vorzuweisen. Wegen ihrer typischen, alljährlich in den Frühjahrs- und Sommermonaten wiederkehrenden Symptomatik mit Manifestationen an Augenbindehäuten, Nasenschleimhaut und Atemtrakt und der bekannten Wetterabhängigkeit – Besserung oder Verschwinden der Beschwerde nach einer Regenperiode, akute Verschlechterung bei windigem, sonnigem Wetter, usw. – kann die Diagnose »Heuschnupfen«, besser »Pollenallergie«, durch den erfahrenen Mediziner mittels eines eingehenden persönlichen Interviews oder eines detaillierten Fragebogens mit praktisch hundertprozentiger Sicherheit gestellt werden.

Epidemiologie der atopischen Krankheiten und die atopische Karriere

Richard Rehsteiner hatte sich 1926 in seiner Inauguraldissertation *Beiträge zur Kenntnis der Verbreitung des Heufiebers* an der Medizinischen Fakultät Zürich mit dieser Frage auseinandergesetzt. Unter rund 77'000 Befragten konnte er 637 Heuschnupfenpatienten eruieren, was einer Häufigkeit von 0.82% der Gesamtbevölkerung entsprach. Auf dem Lande betrug die Häufigkeit des Heuschnupfens 0,13%, in den Städten 1,2%, bei den Mittelschülern gar 1,5%. Aus der ungleichen Verteilung auf Stadt und Land schloß Rehsteiner, daß »die Intensität des Pollenansturms, die Exposition, mag sie noch so groß sein, kein Heufieber erzeuge, wenn nicht das andere Moment vorhanden ist: die konstitutionelle Disposition«. Schon damals konnte er sich nicht des Eindrucks erwehren, daß »die Krankheit in den letzten Jahren an Häufigkeit zugenommen hat, was wahrscheinlich zum Teil im Zusammenhang mit der Änderung in der Wiesenkultur steht«. 1958 wurde in einer Populationsstatistik der Stadt Zürich (8'246 ausgewertete Fragebogen) von Storck und Schnyder eine Heuschnupfenhäufigkeit von 4,8% ermittelt. Das Heuschnupfenkrankengut wurde in einer Dissertation von Nef 1962 weiter ausgewertet: etwa 4% der Hilfs- und Landschaftsarbeiter litten damals bereits an Heuschnupfen, bei den akademisch-theoretischen Berufstätigen sogar 18%. 1986 fanden Wüthrich und Schnyder in einer vom Marktforschungsinstitut DemoScope durchgeführten großräumigen repräsentativen Umfrage (2'524 Interviews) eine Heuschnupfenhäufigkeit von 9,6%, ohne signifikante Unterschiede zwischen Städten (9%) und Dörfern (10,5%). In der Altersklasse fünfzehn bis vierundzwanzig Jahre betrug die Heuschnupfenprävalenz 16%. Die Studie SAPALDIA (Schweizer Studie über Atemwegserkrankungen und Luftverschmutzung bei Erwachsenen) hat schließlich 1991 eine Häufigkeit der Pollenallergien von 14,2 % bei 8'357 Probanden ermittelt. Ähnliche Ergebnisse, die einen zehnfachen Anstieg der Pollinose bestätigen, liegen aus Deutschland, Skandinavien, Japan und Australien vor. Die Schweizer Studie SCARPOL (Schweizer Studie über Allergien und Respirationskrankheiten bei Schulkindern) bei Schulkindern beweist, daß heute 17% der Fünfzehnjährigen an Heuschnupfen leiden, Buben mit 19,4% häufiger als Mädchen mit 14,8%. Auch das Asthma und die Neurodermitis haben stark zugenommen. Heute rechnet man, daß die kumulative Neurodermitis-Prävalenz (je eine Neurodermitis gehabt) bei Kindern etwas 10% beträgt, wie dänische, finnische und auch die SCARPOL-Studie belegen. Das Neurodermitis-Kind von heute ist aber der Asthmatiker von morgen: Dreißig bis vierzig Prozent der Säuglinge mit atopischem Ekzem entwickeln bis zur Pubertät ein allergisches Asthma bronchiale, fünfundzwanzig bis dreißig Prozent einen Heuschnupfen, wie Wüthrich und Schudel sowie Kissling und Wüthrich auch anhand des Zürcher Krankengutes gezeigt haben. Man nennt dies eine »atopische Karriere« *(atopy march)*. Parallel zur Zunahme von Neurodermitis, Asthma und insbesondere Heuschnupfen, haben auch die Nahrungsmittelallergien stark zugenommen.

Zunahme der Allergien: Warum? Wie weiter?

Die Fragen, warum seit Jahrzehnten ein anhaltender Anstieg der allergischen Krankheiten zu verzeichnen ist und inwieweit Umwelteinflüsse dafür verantwortlich sind, beschäftigten intensiv die öffentliche Diskussion und die epidemiologische Forschung. Da diese Krankheiten nicht neu sind, müssen für ihre Zunahme Umweltfaktoren verantwortlich sein. Allergien gelten deshalb heute mit Recht als die Umweltkrankheiten Nummer eins.

Das Manifestieren einer atopischen Sensibilisierung als atopische Erkrankung kann in vielfältiger Weise durch Umweltfaktoren beeinflußt werden; dabei muß zwischen Allergenen (Nahrungsmittel in der frühen Säuglingsperiode, später Innenraum- und Aussenluftallergene) sowie Umweltschadstoffen, Adjuvantien (Hilfsfaktoren) und auslösenden Triggern unterschieden werden. Da die IgE-Sensibilisierung gegen Umweltallergene – bei entsprechender genetischer Disposition – zunächst in der frühen postnatalen Periode und Kindheit eintritt, muß das Vorkommen von Allergien auf Faktoren zurückzuführen sein, denen das Kleinkind exponiert ist. Dazu gehören frühzeitige Zufuhr von Fremdeiweißen als Folge von Änderungen im Stillverhalten und vermehrter Aussetzung mit Innenraumallergenen wie Haustieren, Hausstaubmilben und Schimmelpilzsporen.

Wegen der Unreife des Darmimmunsystems, und somit ungenügender oraler Toleranz, erwerben zwei bis zehn Prozent der nicht ausschließlich gestillten Säuglinge und Kleinkinder eine Nahrungsmittelallergie gegen Proteine aus Milch, Ei, Fisch, Weizen, Soja und Erdnuß. Zudem werden in vierzig bis sechzig Prozent der Haushalte in Westeuropa Pelztiere und Vögel gehalten. Erhöhte Raumtemperatur und Innenraumfeuchtigkeit begünstigen das Wachstum von Haustaubmilben und Hausschimmel. Zigarettenrauch als die wichtigste Innenraumverschmutzung und Umweltschadstoffe können einerseits als sogenannte Adjuvantien für eine verstärkte und anhaltende IgE-Sensibilisierung gegen Umweltallergene bei atopisch Veranlagten wirken, anderseits als Reizstoffe eine Entzündung der Atemwege verursachen. Dadurch kommt es zum erleichterten Eindringen von Aussenluftallergenen (z.B. Pollen), bronchialer Hyperreaktivität und Beeinträchtigung der Lungenfunktion. Als weitere Risikofaktoren werden sozio-ökonomische Aspekte diskutiert: Bei steigender Sozialschicht wurde eine höhere Sensibilisierungsrate und eine stärkere Prävalenz von atopischer Dermatitis und Heuschnupfen festgestellt. Bei steigender Geschwisterzahl werden umgekehrt weniger Allergiefälle beobachtet. Das veränderte Muster kindlicher Infektionen soll auch ein Risikofaktor für Allergien darstellen.

Die zahlreichen Studien zu Ost- und Westeuropa – speziell zu den Unterschieden zwischen Ost- und Westdeutschland – lassen den Schluß zu, daß schließlich alles, was unter *western lifestyle* (Veränderung des Lebensstils, Streß, Zunahme des Autoverkehrs, Änderungen in der Ernährung mit möglicher Veränderung der Flora im Magen-Darm-Trakt usw. usf.) subsumiert wird, zur Zunahme dieser Atopien geführt hat.

Neue Untersuchungen, daß der bäuerliche Lebensstil vor Allergien schützt. Wie unterscheiden sich die Lebensbedingungen auf dem Bauernhof im Vergleich zur Stadt? Welche Faktoren könnten einen Schutz vor Allergien bewirken? Bauernfamilien sind in der Regel größer. (Atopien sind häufiger bei Einzelkindern!) Es werden wohl mehr Katzen und Hunde gehalten, aber draußen im Hof, und nicht im Schlafzimmer. Ungeheizte Schlafräume mit geringer Luftfeuchtigkeit führen zu einer geringeren Hausstaubmilbenkonzentration. Mütter rauchen seltener, der Kontakt mit Stalltieren, Mist, Fliegen ist intensiver, und damit die Exposition mit Mikroorganismen und Endotoxinen, die das Immunsystem stärken.

Wie weiter? Alle sind gefordert: Neben individuellen Maßnahmen zur primären Allergieprävention bei Säuglingen atopischer Eltern bzw. zur sekundären und tertiären Prävention bei eingetretenen Sensibilisierungen und Allergien müssen wir unser individuelles Verhalten ändern. Ein entscheidender Beitrag zur Verhinderung des weiteren Anstiegs allergischer Erkrankungen kann nur durch eine interdisziplinäre Zusammenarbeit erreicht werden. Neben Allergiespezialisten, Epidemiologen und Ärzten verschiedener Fachrichtungen braucht es Umweltnaturwissenschaftler, Grundlagenforscher, Ingenieure, Architekten, Nahrungsmitteltechnologen usw., die sich für ein erfolgreiches Präventionskonzept einsetzen. Behörden und Politiker müssen im Kampf für eine saubere und nicht krankheitsfördernde Umwelt am gleichen Strick ziehen. Ärztliche Fachgesellschaften, Umwelt- und Patientenorganisationen müssen sich vermehrt für das Anliegen der Allergiker einsetzen.

Multiple chemical sensitivity Syndrome (MCS): keine Beweise für eine Allergie

Dieses Krankheitsbild, zunächst in den USA als *Clinical ecology syndrome* und in Deutschland als »Öko-Syndrom« bezeichnet, wird jetzt *Multiple chemical sensitivity syndrome* (MCS) oder auch *20th century disease* und *Total allergy syndrome* genannt. Die Allergiestation ist nun vermehrt mit solchen Patienten konfrontiert. Sie klagen über vielfältige, häufig nicht objektivierbare Beschwerden und funktionelle Störungen an vielen Organen, die sie auf exogene Ursachen wie synthetische Lebensmittelzusätze, chemische und mikrobielle Belastungen aus dem Haushalt, Gerüche aus Reinigungs- und Desinfektionsmitteln, Parfums in Kosmetika, Auto- und Industrieabgase, Elektrosmog, Amalgamfüllungen usw. zurückführen. Die Mehrheit der Bevölkerung toleriert allerdings solche geringen Belastungen problemlos. Soweit kontrollierte Studien vorliegen, besteht kein Beweis einer toxischen oder allergisch-immunologischen Ursache dieses Syndroms. Vertreter der Schulmedizin führen die Symptome von MCS-Patienten auf psychopathologische oder psychosomatische Prozesse wie z.B. Depressionen zurück. Daß Patienten darum aus der Schulmedizin abwandern, ist gut nachvollziehbar, lehnen sie doch eine Klassifizierung ihrer Leiden als psychische Erkrankung ausdrücklich ab. Sie beharren darauf, vergiftet, durch Darmpilze verseucht oder anders chemisch geschädigt zu sein. Der Umgang mit diesen Patienten ist für alle Beteiligten problematisch. Die von den Betroffenen gewünschten internistischen, allergologischen und immunologischen Abklärungen sind zeit- und geldaufwendig. Die Enttäuschung über die negative Allergiediagnostik des Schulmediziners führt eben diese Klientel dazu, »Alternativ-Allergologen« und Umweltkliniken im In- und Ausland aufzusuchen. Tatsächlich sind wir heute mit einer vermehrten Beliebtheit der »Alternativmedizin« in Diagnostik und Therapie der Allergien beim Publikum, bei den Massenmedien und auch bei einem Teil der naturwissenschaftlich ausgebildeten Ärzte konfrontiert.

Allergologie und Alternativmedizin

Der Patient mit einer »klassischen« allergischen Erkrankung – Heuschnupfen, Asthma bronchiale, Neurodermitis oder Nahrungsmittelallergie – steht heute im Spannungsfeld zwischen Schulmedizinern, »Alternativmedizinern«, Apothekern/Drogisten, Patienten- und Konsumentenorganisationen sowie Massenmedien, nicht zu sprechen von den gut gemeinten Ratschlägen aus dem Verwandten- und Bekanntenkreis. Folge ist ein stark verunsicherter und konditionierter Patient mit hohen Erwartungen gegenüber einer »sanften« und »natürlichen« Medizin. Die »chinesische« und »tibetanische« Medizin ist »in« – massiv ist gleichzeitig die Skepsis gegenüber schulmedizinischen Behandlungen, z.B. Kortikosteroiden, selbst bei lokaler Applikation in Form von Nasen- oder Asthmasprays oder Salben. Der Arzt muß heute berücksichtigen, daß ein rezeptpflichtiges Arzneimittel für den Patienten häufig mit einem hohen »Nocebo«-Effekt (»Chemie«, Belastung des Organismus, starke Nebenwirkungen gemäß Packungsprospekt usw.) behaftet ist. Homöopathika, Phytotherapeutika und »alternative« Therapiemethoden dagegen genießen eine hohe Akzeptanz. Der dazugehörende »Placebo«-Effekt ist oft vorübergehend (z.B. nur in der ersten Pollensaison vorhanden) und entspricht dem natürlichen Verlauf der Erkrankung.

Die Rechtsgelehrte und Medizinerin Irmgard Oepen hat kürzlich die Verfahren der Bioresonanzdiagnostik und -therapie, der Elektroakupunktur nach Voll, der Kinesiologie und Regulationstherapie nach Rost usw. als pseudowissenschaftlich und nicht überprüft beurteilt, gar vor der Gefahr von Fehldiagnostik und -therapie gewarnt. Unkonventionelle diagnostische und therapeutische Verfahren sollten ebenso wie konventionelle medizinische Methoden nach dem derzeitigen Stand wissenschaftlicher Erkenntnisse mit Prüfkriterien nach internationalem Standard und nicht nach dem »Binnenkonsens« sogenannter besonderer Therapierichtungen geprüft und bewertet werden. Zwei kontrollierte Studien zum diagnostischen und therapeutischen Wert der Bioresonanz bei der Pollinosis und der atopischen Dermatitis haben inzwischen deren Nutzlosigkeit bewiesen. Die Diagnosen, die mit verschiedenen unkonventionellen Methoden gestellt werden, lauten in der Regel auf Lebensmittelzusatzstoff-, Zucker-, Weizen- und Kuhmilchallergie. Tatsächlich sind entgegen der Meinung von Patienten- und Konsumentenschutzorganisationen und von Massenmedien allergische Reaktionen gegen Lebensmitteladditiva (E-Nummern = »Chemie« in der

Nahrung) außerordentlich selten. Die Bezeichnung »E« steht für *»edible«* – eßbar –, da solche Zusatzstoffe von den strengen Behörden, weil unbedenklich, zugelassen sind. Das Irrationale der »alternativen Diagnostik« zeigt sich in den Diätempfehlungen, denn als Ersatz für die mit unkonventionellen Methoden diagnostizierte Weizenallergie wird Dinkelmehl – eine alte Weizenart, die sich allergologisch wie der Weizen verhält –, oder bei Kuhmilchallergie Ziegen- oder Stutenmilch empfohlen. Bei der Kuhmilchallergie handelt es sich am häufigsten um eine Sensibilisierung auf Kaseine, die art-unspezifisch ist. Wenn man allergisch auf Kuhmilch wäre, würde man auch Ziegen- und Stutenmilch nicht vertragen.

Der Mensch in der »Allergäis«

Die Voraussetzung für eine effektvolle Behandlung der Allergien ist in erster Linie die Allergenkarenz oder die Elimination der Allergenquelle. Durch den steigenden Konsum von Nahrungsmitteln aus der orientalischen und asiatischen Küche sowie von Fast Food treten bisher seltene Allergien – auf exotische Früchte, Nüsse, Samen und Kerne – vermehrt auf. Die durch den Wunsch nach Komfort und Exklusivität veränderten Wohngewohnheiten und das neuartige berufliche Umfeld haben ebenfalls zu einer Zunahme von allergischen Krankheiten und zu neuen Allergenen geführt. Der Beitrag der Zürcher Allergiestation zur Identifizierung krankmachender Substanzen ist dabei gewichtig – vier Fallbeispiele mögen dies im folgenden veranschaulichen.

Karminrot (Cocchenille) – Von der Kontaktallergie auf den roten Lidschatten bis zur »Campari-Allergie«

Bei einer vierunddreißigjährigen Atopikerin mit bekannter Frühjahrspollinose und leichtem Asthma bronchiale endete eine von ihr veranstaltete Gartenparty abrupt im Krankenhaus. Fünfzehn Minuten nach Genuß eines Campari-Orange-Cocktails, Salzgebäck und Pistazien traten generalisierte Urtikaria (Nesselfieber), Quincke-Ödem (Lippen- und Augenlidschwellung), akuter Asthma-Anfall, Übelkeit, Erbrechen, Durchfall und schließlich anaphylaktischer Schock auf. Bei der allergologischen Abklärung der an der Gartenparty konsumierten Nahrungsmittel zeigte sich nur eine positive Sofortreaktion auf Campari. Zur Identifizierung des ursächlichen Allergens lieferte der Hersteller (Campari Milano) den verdächtigen roten Farbstoff Karmin (E 120), der auf der im Duty-free-Shop gekauften 1-Liter-Flasche der Gastgeberin nicht deklariert war. In der Hauttestung mit Karminrot kam es bei der Patientin zu einer starken Hautreaktion, nicht aber bei zehn Kontrollprobanden. In einem speziell von Professor Gunnar Johansson in Uppsala (Schweden), Entdecker der Immunglobuline E 1968, hergestelltem RAST-Test ließen sich im Serum der Patientin spezifische IgE auf Karmin nachweisen. Später berichtete die Patientin über mäßige allergische Symptome nach Einnahme von gefärbten Süßspeisen, die wahrscheinlich den nicht deklarierten Zusatzstoff E 120 enthielten.

Karmin (Cocchenille, E 120) wird vor allem als natürlicher Farbstoff für alkoholische und analkoholische Getränke, Nahrungsmittel sowie für medizinische und kosmetische Produkte (Lippenstift, Lidschatten) verwendet. Karmin wird aus getrockneten pulverisierten Weibchen der Schildlaus *Dactylopius coccus* extrahiert. Diese Schildläuse werden speziell dafür in Mexiko, Südamerika und Fuertaventura auf Kakteen gezüchtet. Die leuchtend rote Farbe entspricht der Karminsäure in intrazellulären Vesikeln des Schildlaus-Weibchens.

Die Patientin hatte sich auf den Farbstoff allergisiert, der in dem von ihr verwendeten Eyeliner mit rosaroter Tönung enthalten war. Nachdem sie nach Anwendung dieses Lidstifts Juckreiz an den Augenlider bekam, verwendete sie ihn nicht mehr. Auch die Testung mit dem Augenstift verlief positiv. In Frankreich wurde ein Fall von Kontaktallergie (Spättypreaktion) auf das im Lippenstift enthaltene Karminrot beschrieben. Die in Zürich gemachte Beobachtung ist jedoch die Erstbeschreibung einer Soforttypallergie auf Karmin mit Nachweis spezifischer IgE-Antikörper. Inzwischen wurden vier weitere Fälle von Campari-Allergie publiziert, die auf der Allergiestation diagnostiziert worden waren.

Nächtliche Asthma-Anfälle statt »traumhaftem und kuscheligem Schlafen«

Die achtundvierzigjährige Hausfrau litt seit acht Jahren an ganzjährigem Schnupfen und frühmorgendlichen Hustenattacken. Später kamen nächtliche Asthma-Anfälle hinzu. Eine mehrjährige Asthmatherapie, eine Hausstaubsanierung und die Weggabe der Haustiere führten zu keiner Besserung. Nur die Ferien in Graubünden erbrachten nach einigen Tagen Beschwerdefreiheit; die Symptome traten jedoch zu Hause sofort wieder auf. Die endlich in die Wege geleitete allergologische Abklärung zeigte eine monovalente Allergie auf Wildseide, dem Füllmaterial der Bettdecke mit der Etikette »Einfach traumhaft – 100% Wildseide – kuscheliges Schlafen«. Darunter hatte die Patientin während zehn Jahren geschlafen. Nachdem sie die Decke entfernt hatte, war die Patientin innerhalb einer Woche beschwerdefrei, die Inhalationstherapie konnte sistiert werden.

Wildseide oder Tussah ist – im Gegensatz zur Zuchtseide von Maulbeerspinnern *(Bombyx mori)* – das Produkt von in China, Indien, Japan wildlebenden Eichenspinnern *(Antheraea sp.; »nonmulberry silk«)*. Die Abfallprodukte (Flockseide, *»silk waste«*) der nicht für Garne oder Zwirnen verwendeten Rohseide werden als Füllmaterial für Steppdecken, Schlafsäcke, Windjacken sowie zur Einlage in Matratzen verwendet. Diese Abfallprodukte enthalten Gerüstfäden des Seidenkokons, Seidenleims (Serizin), Bruchstücke des Kokonfadens, Teile der Puppen, Fremdfasern und andere Unreinheiten. Aufwendige Untersuchungen zur Identifizierung der Allergene wurden in Zusammenarbeit mit der Immunologischen Abteilung des Stockholmer Karolinska Krankenhauses angestellt. In mehreren Proben der Seidenabfälle konnten hohe Konzentrationen an Allergenen eines Insektes der Gattung *Anthrenus* nachgewiesen werden. Offenbar kontaminiert dieses Insekt die Wildseidenballen auf dem Transportweg. *Anthrenus* ist von vielen Entomologen als potentieller Verzehrer wertvoller Insektensammlungen in Naturmuseen gefürchtet.

Auf der Allergiestation wurden seit der Erstbeschreibung 1978 mehr als zweihundert Fälle mit vorwiegend nächtlichem Asthma diagnostiziert, die durch seidenen Bettinhalt verursacht worden waren. Allergene aus der gezüchteten Seide, aus Produkten der Eichenraupe und aus dem Insekt *Anthrenus* bilden somit das aggressive Allergenspektrum. Ebenfalls wurden Fälle von beruflichem Asthma in Seidenspinnereien und in Matratzenfabriken beobachtet. Kürzlich sah man auf der Allergiestation eine Patientin, die auf den Wildseidengehalt einer in Irland gekauften vermeintlichen Schafwolljacke asthmatisch reagierte. Die Etikette auf der Innenseite der Jacke lautete »Made in Hongkong«!

»Aquariumallergie«– Fischfutter, auch ein häusliches Allergen

Ein einunddreißigjähriger Informatiker mit einer familiären Atopie-Anamnese und einer leichten vasomotorischen Rhinopathie bemerkte seit einem Jahr eine Verschlechterung seiner Nasensymptomatik, wenn er seine exotischen Fische im Aquarium fütterte. Das große Aquarium hatte er drei Jahre zuvor eingerichtet. Seit sechs Monaten trat zudem ein juckender Ausschlag an den Augenlidern, Gesicht, und Ellenbeugen auf, später auch am Abdomen und in der Leistengegend. Unter einer vom Hausarzt verschriebenen internen Kortisontherapie heilte der Ausschlag ab, um jedoch bald wieder zu rezidivieren. Die klinische Untersuchung auf der Allergiestation zeigte rot-livide, infiltrierte Herde an den obengenannten Lokalisationen sowie ein Lidekzem. Die Hautveränderungen wurden als atopische Dermatitis (Neurodermitis) diagnostiziert. Die allergologische Testung mittels Patch-Tests (Läppchenproben) war in der Ablesung nach achtundvierzig und zweiundsiebzig Stunden für ein breites Spektrum von Kontaktallergenen negativ, ebenfalls zeigten Prick- und Intrakutanteste negative Soforttyp-Reaktionen auf Inhalations- und Nahrungsmittelallergene. Ein

Skarifikationstest mit dem vom Patienten verwendeten Fischfutter war massiv positiv (Quaddelbildung mit Pseudopodien +++). Im Serum ließen sich spezifische IgE-Antikörper der RAST-Klasse 4 auf die rote Mückenlarve *(Chironomus thummi thummi)* nachweisen. Nach adäquater Hauttherapie und Weggabe des Aquariums heilte das Ekzem definitiv ab und der Patient hatte auch keinen allergischen Schnupfen mehr.

Fischfutter enthält eine Vielzahl von Allergenen, deren bekanntestes die rote Mückenlarve ist. Ein Polypeptid im Hämoglobin dieser roten Mückenlarve konnte als verantwortliches, aggressives Allergen identifiziert werden. Weitere mögliche Allergene im Fischfutter sind Daphnien (Wasserflöhe), mehrere kleinere Krebsarten und Schlammwürmer *(Tubifex)*. Die Gefahr einer Allergisierung besteht in der Verwendung von tiefgefrorenen roten Mückenlarven und von Trockenfutter. Durch Zerreiben der Flocken oder Tabletten entsteht feiner Pulverstaub, der für die aerogene Sensibilisierung verantwortlich ist. Der Allergiegrad kann so hochgradig sein, daß schon beim Betreten eines Raumes, in dem in der Ecke ein Aquarium steht, der Fischfutterallergiker mit einem schweren Asthma-Anfall reagiert.

Grüne Pflanzen in Wohnungen und öffentlichen Gebäuden – zunehmend bedeutende Quellen von Indoor-Allergen

Die zweiunddreißigjährige Büroangestellte mit einer bekannten mäßig starken Frühjahrpollinosis berichtete über eine zusätzliche ganzjährige Rhinokonjunktivitis, die seit zwei Jahren fast ausschließlich zu Hause auftrat. Beim Umtopfen von zwei Zierpflanzen (die Namen der Pflanzen waren ihr unbekannt) kam es zu akutem Juckreiz und Rötung im Gesicht, der Augen und im Hals, des weiteren auch zu Lippenschwellungen und Atemnot mit Atemgeräuschen von pfeifendem Charakter. Die allergologische Abklärung mittels Prick-Prick-Tests mit Blättern beider Pflanzen waren bei der Patientin stark positiv (+++), bei mehreren Kontrollprobanden negativ. Nach Entfernung der Grünpflanzen: Verschwinden der hausabhängigen Symptomatik. Verblieben ist die Pollenallergie im Frühling. Die Pflanzen konnten im Botanischen Institut als *Tradescantia albifloxia* und *Tradescantia fluminensis* (Dreimasterblumen) identifiziert werden. In Zusammenarbeit mit Professor Johannson gelang erstmals der Nachweis spezifischer IgE auf *Tradescantia* ohne Kreuzreaktion mit den Allergenen von *Ficus benjamina*.

Ficus benjamina (Feigenbaum, engl. *weeping fig*) wurde als berufliches Inhalationsallergen bei Angestellten von Gärtnereien erstmals 1985 beschrieben. In den vergangenen Jahren fand der Ficus immer mehr Verbreitung als dekorative Zierpflanze in Wohnungen, Büros, Zahnarztpraxen und vielen öffentlichen Gebäuden.

Daher ist es nicht erstaunlich, daß Berichte über teilweise schwere allergische Reaktionen bei nicht beruflich exponierten Atopikern zunahmen. Die Allergiestation konnte erstmals über eine Allergie auf *Ficus benjamina* bei nicht atopischen Individuen berichten, die die Zierpflanze im Schlafzimmer hielten und sich auf die Ficus-Allergene monovalent sensibilisierten.

Charakteristisch für alle Ficusarten ist der milchige Saft in den Blättern und Ästen der Pflanze. In diesem Saft konnte das Allergen charakterisiert werden. Es wird durch Ausscheidung an der Blätteroberfläche freigesetzt, wo es sich dann an den daraufliegenden Staub bindet und bei der Umwälzung der Raumluft per inhalationem zu respiratorischen Symptomen bzw. durch direkten Kontakt zu Urtikaria und Quincke-Ödem führen kann. Das Allergen im milchigen Saft der Ficusblätter und -zweige ist kreuzreagierend mit dem Latex des Gummibaumes *Havea brasiliensis.* Naturlatex seinerseits ist kreuzreagierend auch mit Banane, Kiwi, Avocado und Kastanie (Latex-Frucht-Syndrom). Kürzlich konnte schließlich auf der Allergiestation das Ficus-Feigen-Syndrom (ohne Latex-Allergie!) beschrieben werden. Auf *Ficus benjamina* allergische Personen reagierten in der Folge mit einer Nahrungsmittelallergie auf frische Feigen.

Doch außer Ficus und Tradescantia konnten auf der Allergiestation in den letzten Jahren auch andere Grünpflanzen als Allergenquelle identifiziert und die Fälle veröffentlicht werden, u.a. *Spathyphyllum floribundun, Schefflera (umbrella tree)* der Familie der Araliaceen und der Weihnachtsstern *(Euphorbiaceeen).*

Berufliche Allergene als Asthma-Auslöser

Unter den zahlreichen Beiträgen der Allergiestation zum Berufsasthma seien schließlich folgende Erstbeschreibungen noch speziell erwähnt: Befeuchterkrankheit (bakterielle Endotoxine im versprühten Befeuchterwasser), Waschmittelproteasen (Enzyme in Waschmitteln), Penicillium casei und Labferment als Käsewäscherasthma, Puppe der Wachsmotte bei einer Biologin, die Enzyme Pektinase, Pepsin und Amylase in der Arzneimittelindustrie, einheimische Fledermaus bei einem Speleologen und Steinpilze bei einem Spezialitätenkoch. Wahrlich: Es gibt keine Substanz aus der Umgebung des Menschen, die nicht eine Allergie auslösen kann; sogar auf Wasser kann sich eine Kontakturtikaria manifestieren.

Allergologische Rosinen

Brunello Wüthrich

Pharao Menes von Memphis – Der erste Allergiker? Tod durch Hornisse oder Nilpferd?

Menes – historisch der älteste Pharao Ägyptens (der erste König der 1. Dynastie) – lebte um 3'300 v. Chr. und gründete die Stadt Memphis. In den allergologischen Lehrbüchern wird er gerne als der erste Allergiker in der Weltliteratur erwähnt. Die Umstände seines Todes sind widersprüchlich. Er wurde getötet, sagt die Tradition, durch ein »kheb«, was Hippopotamus (Nilpferd), aber auch Hornisse bedeutet. Der Historiker Manetho hielt in seiner Übersetzung der ägyptischen Überlieferung auf griechisch ca. 3'000 Jahre später die Bezeichnung »Nilpferd« für richtig, leben ja im Nil Nilpferde und sind gefährlicher als große Wespen! Anderseits deuten die Hieroglyphen einer Inskription, die in Menes' Grab gefunden wurde, daß am Ende seines Lebens eher ein Stachel die Todesursache war. Nilpferd oder Hornisse? Jedenfalls ist für den Allergologen die zweite Version die attraktivere, denn für ihn steht fest: Menes starb an einem anaphylaktischen Schock als Folge einer Hornissengifttallergie.

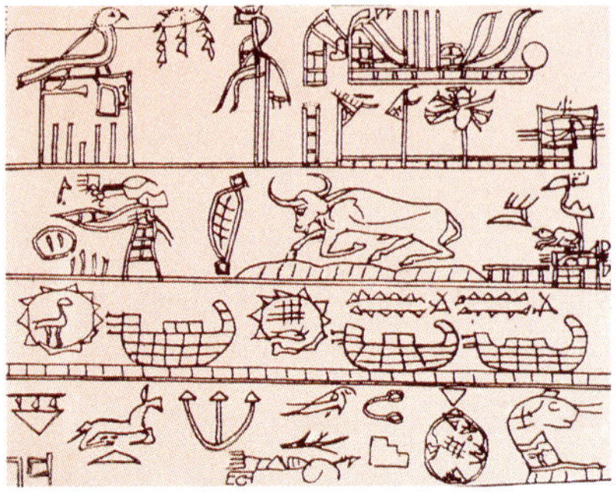

Inschrift auf dem Grab des Pharaos Menes

Hippokrates und die Käseallergie

Man greift gerne auf die Antike (Hippokrates und Lukrez) und das Mittelalter (Shakespeare) zurück, um die ersten Beschreibungen von Nahrungsmittelallergien zu datieren. Was ist von Hippokrates (460–375 v. Chr.), dem Vater der griechischen Medizin, und der vermeintlich von ihm beschriebenen Käseallergie zu halten?

In der mit aller Wahrscheinlichkeit echten Hippokratischen Schrift Über die alte Medizin aus dem fünften vorchristlichen Jahrhundert ist im Kapitel 20 zu lesen, *...daß der Käse gelegentlich ein gefährliches Nahrungsmittel sein könnte, weil er denjenigen Beschwerden mache, die sich mit ihm anfüllen... Auch der Wein, in großen Mengen genossen, verursache gewöhnlich Beschwerden. Aber beim Käse das besondere sei... er bereite »Schmerzen« nur bestimmten Menschen, deren Konstitution der Säfte sich mit dem Käse nicht vertrügen, die sozusagen dem Käse feindlich seien.*

Hippokrates von Kos – Vater der griechischen Medizin

Unglücklicherweise werden in diesem Abschnitt die Beschwerden nach Käse- (wahrscheinlich handelt es sich um Ziegen- und/oder Schafskäse, der nicht allen bekömmlich ist) oder Weingenuß nicht spezifiziert, so daß es heute unmöglich ist zu beurteilen, ob dem Krankheitsmechanismus eine allergische, eine pharmakologische (biogene Amine im Käse) oder eine enzymatische (Lactasemangel) Intoleranz zugrunde lag, oder – wahrscheinlicher – bloß eine Magenverstimmung wegen exzessiven Konsums.

Lukrez und die Nahrungsmittelallergie

Der oft völlig aus dem Kontext heraus zitierte Passus von Titus Lucretius Carus (109–55 v. Chr.) »Was dem Einen Nahrung, dem Anderen ein bitteres Gift« wird auch immer in Verbindung mit einer Nahrungsmittelallergie gebracht. In den entsprechenden Absätzen des Werkes *De rerum natura* (IV: 633–637; 640–641 und V: 899–900) beschreibt Lukrez das Phänomen, daß gewisse Pflanzen, wie z.B. der Schierling, für den Menschen giftig sind, für die Ziegen und die Wachteln hingegen eine wertvolle Nahrung darstellen. (Heute würde man das Beispiel der Koalas in Australien anführen, die nur Eukalyptusblätter und -knospen essen, die für den Menschen toxisch sind). Im Falle des Olivenbaumes geht es lediglich um den Geschmack: Seine Blätter sind offenbar für die bärtigen Ziegen eine köstliche Nahrung, für den Menschen hingegen das bitterste überhaupt. Kurz: Bei Lukrez ist nichts von einer Nahrungsmittelallergie zu lesen.

Richard der Dritte und die Erdbeerallergie

Können wir uns auf Shakespeare verlassen und König Richard III. als den ersten Erdbeerallergiker der Literatur erküren? Keinesfalls. Im der vierten Szene des dritten Aufzugs liest man: *Mylord von Ely, jüngst war ich in Holborn und sah in Eurem Garten schöne Erdbeeren: laßt etliche mir holen, bitt ich Euch.* Nach Ankunft des Boten mit den Erdbeeren nahm der Monarch ostentativ eine davon und führte die Verhandlung fort. Eine Stunde später rief er unter den versammelten Lords Bestürzung hervor, indem er den Ärmel seines Hemdes hochkrempelte: *Ich bitt euch alle, sagt, was die verdienen, die meinen Tod mit Teufelsränken suchen…Sei denn eu'r Auge ihres Unheils Zeuge: seht nur, wie ich behext bin! Schaut, mein Arm ist ausgetrocknet wie ein welcher Sproß…*

Es war vermeintliche Hexerei, die Mylord von Ely aufs Schafott im Londoner Tower führte, und nicht eine akute Erdbeerurtikaria des Königs, wie Allergologen gerne interpretieren.

Richard der Dritte – Geburtsmißbildung, keine Erdbeerallergie

Gefährliche Küsse für Allergiker

Die vierundzwanzigjährige Eliane litt seit ihrem zwölften Lebensjahr an einer Pollenallergie, jeweils in den Monaten Februar bis Juni. Allmählich trat ein sogenanntes »Orales Allergie-Syndrom« (OAS) im Sinne von Juckreiz an den Lippen, Zunge und Gaumen nach Genuß von rohen Äpfeln, Karotten, Sellerie und

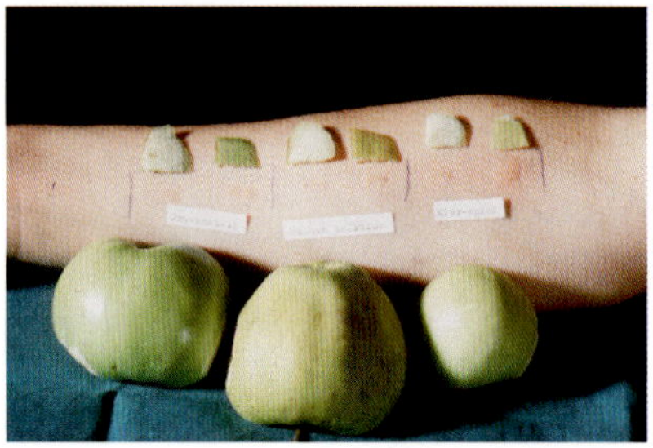

Apfelallergie – Positive Prick-Prick-Teste mit verschiedenen Apfelsorten

Haselnüssen auf, weswegen sie auf diese Nahrungsmittel konsequent verzichtete. Nach einem innigen Kuß ihres Freundes setzte rasch eine massive Lippen- und Zungenschwellung ein. Der Freund hatte unmittelbar vor dem Rendezvous einen grünen Apfel gegessen!

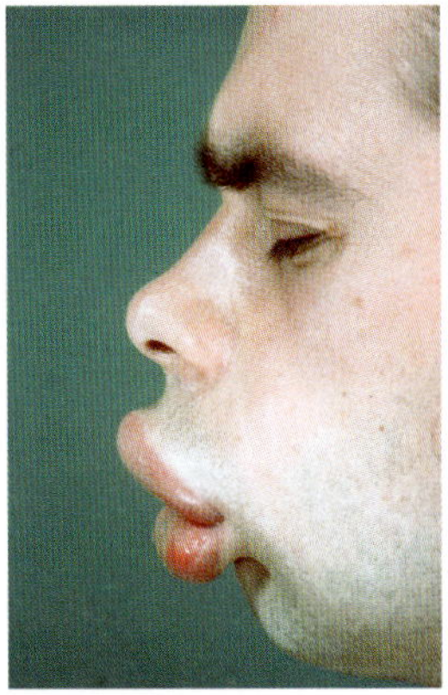

Sogenanntes Quincke-Ödem der Lippen (akute Lippenschwellungen)

Martin war seit frühester Kindheit hochgradig auf Erdnüsse allergisch und vermied diese ganz strikt. Im Alter von einundzwanzig Jahren ging er zusammen mit seiner Freundin in ein chinesisches Restaurant. Nach der ersten Gabel der Vorspeise, einem grünen Salat, traten innert Sekunden heftigste allergische Reaktionen auf. Die näher gelegene Damentoilette konnte er nur noch mit Glück erreichen: Dort ergab er sich und kollabierte. Das festliche Abendessen fand ein abruptes Ende. Eine Nachfrage am anderen Morgen beim Koch ergab, daß »keine Nüsse für den Salat, jedoch wohl gemahlene Erdnüsse für die Salatsauce« verwendet wurden. Weil es nach Einnahme von ›versteckten‹ Erdnußallergenen immer wieder zu Zwischenfällen kam, trug Martin fortan immer ein Notfallset mit einer Adrenalinspritze auf sich. Zwei Jahre später – nach einem Begrüßungskuß seiner Freundin – begannen seine Lippen und die Zunge anzuschwellen. Die Freundin hatte etwa zwei Stunden zuvor Erdnüsse verzehrt; in Kenntnis der hochgradigen Allergie ihres Freundes hatte sie danach gründlich die Zähne geputzt, den Mund gespült und einen Kaugummi gekaut…

In beiden Fällen waren Spuren des Allergens (Apfel bzw. Erdnuß) im Speichel des Partners noch vorhanden.

Konnubiale Allergie
(Sexual hypersensitivity)

Der sechsundzwanzigjährigen Maria, die seit der Pubertät leicht Heuschnupfen hatte, war aufgefallen, daß sie in den letzten Jahren stets nach geschütztem – nicht aber nach dem ungeschütztem – Geschlechtsverkehr ein starkes vaginales Brennen und Beschwerden im Unterbauch bekam. Nach einer gynäkologischen Untersuchung trat eine massive vaginale Rötung mit starkem Juckreiz auf. Während eines besonders heftigen Geschlechtsverkehrs mit einem neuen Partner trat eine generalisierte Reaktion mit Nesselausschlag, Atembeklemmung und Schwindelgefühl auf. Die erst jetzt in die Wege geleitete allergologische Abklärung auf der Allergiestation Zürich ergab, daß die Patientin latex-allergisch war. Die Therapie: Gebrauch der nun erhältlichen latexfreien Kondome.

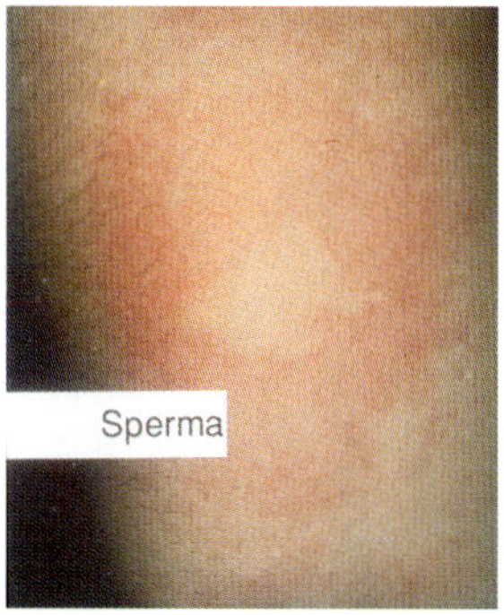

Sperma Scratch –
Positiver Hauttest auf Spermaflüssigkeit

Daniela, wohnhaft im Kanton Tessin, litt bereits als Kind an allergischem Bronchialasthma. Mit sechzehn traten mehrmals akute Anfälle von generalisiertem Nesselausschlag (Urtikaria) auf, mit Schwellung der Augenlider (Quincke-Oedem) und Asthma, die jeweils eine notfallmäßige Hospitalisation erforderten. Die Ursache dieser Anfälle blieb zunächst unklar; die Tessiner Ärzte standen vor einem Rätsel. Erst im Gespräch unter vier Augen auf der Allergiestation Zürich gab das Mädchen an, daß sie jeweils vor den Anfällen ungeschützten Geschlechtsverkehr hatte, und zwar mit zwei verschiedenen Partnern. Die Abklärung mittels Bluteste (RAST) zeigte, daß Daniela eine hochgradige Allergie auf die Spermaflüssigkeit hat und darum in erster Linie konsequent ein Kondom anwenden muß. Je nach Verlauf bei späterem Kinderwunsch muß eine Desensibilisierung mit hautreaktiven Spermafraktionen des Partners diskutiert werden.

Vegetarier leben gefährlich

Auch Vegetarier müssen aufpassen, was sie essen. Der ›Tages Anzeiger‹ berichtete unlängst, daß mindestens dreiundzwanzig Personen, die an einem Europäischen Vegetarierkongreß in einer Schweizer Ortschaft teilnahmen, unmittelbar nach dem Mittagsbuffet mit heftigsten Bauchkrämpfen und massivem Brechdurchfall in umliegende Krankenhäuser eingeliefert werden mußten. Am anderen Tage konnten alle wohlauf entlassen werden. An der Lebensmittelvergiftung waren ungekochte Bohnen schuld. Sie, aber auch andere Hülsenfrüchte und Kartoffeln, enthalten das Toxin Lektin. Seine Giftwirkung geht durch das Kochen verloren. Es ist unverständlich, daß gerade an einem Vegetarierkongreß, wo die Gefahr, die mit dem Verzehr von rohen Bohnen verbunden ist, allgemein bekannt sein sollte, dies passieren konnte. Dem Koch droht eine Klage.

Faust-Aufführung mit Asthma-Anfall – Dahinter steckt nicht Mephisto, sondern eine Allergie auf Bärlappsporen

Der siebenundfünfzigjährige Lichtgestalter und Beleuchtungschef des Zürcher Schauspielhauses litt während der letzten Jahre ohne erkennbare Ursache an sporadisch auftretenden Asthma-Anfällen am Arbeitsplatz. Anschließend an die Hauptprobe von *Faust* trat ein akuter Asthma-Anfall auf und der Chefbeleuchter mußte notfallmäßig ins Krankenhaus. In der Folge verzeichnete er schon beim Betreten des Theaters Augenreizungen, Niesanfälle und Husten, bei längerem Aufenthalt auch Asthma von bedrohlichem Ausmaß. Die nun endlich in die Wege geleitete Allergie-Abklärung ergab eine massive Allergisierung auf die für Lichteffekte verwendeten Lykopodiumsporen. Auch ein Bluttest zeigte spezifische IgE-Antikörper von CAP-Klasse 3 auf Lykopodium. Die Sporen der Pflanze *Lykopodium clavatum* (Bärlapp) werden zur Erzeugung explosionsähnlicher Lichteffekte in Theatern gebraucht. Sie besitzen die biologische Eigenschaft, unbenetzbar zu sein und nehmen deswegen keine Flüssigkeit auf. Sie sind ein optimales Beschichtungs- und Benetzungsmittel, auch in Kondomen. So entwickelte eine Arbeiterin in einer Kondomfabrik (Kontrolle auf Dehnbarkeit) mit den Jahren eine allergische Rhinokonjunktivitis mit Asthma auf die Inhalation von Lykopodiumsporen.

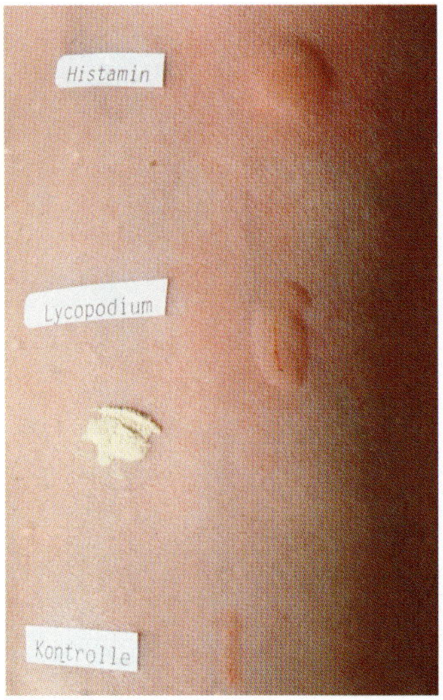

Positive Sofortreaktion im Skarifikationstest auf Lykopodiumsporen

Bärlapp und Ganzheitsmedizin

Der Bärlapp gehört mit dem Schachtelhalm und den Farnen zu den ältesten bekannten Pflanzen auf der Welt. Von seiner ursprünglichen Riesenhaftigkeit ist er auf die Größe eines kleinen Mooses geschrumpft. Dies vorausgeschickt, um zu verstehen, was die Ganzheitsmedizin unter einem »Bärlappzustand« meint. In einem solchen befänden sich Menschen, die recht fähig sind, sich selbst aber klein und minderwertig empfinden. Aus diesem Minderwertigkeitsgefühl heraus meinen sie, sich aufblähen zu müssen, und leiden so oft unter Darmblähungen. Haben Ekzeme auf der rechten Körperseite begonnen, dann sei Lykopodium die richtige Medizin, da dieses Arzneimittel stark die rechte Körperseite betont.

Der Bärlapp

Moderne Tumortherapie

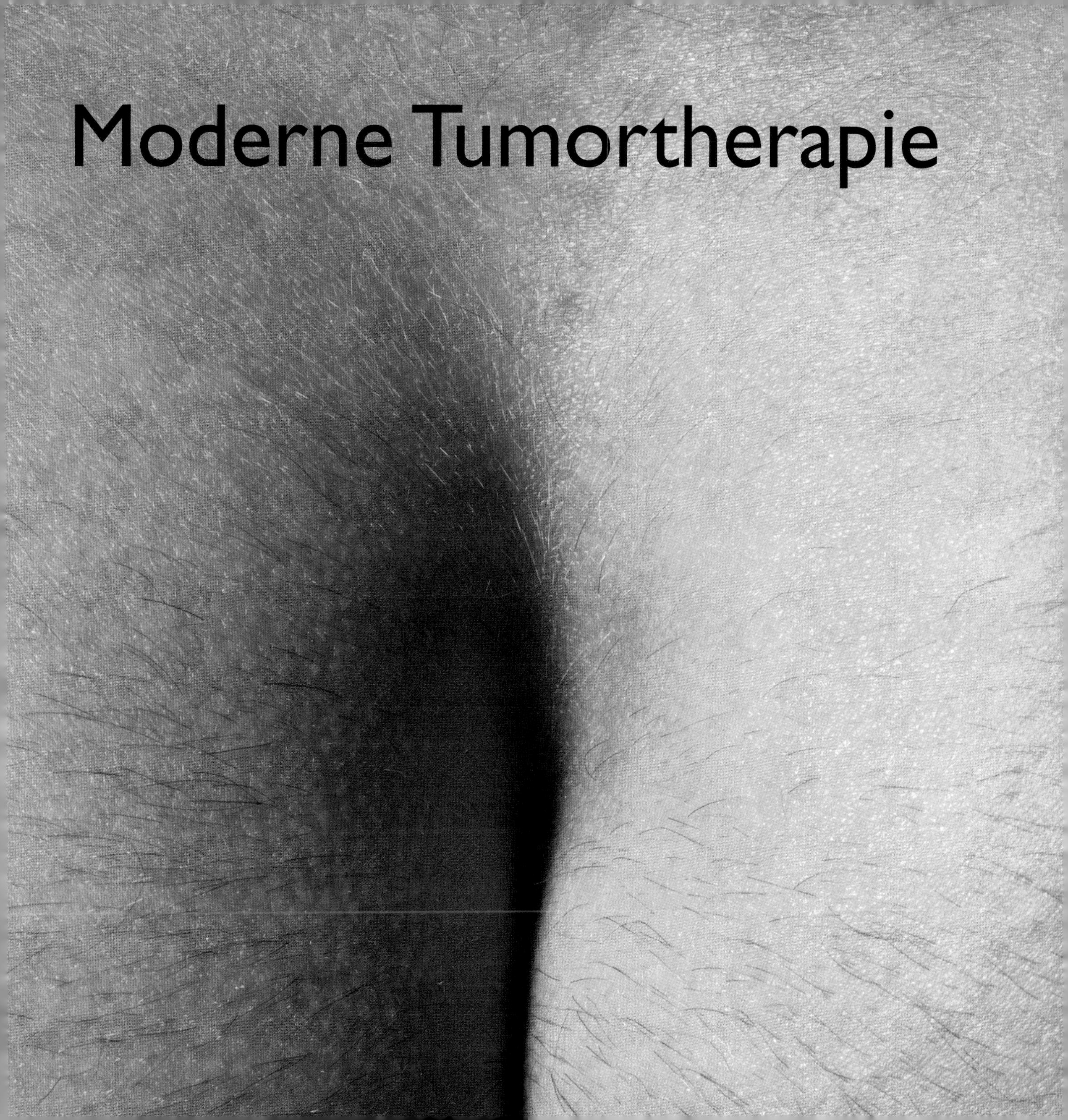

Moderne Tumortherapie

Reinhard Dummer

Die Haut ist das menschliche Organ, das am häufigsten von bösartigen Erkrankungen befallen wird. Die Häufigkeit von Hautkrebsleiden liegt bei der Frau vor dem Brustkrebs und beim Mann vor dem Krebs der Vorsteherdrüse (Prostatakarzinom). Die Behandlung von Hauttumoren ist deshalb eine wesentliche Aufgabe der Dermatologie in Klinik und Praxis. Hierbei ist es besonders wichtig, daß die Behandlung dieser Hauttumoren der klinischen Situation angemessen ist, also prognose-orientiert erfolgt, daß sie wirksam ist, dabei auch gesundheitsökonomisch, also kostenvertretbar bleibt, den Patienten nicht unnötig belastet und somit eine hohe Akzeptanz von Patientenseite her erfahren kann. Vor der Wahl der Behandlungsmethode liegt auf der einen Seite eine präzise Diagnose und auf der anderen Seite eine Ausbreitungsdiagnostik, die auf bildgebenden Verfahren, serologischen Untersuchungen und eventuell auch Gewebeproben aus inneren Organen basiert. Aus der Artdiagnostik und der Ausbreitungsdiagnostik resultiert eine Diagnose, die beides berücksichtigt, z.B. superfiziell spreitendes malignes Melanom, Tumordicke 1,4 mm, Level III, pT2N1M1. An diesem Beispiel läßt sich ablesen, daß das Staging bei diesen Patienten (nach Staging-Ausbreitungsdiagnose) einen Befall von Lymphknoten und inneren Organen ergeben hat. Daraus leiten sich selbstverständlich ganz andere therapeutische Maßnahmen ab, als wenn andere Organe nicht befallen wären.

Diagnostische Maßnahmen

Zu den initialen diagnostischen Maßnahmen gehört die Inspektion des gesamten Hautorganes, bei lokalisierten Läsionen – insbesondere bei pigmentierten – ist der Einsatz der Auflichtmikroskopie sinnvoll, vor allem wenn es um die Abgrenzung des malignen Melanoms von anderen gutartigen pigmentierten Hautveränderungen geht. Die Lymphknotenstationen werden palpiert und die Anamnese muß die Gesamtsituation des Patienten beleuchten. Die klinisch gestellte Diagnose wird in der Regel histologisch verifiziert. Oft erfolgt dies im Rahmen einer kompletten Exzision der Läsion. In diesem Fall ist die therapeutische Maßnahme gleichzeitig eine diagnostische Maßnahme.

Ausbreitungsdiagnostik *(Staging)*

Aufgrund der Histologie und des klinischen Befundes kann in der Regel das individuelle Risiko abgeschätzt werden, Ableger in anderen Organen zu entwickeln. Aufgrund der Risikofaktoren werden adäquate Maßnahmen eingeleitet, um solche Ableger möglichst frühzeitig zu entdecken. Für das maligne Melanom bedeutet dies beispielsweise für Hochrisikopatienten, daß eine Positronen-

Emissions-Tomographie (PET) durchgeführt wird. Diese sehr sensitive Methode kann Melanommetastasen oft schon ab einer Größe von 0,5–1 cm nachweisen.

Neben der Positronen-Emissions-Tomographie kommen häufig Ultraschalluntersuchungen, insbesondere in den Lymphknotenregionen zur Anwendung, da sie nebenwirkungsfrei und sehr aussagekräftig sein können. Daneben werden häufig computertomographische Bilder verwendet. Mit diesen Aufnahmen lassen sich Tumormanifestationen (Metastasen) ausmessen und zur Erfolgskontrolle nach Behandlung heranziehen.

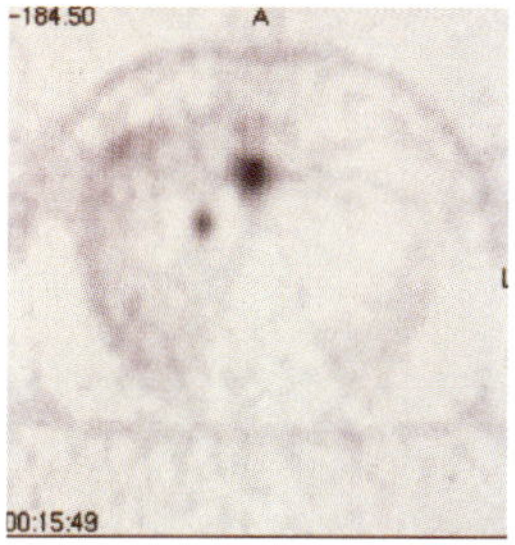

Positronen-Emissions-Tomographie mit Nachweis von zwei kleinen Lungenmetastasen. Der Patient wäre für eine sogenannte adjuvante Therapie vorgesehen gewesen. Aufgrund dieses Befundes mußte jedoch die Therapie umgestellt werden.

Ausbreitungsdiagnostik bei Hauttumoren

Tumortyp	Bildgebende Verfahren	Serologische Marker
Melanom*	PET, CT, Lymphknoten-Sono	Lösliches S-100 Lösliches MIA im Serum
Kutane Lymphome*	CT, Lymphknoten-Sono	Löslicher Interleukin-2-Rezeptor, ß2-Mikroglobulin
Spinaliom (Plattenepithelkarzinom)	CT, Lymphknoten-Sono	---

*LDH nur bei fortgeschrittenen Stadien erhöht.

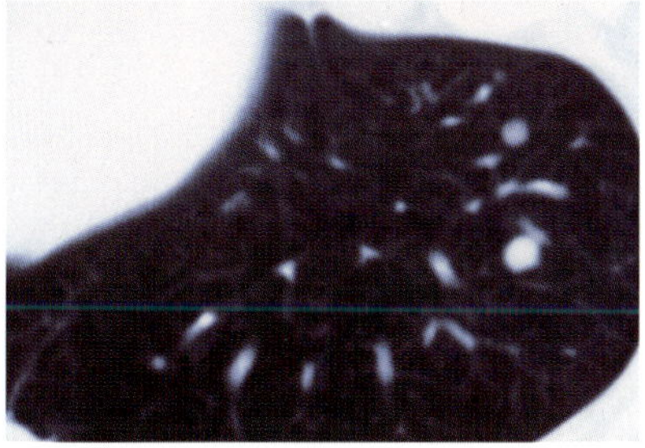

Computertomographie der Lunge mit Nachweis einer Lungenmetastase

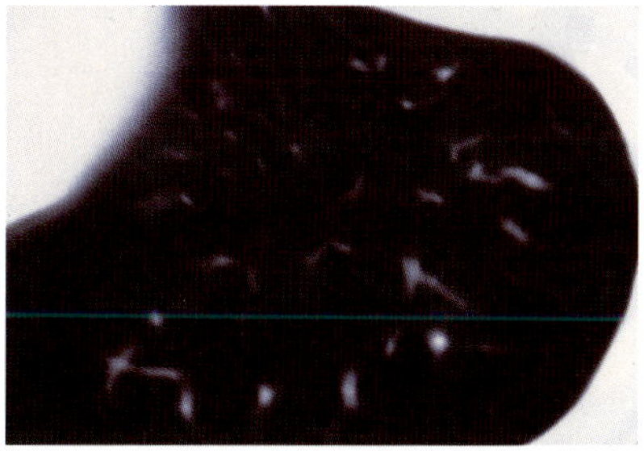

Nach zwei Behandlungen mit Dacarbazine und Interleukin-2 sind die Metastasen verschwunden.

Therapeutische Maßnahmen – Chirurgie

Die Chirurgie ist mit Abstand die wichtigste therapeutische Maßnahme bei Hauttumoren. Sie ermöglicht eine sichere Entfernung. Ihre Sicherheit kann mit der sogenannten mikrographisch kontrollierten Chirurgie, insbesondere bei epithelialen Tumoren noch erhöht werden, indem das entfernte Gewebe von allen Seiten histologisch untersucht wird, um zu sehen, wo noch Tumorgewebe randschnittbildend ist. Die Chirurgie wird in der Regel nur bei lokalisierten Erkrankungen eingesetzt. So ist sie z.B. beim Melanom mit Lymphknotenbefall nur vordringlich, wenn keine inneren Organe befallen sind. Bei Patienten mit multiplen Tumormanifestationen erfolgt der Einsatz der Chirurgie nur palliativ, d.h. um den Patienten speziell von einer Metastase zu befreien, insbesondere wenn sie die Lebensqualität einschränkt.

Alternative gewebedestruktive Maßnahmen

Zu diesen Maßnahmen gehören die Behandlung mit flüssigem Stickstoff (Temperatur bis 186°C), was zu einer Gewebedestruktion führt, die photodynamische Therapie – bei der Photosensibilisator auf die Haut aufgetragen und dann mit sichtbarem Licht behandelt wird – und die Radiotherapie (die Behandlung mit Röntgenstrahlen oder schnellen Elektronen).

Chemotherapie

Es existiert eine ganze Reihe von Medikamenten, die das Zellwachstum hemmen (Zytostatika) und je nach Diagnose und Ausdehnung auch eingesetzt werden können, allerdings mit unterschiedlichen Erfolgsraten. Bei der Chemotherapie müssen die Nebenwirkungen sehr sorgfältig beobachtet werden. Viele vorbeugende unterstützende Maßnahmen wie der Einsatz von Medikamenten, die die Übelkeit unterdrücken oder blutbildungsfördernd wirken, haben aber bisher dazu geführt, daß die meisten angewandten Chemotherapien gut bis sehr gut toleriert werden.

Unspezifische Immunstimulation

Fortschritte im Bereich der Gentechnologie und Molekularbiologie haben kleine Eiweißkörper identifiziert, die zu einer Stimulierung des Immunsystems führen können. Hierzu gehören das Interferon, das bei kutanen T-Zell-Lymphomen der Haut und beim Melanom sowie in Einzelfällen auch bei anderen Hauttumoren erfolgreich eingesetzt wird, und das Interleukin-2, ein T-Zell-Wachstumsfaktor, der das Immunsystem bei der Bekämpfung von bösartigen Läsionen sehr effizient unterstützen kann.

Insbesondere für das maligne Melanom sind heute eine ganze Reihe von Eiweißkörpern bekannt, die vom Immunsystem erkannt werden und auch zu einer Abstoßung von bösartigem Gewebe beitragen können. Moderne spezifische Immuninterventionen (Impfbehandlungen) zielen heute darauf, die durch weiße Blutkörperchen (T-Lymphozyten) vermittelte Antwort aufzubauen, zu unterhalten und zu unterstützen. Einige Erfolge weisen eindeutig darauf hin, daß dieser Weg gangbar ist; allerdings müssen größere klinische Untersuchungen in den nächsten Jahren noch aufzeigen, welchen Stellenwert diese Therapieverfahren haben werden.

Spezifische Immuntherapie

Seit Jahrzehnten werden Mistelpräparate in der Behandlung von Hauttumoren eingesetzt. Leider haben es die anwendenden Ärzte versäumt, diese Methoden wissenschaftlich zu untersuchen. Es gibt praktisch keine kontrollierten Studien zur Wirksamkeit; lediglich einige unüberprüfte Anwendungsbeobachtungen. Eine einzige große internationale Studie hat den Effekt von Mistelpräparaten beim Melanom untersucht und kam zum Schluß, daß von einer Mistelbehandlung kein Nutzen für den Patienten zu erwarten ist, sondern im Gegenteil der Krankheitsverlauf möglicherweise gar verschlechtert wird. Bei den Patienten, die mit Misteln behandelt wurden, sind vermehrt Gehirnmetastasen beobachtet worden. Deshalb raten wir insbesondere beim Melanom ganz konsequent vom Einsatz von Mistelpräparaten ab.

Mistelpräparate

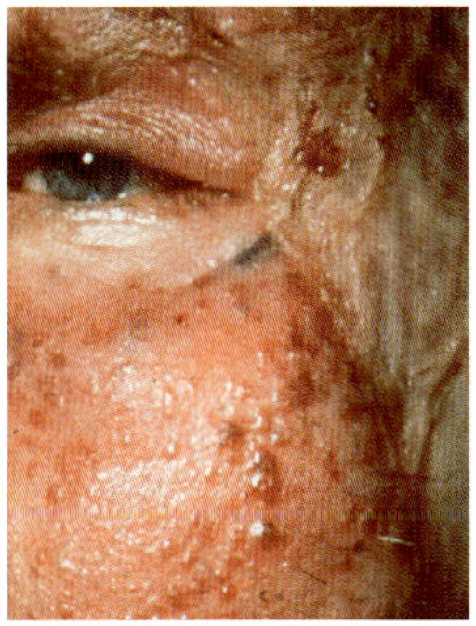

Multiple kleine bräunliche Melanommetastasen nach mehreren Operationen im Gesicht eines Melanompatienten

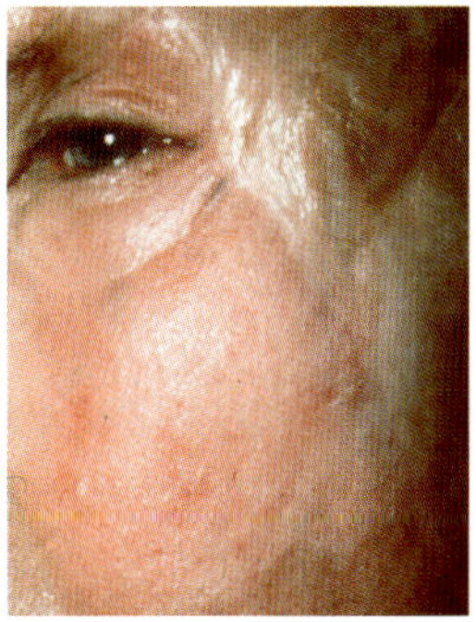

Nach Unterspritzung mit Interleukin-2 sind diese bräunlichen Punkte vollkommen verschwunden.

Muttermale und das häßliche Entlein

Muttermale und das häßliche Entlein

Roland Böni

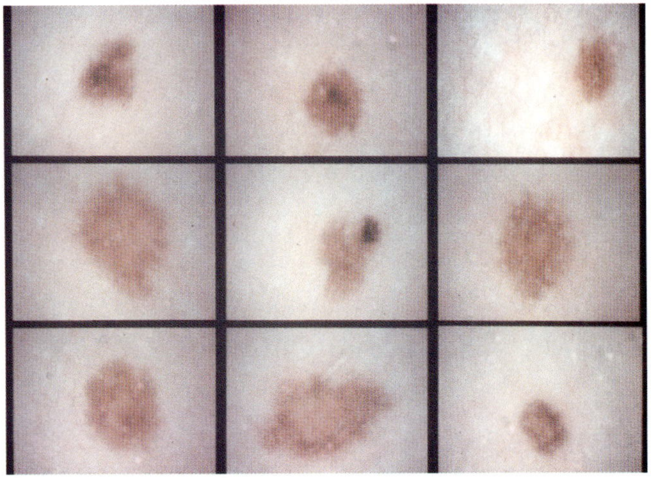

Verschiedene Muttermale des gleichen Patienten. Das Muttermal in der Mitte fällt mit seinen zwei verschiedenen Anteilen als »häßliches Entlein« aus der Reihe. Es wurde entfernt und unter dem Mikroskop ein beginnender schwarzer Hautkrebs diagnostiziert.

»Muttermale« oder »Leberflecken« sind umschriebene Fehlbildungen der Haut aufgrund einer embryonalen Fehlbildung. Sie können bei Geburt bereits vorhanden sein, sich aber auch erst später entwickeln. Man unterscheidet zwischen Pigementzellnävi und organoiden Nävi. Die Pigmentzellnävi kennzeichnen sich durch eine Vermehrung von pigmentierten Zellen, den Melanozyten. Organoide Nävi stellen umschriebene Vermehrungen von normalerweise in der Haut vorhandenen Zell- und Gewebestrukturen dar, die je nach vorherrschenden Gewebetyp benannt werden (z.B. Blutgefäßnävus).

Pigmentzellnävi sind viel häufiger und nehmen vom sechsten Lebensmonat bis zur dritten Lebensdekade zu, danach kommt es zu einem langsamen Rückgang. Es ist bekannt, daß häufige Episoden von Sonnenbrand die Zahl der Nävuszellnävi und auch das Risiko der Melanomentwicklung erhöhen. Bei Patienten mit vielen Pigmentzellnävi (mehr als sechzig) besteht gegenüber der Normalbevölkerung ein sechzehnfach erhöhtes Melanomrisiko. Deshalb ist der Facharzt bestrebt, die Muttermale dieser Patientengruppe in regelmäßigen Abständen zu untersuchen.

Die klinischen Merkmale von Pigmentzellnävi lassen sich von der ABCD-Regel ableiten: Asymmetrische Konfiguration, unregelmäßige Begrenzung (polyzyklisch, Ausläufer am Rande), ungleichmäßige Pigmentierung (colour: rötlich, hellbraun, dunkelbraun, schwärzlich) und Durchmesser größer als fünf Millimeter. Pigmentzellnävi, die der ABCD-Regel entsprechend atypisch erscheinen, sollten operativ entfernt werden. Nicht selten finden sich aber bei einzelnen Individuen zahlreiche atypisch erscheinende Pigmentzellnävi, die natürlich nicht alle entfernt werden können. Der geschulte Dermatologe wendet daher häufig ein weitere Regel an: Das sogenannte *ugly-duckling*-Zeichen, wobei die ABCD-Regel in den Hintergrund gestellt wird. Dieses in Anlehnung an Hans Christian Andersens Erzählung Das *häßliche kleine Entlein* aus dem Jahre 1848 beschriebene Phänomen berücksichtigt die Merkmale aller Pigmentzellnävi eines individuellen Patienten, wobei die morphologisch von der Gruppe abweichende Läsion (der Nävus, der seinen Geschwister-Nävi nicht gleicht) herausgeschnitten wird. In der Abbildung sind einige atypische Pigmentzellnävi eines Patienten digital aufgezeichnet worden.

Alle hier dargestellten Pigmentzellnävi müßten, gemäß ABCD-Regel, als atypisch eingestuft und daher exzidiert werden, was jedoch weder möglich noch sinnvoll ist. Es läßt sich sehr rasch feststellen, welcher Pigmentzellnävus sich von den andern unterscheidet. Der in der Mitte abgebildete Pigmentzellnävus wurde aufgrund des *ugly-duckling*-Zeichens entfernt und histologisch untersucht, wobei es sich tatsächlich ein frühes Stadium eines malignen Melanom handelte.

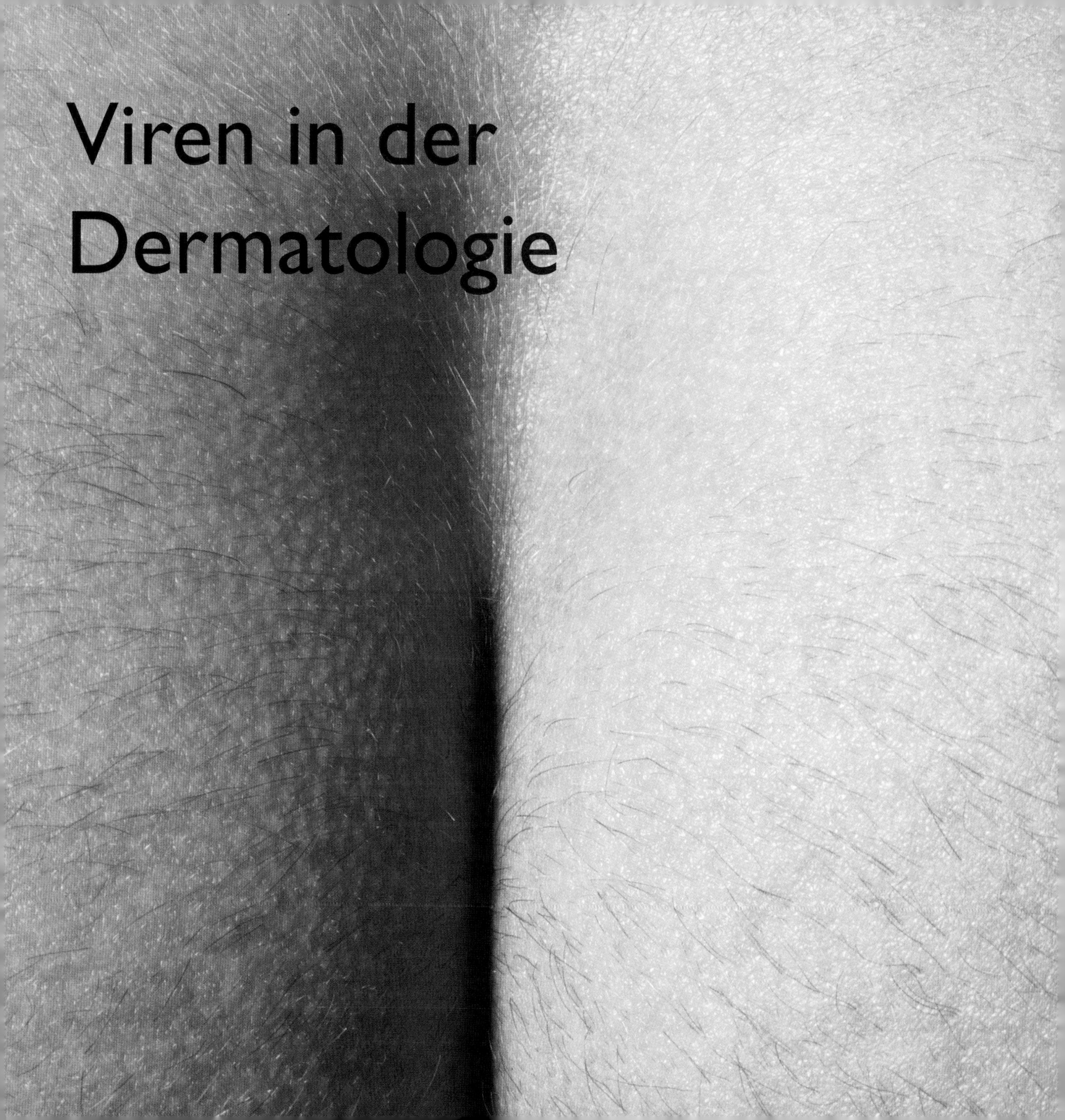
Viren in der
Dermatologie

Viren in der Dermatologie

Werner Kempf

Zahlreiche Studien der letzten Jahre wiesen nach, daß eine bestimmte Kinderkrankheit nicht nur durch ein einzelnes Virus, sondern durch verschiedenen Virusarten hervorgerufen werden kann. Zum Beispiel können sowohl Infektionen mit dem Masernvirus als auch solche mit Herpesviren – insbesondere humanem Herpesvirus 6 und 7– alle zum gleichen Erscheinungsbild, nämlich Masern, führen.

Ende des 19. Jahrhunderts konnten Dimitri. I. Iwanowoski (1864–1920) in Rußland und wenig später auch Martinus Willem Beijerinck (1851–1931) Holland zeigen, daß die Mosaikkrankheit der Tabakpflanzen durch einen Mikroorganismus übertragen werden kann, der aufgrund seiner geringen Größe durch Bakterienfilter (mit einer Porengröße von 0,2 Mikrometer) ultrafiltriert werden konnte. Derartige Organismen wurden als Viren (lat. Gift, Schleim) bezeichnet und sind neben den Prionen die kleinsten infektiösen Agentien. Erst durch die Einführung der Elektronenmikroskopie gelang 1940 die Darstellung von Viren. Viren bestehen aus Nukleinsäuren (DNA oder RNA), die von einer Hülle aus Eiweißen und Lipiden (Fetten) umgeben sind. Sie besitzen keinen eigenen Stoffwechsel und sind daher für die Vermehrung auf den Stoffwechsel der befallenen Zellen angewiesen. Zahlreiche Krankheiten, die auch die Haut betreffen, werden durch Viren verursacht. Dazu gehören so bekannte und weit verbreitete Kinderkrankheiten wie die Varizellen (Windpocken oder »Wilde Blattern« durch das Varizella-Zoster-Virus), die Masern und das Dreitagefieber (Exanthema subitum).

Derartige sogenannte exanthematische Viruserkrankungen verlaufen meist ohne größere Komplikationen und durch die Entwicklung einer Immunität ist der Betroffene später vor einer erneuten Infektion geschützt. Einige Viren nisten sich aber im Wirtsorganismus ein und etablieren eine lebenslange, latente Infektion. Aus diesem Dornröschenschlaf, während dem keine Virusvermehrung stattfindet und der Betroffene auch keine Krankheitserscheinungen aufweist, kann das Virus durch eine Reaktivierung wieder erwachen und einen Rückfall auslösen. Beim Varizella-Zoster-Virus führt der erste Kontakt mit dem Virus zu Windpocken/Varizellen. Das Virus verbleibt im Organismus in den Hinterwurzelganglien des Rückenmarks und kann Jahrzehnte später im Rahmen einer reaktivierten Infektion zur Gürtelrose (Herpes zoster) führen. Das Abwehrsystem scheint dabei eine wichtige Rolle bei der Unterdrückung derartiger Reaktivierungen zu spielen, da immungeschwächte Patienten (z.B. an AIDS Erkrankte und Transplantatempfänger) deutlich häufiger an einer Gürtelrose und anderen Infektionen erkranken.

Viren verursachen nicht nur die klassischen Infektionskrankheiten, sondern können auch zur Entstehung von Tumoren beitragen. 1911 entdeckte Peyton Rous das nach ihm benannte Rous-Sarkom-Virus, das erste bekannte Tumorvirus. Das Rous-Sarkom-Virus verursacht Weichteilkrebs (Sarkome) bei Geflügel. In der Dermatologie sind es vor allem die humanen Papillomviren – von denen mittlerweile über achtzig Typen bekannt sind – und die Herpesviren –

insbesondere das humane Herpesvirus 8 –, die mit dem Auftreten von Hauttumoren in Zusammenhang stehen.

Papillomviren verursachen bei zahlreichen Tierarten und beim Menschen Warzen (sog. Papillome). Neben diesen lästigen, aber gutartigen Neubildungen können Mitglieder dieser Virusfamilie aber auch bösartige Tumoren wie den Gebärmutterhalskrebs (Zervixkarzinom) oder Spinaliomen verursachen. Nicht alle HPV-Typen sind gleichermaßen gefährlich und weisen krebsinduzierende Eigenschaften auf. Vor allem die sogenannten Hochrisiko-Typen HPV-Typ 16 und 18 besitzen Genabschnitte, E6 und E7, die die Wirtzelle zu einer unbeschränkten Zellteilung führen und Tumoren induzieren können. Die Entstehung und das Wachstum von HPV-bedingten Tumoren unterliegen einer starken Kontrolle durch das Immunsystem. Bei immungeschwächten Patienten wie Transplantatempfängern führt die lebensnotwendige medikamentöse Unterdrückung der Immunabwehr – die die Abstoßung des transplantierten Organs verhindern soll – leider oftmals zu einem vermehrten Auftreten virusinduzierter Neoplasien. Durch die Einführung immunmodulierender Medikamente zeichnet sich erstmals eine Alternative in der Bekämpfung von HPV-bedingten Neubildungen ab – bislang hauptsächlich durch die chirurgische Entfernung der Tumoren und ihrer Vorstufen.

Das 1872 von Moritz Kaposi (1837–1902) in Wien beschriebene und nach ihm benannte Kaposi-Sarkom (KS) war bis zum Auftreten der AIDS-Epidemie in unseren Regionen selten. In den neunziger Jahren des 20. Jahrhunderts wurde das KS zu einer der häufigsten Erkrankungen von AIDS-Patienten. Epidemiologische Studien wiesen auf einen übertragbaren Faktor – insbesondere einen Tumorvirus – hin, der aber nicht dem HIV-Virus entsprechen konnte, da die Erkrankung bekanntermaßen auch bei HIV-seronegativen Patienten auftreten kann. 1994 entdeckten Chang und Moore von der Columbia University in New York das KS-assoziierte Virus, auch als humanes Herpesvirus 8 (HHV-8) bezeichnet, mittels modernster molekularbiologischer Techniken. Die Interaktion von HHV-8 mit dem Wirt ist heute zu einem wichtigen Modell zum Studium der virusbedingten Tumorentstehung geworden. Die Lokalisation von Virusbestandteilen, die Immunantwort auf das Virus und die Interaktion von HHV-8 mit anderen Herpesviren, die ebenfalls im KS gefunden werden können, bilden eines der Hauptforschungsgebiete der Dermatologischen Klinik.

Zur Verhinderung von Infektionen wurden bereits im alten Ägypten und China, also Jahrtausende vor der Entdeckung der Viren, Impfungen durchgeführt.

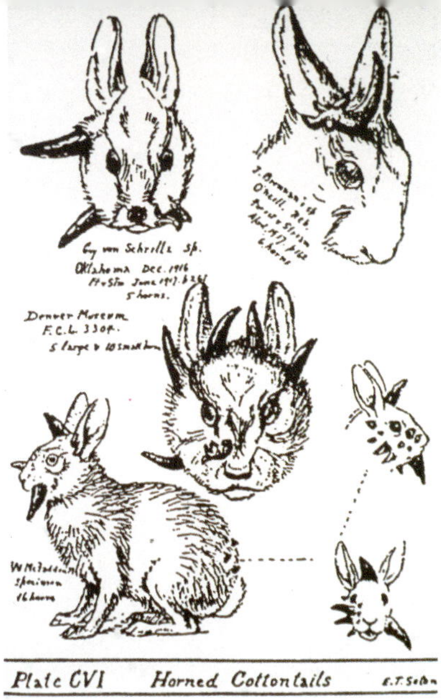

Darstellung von Papillomen bei Cottontail-Hasen

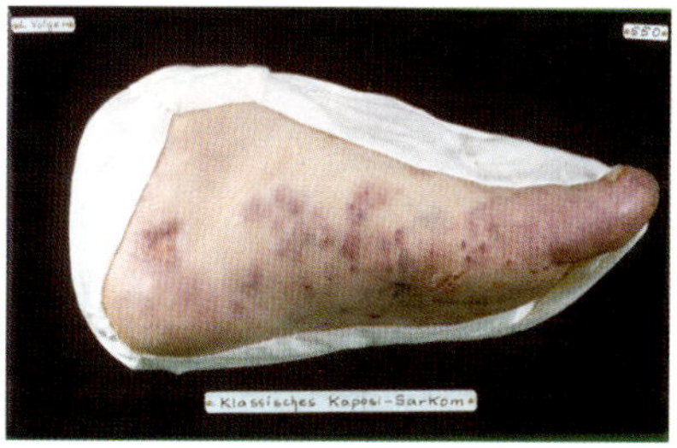

Moulage eines klassischen Kaposi-Sarkoms. Seit dem Auftreten von AIDS 1983 ist das Kaposi-Sarkom eine allseits bekannte Krebskrankheit. Zur Zeit von Moritz Kaposi, der das Krankheitsbild 1872 beschrieben hat, galt sie als seltene und sich nur langsam ausbreitende, nicht sehr gefährliche Krebsart, die fast nur bei älteren Männern auftrat.

Man hatte beobachtet, daß Erkrankte vor einer erneuten Infektion gefeit waren. 1796 gelang es Edward Jenner durch die Impfung zweier Kinder, bei der Kuhpockenmaterial angewendet wurde, die beiden vor einer Pockeninfektion zu schützen. Fast zweihundert Jahre später – 1979 – konnte die Pockenerkrankung nach einer Impfaktion, die von der World Health Organisation lanciert worden war, als ausgerottet erklärt werden. Heute stellen Impfungen im Kleinkindesalter einen festen Bestandteil der Verhütung der entsprechenden Erkrankungen dar. Große Hoffnungen werden neuerdings auch in jene Impfungen gesetzt, welche unter anderem der Bekämpfung von virusinduzierten Tumoren und der Verringerung der Häufigkeit der Gürtelrose und ihrer zahlreichen Komplikationen dienen sollen.

Schuppenflechte

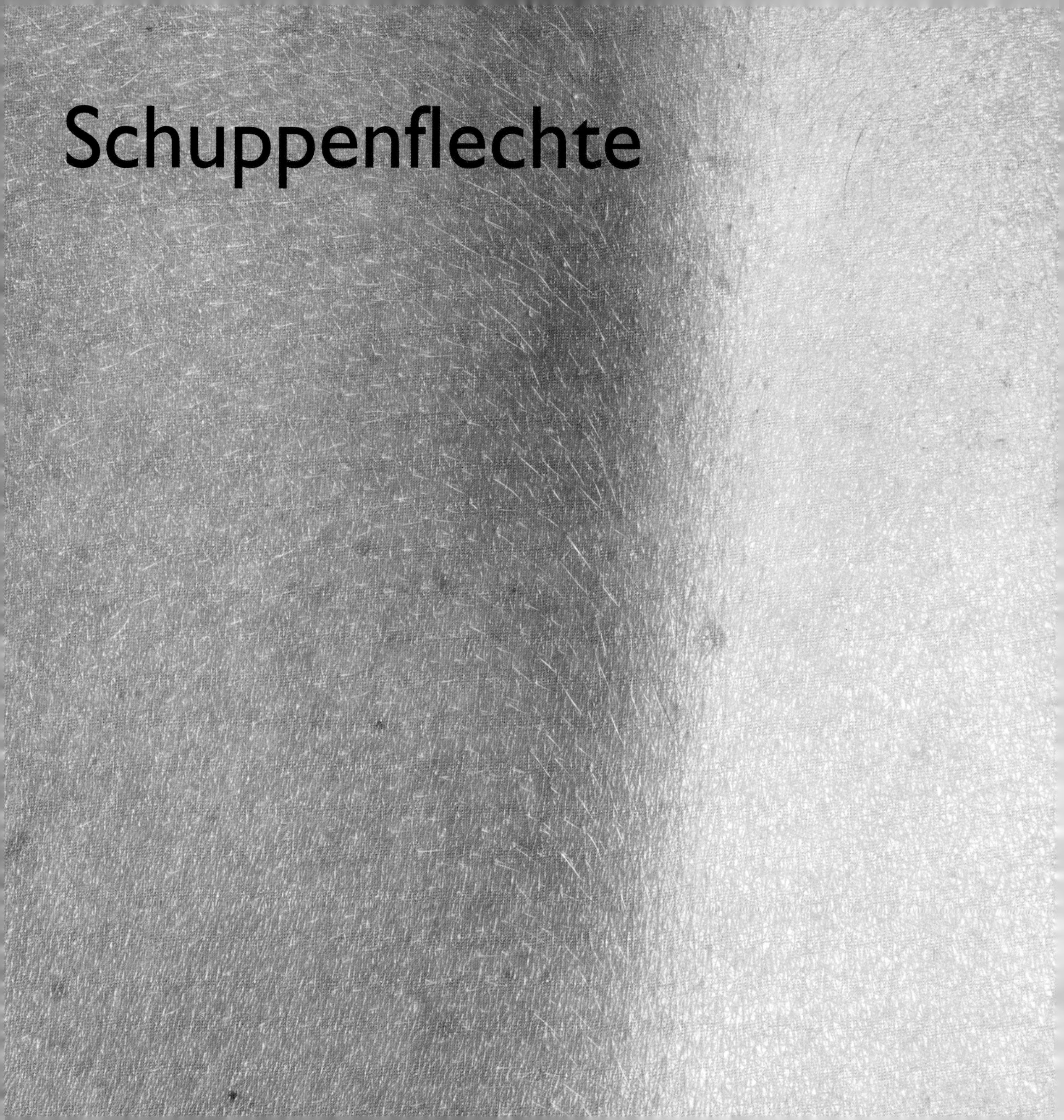

Schuppenflechte

Frank Oliver Nestle

Die Schuppenflechte ist eine der häufigsten dermatologischen Erkrankungen. Ungefähr zwei Prozent der Bevölkerung, d.h. circa 150'000 Schweizerinnen und Schweizer sind davon betroffen. Der medizinische Begriff Psoriasis leitet sich von griechisch *psora* ab. Er wurde erstmals von Herodot benutzt, bedeutet Jucken, Kratzen und wurde später auch für die Krätze verwendet. Einer der großen Fortschritte der Dermatologie und ein erster Schritt zur Beendigung der sozialen Stigmatisierung von Psoriasispatienten war die Klassifikation der Schuppenflechte als eigene Erkrankungsentität. Erst im 19. Jahrhundert führte Ferdinand von Hebra (1816–1880) den Ausdruck »Psoriasis« zur Kennzeichnung des heute darunter verstandenen Krankheitsbilds ein.

In der Zeit vor Hebra wurde die Psoriasis oftmals unter dem Sammelbegriff »Flechte«, »Aussatz« oder »Lepra« eingeordnet. Bereits im Alten Testament wurden im 3. Buch Moses, dem Leviticus, Anweisungen über den Umgang mit Aussätzigen gegeben. Hinter den Worten Aussatz oder Ausschlag verbargen sich damals so verschiedene Krankheiten wie Impetigo, Vitiligo, Psoriasis und Lepra. Die Priester urteilten darüber, ob es sich bei einer Erkrankung um Aussatz handelte und der betroffene Patient damit ›unrein‹ war. Ähnlich funktionierte im Mittelalter die Aussatzschau, der neben Ärzten auch Insassen von Leprosorien angehören konnten. Es kam auch vor, daß Mitbürger wie auch Psoriasiskranke ungerechtfertigt des Aussatzes verdächtigt wurden. 1574 argumentierten die Professoren in Köln gegen das Urteil der Laienbewohner eines Leprosoriums mit den Worten, daß eine *solche hohe sach, domit ein mensch der gemein und etwo seiner wolfart verwisen solt werden, bilicher naech altem brauch professioni medicaea als slechten idioten solt commitiert werden.* Mit Robert Wilan (1757–1812) zog der Geist der Aufklärung und der systematischen Schilderung in die Dermatologie ein. In seinem Werk *On cutaneous disease* (1808) publizierte er die erste klar definierte Beschreibung der Psoriasis mit detaillierten Darstellungen der verschiedenen klinischen Varianten wie z.B. tropfenförmige, bogenförmige und landkartenartige Herde. Obwohl Wilans Werk das begriffliche Chaos der Dermatologie beendete, gelang auch ihm keine klare nosologische Trennung zwischen Psoriasis vulgaris und Lepra. Diese Trennung wurde erst durch Ferdinand von Hebra vollzogen.

Die genauen Ursachen der Psoriasis sind bis heute weitgehend unbekannt. Einigkeit besteht über eine erbliche Veranlagung, die über verschiedene Auslosefaktoren (z.B. Infektionen, mechanische Reize usw.) zum Vollbild der Erkrankung führen. Bisher sind mehrere potentielle Genorte definiert worden; es handelt sich also höchstwahrscheinlich um eine polygenetische Erkrankung,

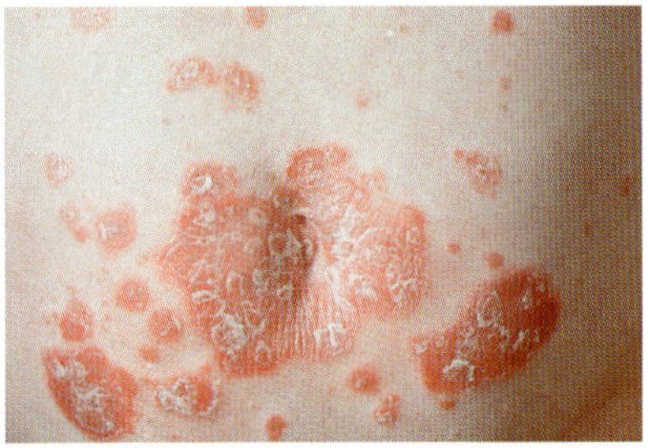

Psoriasis vulgaris (Schuppenflechte) – scharf begrenzte gerötete und stark schuppende (erythematosquamöse) Plaques im Bereich des Bauchnabels

wobei immer noch kein definiertes Psoriasisgen bekannt ist. Die Suche nach einem solchen Gen läuft auf vollen Touren und ist u.a. auch Gegenstand des europäischen Forschungsnetzwerkes EUNIPPSO *(European Union Network for the Investigation of the Pathogenesis of Psoriasis),* an dem die Zürcher Dermatologische Klinik maßgeblich beteiligt ist. Weiterhin wichtig scheint ein fehlgeleitetes Immunsystem zu sein. Dessen Effektorzellen (T-Zellen und ihre Aktivatoren, sogenannte dendritsche Zellen) sind maßgeblich an der Entstehung eines Psoriasisherdes beteiligt. Dies zeigt sich unter anderem eindrucksvoll an der Wirksamkeit von immunsupprimierenden Substanzen wie Cyklosporin A in der Behandlung.

Psoriasis kann von einer leichten Schuppung und Rötung der Kopfhaut oder der Ellbogen bis zum Befall der gesamten Haut unter Einbezug und Zerstörung der Gelenke reichen. In der Diagnostik steht die klinische Präsentation mit typischem Befallsmuster (Streckseiten der Extremitäten, Kopf, Bauchnabel, sakral) und typischer Morphologie (symmetrische, scharf begrenzte rötliche infiltrierte Herde mit silbrigweißer Schuppung) an erster Stelle. Eine positive Familienanamnese kann weitere Hinweise liefern. Obwohl Psoriasis weder ansteckend noch bösartig ist, reagiert die Umwelt oft mit Ausgrenzung, die Betroffenen mit Rückzug aus dem öffentlichen Leben. Die Lebensqualität von Psoriasis-Patienten kann so schwer beeinträchtigt sein wie diejenige von Patienten mit schweren Tumorerkrankungen oder Herz-Kreislauferkrankungen.

Die wichtigste Einsicht in der Behandlung der Psoriasis ist, daß zwar sehr gut behandelt, aber nicht geheilt werden kann. Wichtig ist eine erstklassige Körperpflege mit rückfettenden Salben und Bädern sowie das Vermeiden von potentiellen Auslösefaktoren wie z.B. der Verwendung eines Kammes zur Entfernung von Kopfhautschuppen, wodurch über einen sogenannten Köbnereffekt die Psoriasis verschlimmert werden kann. Milde Formen können relativ einfach mit abschuppenden Maßnahmen und der Verwendung von Vitamin-D- sowie Vitamin-A-Salben und -Gelen behandelt werden. Kurzfristiger wohldosierter Einsatz von lokalen Steroidsalben ist ebenfalls gerechtfertigt. Mittelschwere Formen werden durch zusätzliche Anwendung von UV-Lichttherapie kontrolliert. Dabei ist insbesondere die Balneophototherapie, einer Kombination von Meersalzbädern oder Psoralenbädern mit UV-Lichttherapie zu erwähnen. Schwere, wiederholt rückfällige, therapieresistente Formen werden mit stationärer Therapie und/oder systemischer Verabreichung von Retinoiden und immunsuppressiven Medikamenten wie Methotrexat und Cyklosporin A, allenfalls Fumarsäure behandelt.

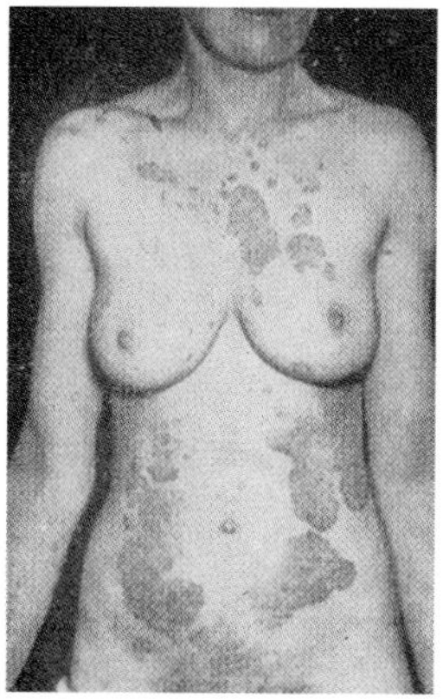

Landkartenartig scharf begrenzte Psoriasis vulgaris, vor Behandlung mit Cignolin

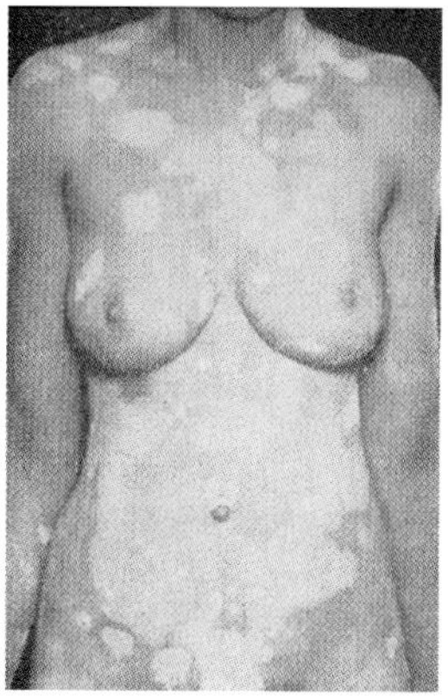

Gleiche Patientin wie oben, nach Behandlung mit Cignolin in Kombination mit ultraviolettem Licht nach dem Ingram-Schema. Die abgeheilten Psoriasisherde kontrastieren negativ mit der umgebenden Haut.

Das Haar im Spiegel der Geschichte

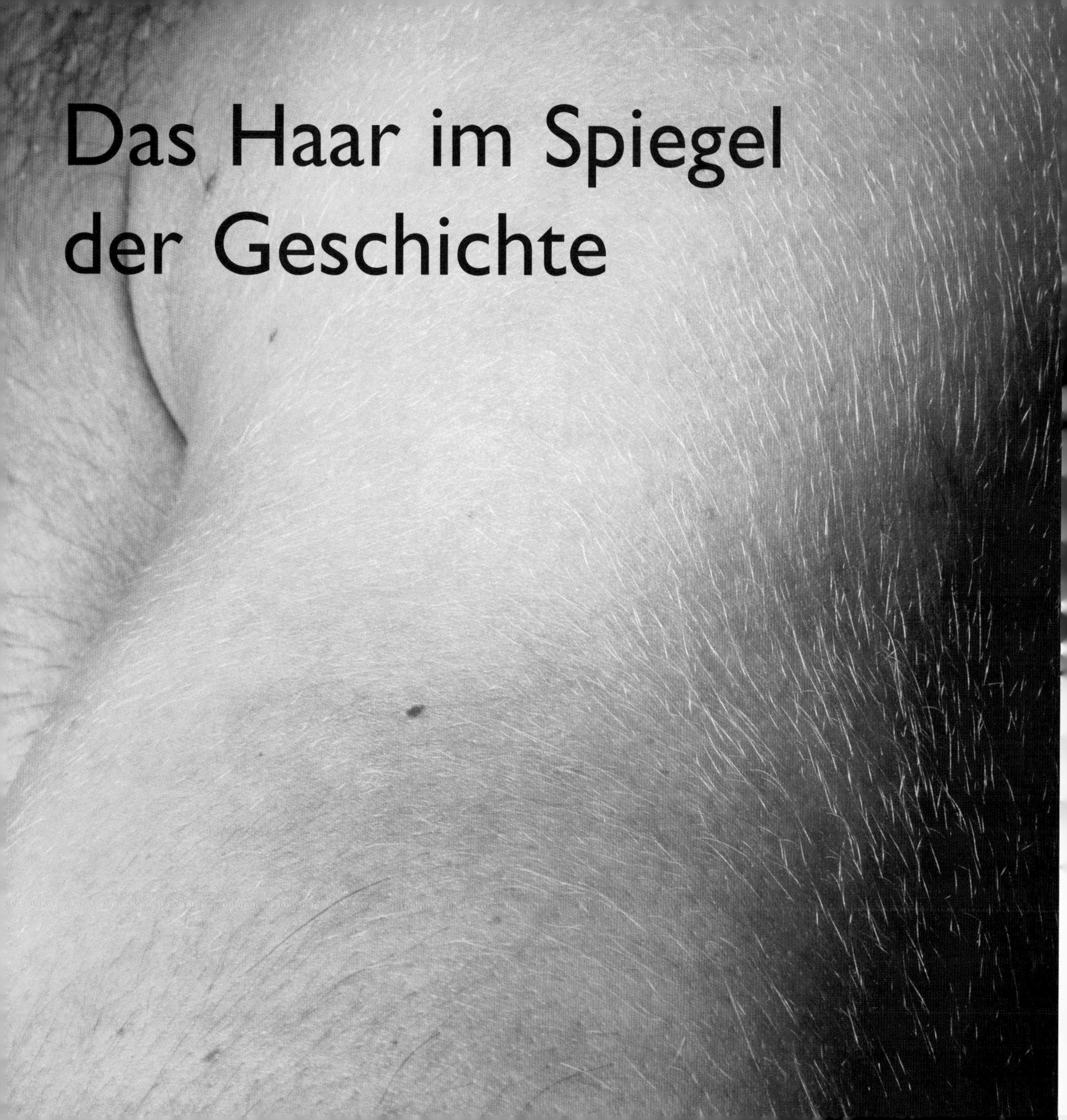

Das Haar im Spiegel der Geschichte

Ralph M. Trüeb

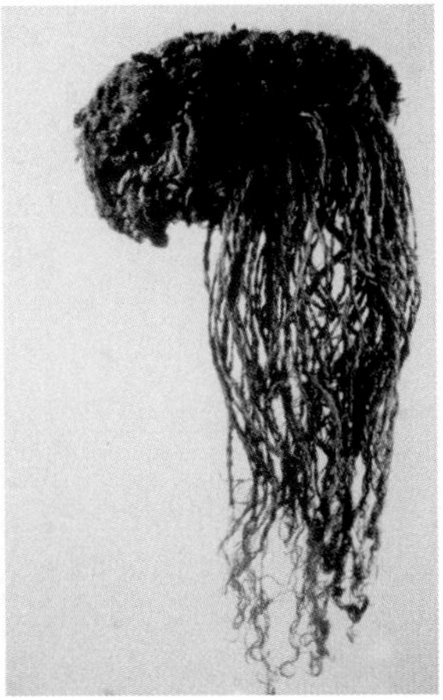

Altägyptische Perücke

Mein Herz ist erneut erfüllt mit
Deiner Liebe,
obwohl meine Schläfe nur mehr
zur Hälfte mit Haar besetzt ist.
Ich laufe, um Dich aufzusuchen…
O weh, es hat sich aufgelöst.
Pah! Ich setze eine Perücke auf
und werde immer bereit sein.
Papyrus Harris

Im Zuge der entwicklungsgeschichtlich bedingten Rückbildung des menschlichen Haars ist dessen Bedeutung als soziales Kommunikationsorgan mit nonverbaler Signalfunktion gegenüber den physiologischen Schutzfunktionen in den Vordergrund getreten. Die hohe Wertigkeit, die der Kopfbehaarung eingeräumt wird, ist soziokulturell tief verankert und wurzelt im Psychologischen, wobei mit den Haaren magische Vorstellungen mit Symbolcharakter sowie Schönheitsideale verknüpft werden. Der Stellenwert des Haars ist sowohl an den Haartrachten über die Jahrhunderte und Landesgrenzen hinweg zu erkennen als auch an medizinhistorischen Zeugnissen.

Erste Zeugnisse der psychosozialen Bedeutung des Kopfhaars sowie der Bemühungen, Haarverlust zu verhindern, wieder rückgängig zu machen oder zu ersetzen, können bis in das zweite Jahrtausend v. Chr. zurückverfolgt werden.

Dem hohen Kulturstand Ägyptens und seinen besonderen klimatischen Bedingungen ist zu verdanken, daß eine große Zahl schriftlicher Dokumente erhalten geblieben sind, die neben religiös-magische auch medizinische Themen beinhalten. Die ägyptischen Ärzte untersuchten die Kopfhaut und ihre Erkrankungen und verfügten über eine reichhaltige »Dreckapotheke« externer Anwendungen, die allerdings der Kosmetik und Magie näherstanden als der Medizin. Faktisch beschränkten sich die Maßnahmen auf das Tragen von Perücken oder Kopfbedeckungen.

Mit Hippokrates von Kos (460–377 v. Chr.) zeichnete sich in der altgriechischen Medizin und nachfolgend auch in der des Abendlandes eine entscheidende Wende ab: Hippokrates läuterte die Medizin vom Magisch-Religiösen und orientierte sich an der Krankenbeobachtung. In der hippokratischen Schriftensammlung finden sich zahlreiche Krankheiten beschrieben, deren Namen sich zum Teil bis heute nicht geändert haben, u.a. der Begriff »Alopezie« von griechisch αλώπηξ, Fuchs, bzw. den herdförmigen Kahlstellen räudiger Füchse. Hippokrates gestaltete auch die Therapeutik um und ließ sich von hygienischen Prinzipien leiten. Die Unterscheidung zwischen Äußerem und Innerem des Menschen, zwischen Ästhetischem und Körperlich-Funktionalem, wie sie für die Neuzeit typisch ist, war der griechischen Antike fremd. Es gab noch keine Trennung zwischen Medizin und Kosmetik. Hippokrates überlieferte in seinem *Corpus Hippocraticum* dementsprechend eine umfangreiche Sammlung kosmetischer Rezepturen.

Die Linie hervorragender griechischer Ärzte wurde durch die Invasion der Mazedonier unter Philipp II. unterbrochen. Und zur Beziehung von Männlichkeit und Glatze hielt Aristoteles (384–322 v.Chr.) in jener Zeit fest:

Unter allen Lebewesen sind es die Menschen, die am auffälligsten kahl werden… und niemand wird dies vor der Aufnahme des Geschlechtsverkehrs und… wer von Natur aus zu diesem neigt, wird kahl. Frauen werden nicht kahl, weil ihre Natur der von Kindern gleicht, beide können kein Sperma erzeugen. Auch Eunuchen werden wegen ihrer Umwandlung in den weiblichen Zustand nicht kahlköpfig.

Das Hauptverdienst Aristoteles' war weniger sein naturwissenschaftliches Werk als die Begründung der Logik als Lehre. Daß sich damals die experimentelle Forschung verglichen mit dem Höhenflug spekulativen Denkens im Rückstand befand, hängt mit der antiken Gesellschaftsordnung zusammen, in der die physische Arbeit den Sklaven überlassen blieb, und Gebildete kaum in unmittelbare Berührung mit den technischen Herstellungsprozessen kamen.

Nach dem Tod Alexanders des Großen übernahm in Ägypten Ptolemäus die Macht und erweckte mit seiner Dynastie den Hellenismus zu neuer Blüte: Das Studium der Medizin wurde wiederaufgenommen und in ihm vereinten sich die Prinzipien der ägyptischen und der griechischen Heilkunde. Einer der profiliertesten Ärzte dieser Schule war Galen von Pergammon, der in Alexandria studierte und dann nach Rom ging und Leibarzt des Philosophenkaisers Marcus Aurelius wurde. Sein Werk bildete den zweiten Höhepunkt der altgriechischen Medizin, und sein Einfluß sollte noch fünfzehn Jahrhunderte später spürbar sein. In seiner Humorallehre der Körpersäfte und ihrer Wirkungen im menschlichen Gesamtorganismus klingt ein erster Gedanke der Endokrinologie an. Galen vermutete acri volatili als Ursache von Haarausfall, was heute sinngemäß als Umweltverschmutzung übersetzt werden dürfte. Der altrömische Aberglaube, daß in die Atmosphäre freigesetztes Schlangengift zu Haarverlust führen würde (Quinto Samonica. *Liber Medicinalis.* 211 n.Chr.), stand dieser Vorstellung nahe. Bemerkenswerterweise wurde diese Ansicht 1626 am Symposium *De capelli e peli* in Siena wieder aufgegriffen und *miasmi pestiferi* als Ursache von Haarausfall angeschuldigt, eine Ansicht, an der bis heute irrationale Kreise festhalten, die ihre diagnostischen und therapeutischen Bemühungen bei Haarausfall an wissenschaftlich nicht haltbaren Praktiken der ›Haaranalyse‹ und ›Entgiftung‹ orientieren.

Galens blendende Karriere in Rom läßt das hohe Ansehen der griechischen Medizin im alten Rom erkennen: Bereits zu Kaiser Augustus' Zeiten hatte Aulus Cornelius Celsus (30 v.Chr. bis 50 n.Chr.) eine Enzyklopädie der griechischen Medizin kompiliert und im Kapitel *De capillis fluentibus* manche Haarkrankheiten so meisterlich beschrieben, daß man ihnen seinen Namen beilegte, u.a. Kerion Celsi (eine Pilzerkrankung der Kopfhaut), Area Celsi (kreisrunder Haar-

Aristoteles mit seinem Lehrer Platon

Es verwirren den Menschen nicht Dinge, sondern Meinungen über Dinge.
Epiktet

ausfall) und Ophiasis Celsi (Variante des kreisrunden Haarausfalls mit Befall des Hinterkopfs und Neigung zu Chronizität).

Im Zuge der Verschmelzung von Weltanschauungen und Kulturen im spätantiken Abendland gewann das Christentum die Oberhand. Die Leibfeindlichkeit der Kirchenväter wirkte sich auf die kosmetisch ausgerichtete Medizin aus: Sie verlor an Bedeutung. Und als das weströmische Kaiserreich dem Ansturm der Barbaren unterlag, waren politisches Chaos und Machtkämpfe zwischen religiösen und politischen Doktrinen ein schlechter Nährboden für naturwissenschaftliche Forschung. Nur in den Klöstern war geistiges Schaffen noch lebendig, wenn auch mit wenig Originalität: Man beschränkte sich darauf, alte Manuskripte abzuschreiben, zu übersetzen und zu kommentieren. Zwar errichteten die Klöster erstmals auch Krankensäle, doch standen sie anfänglich eher im Dienste der Hilfe am Nächsten als der Medizin. Dieser geistlich-geistigen Konstellation entsprangen auch charakteristische haarkosmetische Gewohnheiten: Die Tonsur der Mönche galt als Zeichen der Demut und ihrer Öffnung für das Göttliche zugleich.

Angesichts der Unzulänglichkeit klösterlicher Medizin gründeten klerikale und weltliche Ärzte zusammen im 9. Jahrhundert die erste medizinische Akademie – in Salerno, auf dem Gebiet der ehemaligen Graecia magna. Doch noch immer wurden Medizin, Pharmazie und Kosmetik als zusammengehörende Wissensgebiete aufgefaßt und gelehrt.

Erst mit dem Erkenntniszuwachs und der allmählichen Entwicklung eines neuen Wirklichkeitsverständnisses in der Renaissance vollzog sich eine Trennung der Fächer. Der Mensch rückte in den Mittelpunkt des Interesses, und die Argumentation richtete sich nunmehr nach der eigenen Beobachtung und nicht nach autoritativen Texten. Erstmals unterschied Henri de Mondeville (um 1260 – um 1320) zwischen krankhaften Veränderungen der Haut, die medizinischer Therapien bedürfen, und verschönernden Behandlungen, die sich kosmetischer Mittel bedienen. Durch genaue Beobachtung kam auch die Dermatologie voran; damit erzielte Fortschritte waren nicht zuletzt ein Verdienst der Wundärzte, die oft weder Latein noch Griechisch beherrschten, aber mit gesundem Menschenverstand und kritischem Blick begabte Männer der Praxis waren. Einer von ihnen, Ambroise Paré (um 1510–1590), Arzt am Hofe der Valois-Könige in Frankreich, schrieb über Erkrankungen des Haarbodens und Haarausfall. Trotz zahlreicher Fehden mit zeitgenössischen Ärzten, die ihn u.a. des Giftmordes an François II. bezichtigten, wurden seine Schriften wohlwollend aufgenommen und noch zu seinen Lebzeiten ins Lateinische übersetzt. Als wichtiger Vertreter der deutschen Medizin dieser Epoche und letzter Alchimist des ausgehenden Mittelalters sei Paracelsus (1493–1541) erwähnt, der die Iatrochemie begründete, eine Frühform der Chemie im Dienste der Medizin.

Im 16. Jahrhundert, dem »Jahrhundert der Anatomie«, entstanden die reinen Wissenschaften: In der Auseinandersetzung mit den Lehren Galens begründete Andreas Vesal (1514–1564) mit seinem 1543 veröffentlichten Werk *De humani corporis fabrica* die moderne Anatomie des Menschen; die Erfindung des Mikroskops um 1590 eröffnete der Forschung neue Möglichkeiten.

Im Zeitalter der Aufklärung legte René Descartes (1596–1650) in seinen *Discours de la méthode* die Grundlagen zum rationalen wissenschaftlichen Denken. Es brach eine Zeit an, in der man sich um eine nosologische Klassifikation der Haut- und Haarkrankheiten bemühte, »so wie es die Botaniker in ihren Herbarien und Schriften zu tun pflegen« (Thomas Sydenham, 1624–1680), und zwar nach ihren äußeren Merkmalen (Robert Willan, 1757–1812; Thomas Bateman, 1778–1821) sowie nach ihren Ursachen und klinischen Entwicklungen (Jean-Louis Alibert, 1766–1837). Gleichzeitig wurden die ersten dermatologischen Werke mit Farbabbildungen geschaffen.

Die Kosmetik war indessen nicht im modernen Sinn verwissenschaftlicht: Ihr haftete noch viel Mysteriöses an, sie war von abergläubischen Praktiken durchdrungen und stand der Alchimie mit ihren toxikologischen Risiken nahe.

1837 entdeckte der Zoologe Agostino Bassi bei der Seidenraupe den Fadenpilz Botrytis. Davon inspiriert, untersuchte Johann Lukas Schönlein den Favus näher und fand heraus, daß dessen Erreger ebenfalls ein Fadenpilz war. Seit der Entdeckung der ersten Hautpilze richtete sich die Aufmerksamkeit der Mediziner auf die Welt des mikroskopisch Kleinen. Nachdem Louis Pasteur 1880 das erste Bakterium der Gattung Staphylokokkus im Eiter eines Furunkels aufspürte, entwickelte sich auch die Bakteriologie, und die Grundlagen zur Diagnose und Therapie mikrobieller Haarbodenerkrankungen waren nunmehr gegeben. In Wien wiesen Ferdinand von Hebra und Moritz Kaposi auf den Zusammenhang zwischen Seborrhöe (Überfettung), Kopfschuppen und Alopezie (Haarverlust) hin. Malassez' Entdeckung von Pityrosporum ovale (1874) und Elliotts und Merrills Nachweis dieses Keims bei Kopfschuppen (1895), veranlaßte – unter anderen – Raymond J.A. Sabouraud, Leiter des Laboratoire des teignes de la Ville de Paris, die Rolle dieser Hefepilze bei der Entstehung der männlichen Glatze überzubewerten – ein Fehlkonzept, das noch unlängst zahlreiche Befürworter finden sollte.

Es haben aber die Haare nicht einerley Benennung. Man nennt die auf dem Haupte capillos und crines; und zwar bey dem männlichen Geschlecht caesariem, bei dem weiblichen aber comam, die an den Augenbrauen Supercilia; an den Augenlidern cilia; ...am Kinn und den Wangen, barbam; ...an den Schamtheilen pubem; die Milchhaare, welche bey anbrechender Mannheit hervorkeimen lanuginen...

Ledermüller, 1761

René Descartes

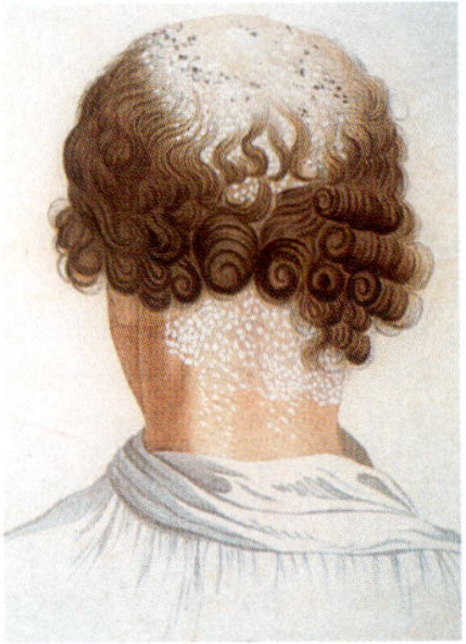

Herpès furfureux volatil *(fortgeschrittene androgenetische Alopezie mit Kopfschuppen) – Handzeichnung aus dem Werk von Jean-Louis Alibert*

Verbrenne einen ganzen Fuchskopf, lege grüne Eidechsenköpfe in Leinöl und mache mit diesem Öl jenes Pulver an, wo du die Salbe hinschmierst, wird Haar wachsen.
Lammert, 1869

Nach Aristoteles wies erst wieder Hamilton 1942 aufgrund von Untersuchungen an kastrierten Männern auf die Rolle von Testosteron in der Entstehung der männlichen Glatze (androgenetische Alopezie) hin. Die Beschreibung einer ungewöhnlichen Form des inkompletten männlichen Pseudohermaphroditismus (Zwitter) durch Imperato und McGinley und ihre Mitarbeiter warf 1974 neues Licht auf die Entstehungsbedingungen der androgenetischen Alopezie: Betroffene Männer mit angeborenem Mangel am Enzym 5α-Reduktase werden mit einem dem weiblichen Genitale nahestehenden indifferenten Genitale geboren und deshalb zunächst als Mädchen angesehen, bis sich mit Ansteigen des Testosteronspiegels in der Pubertät die männlichen Geschlechtsmerkmale normal ausbilden. Diese Männer entwickeln keine androgenetische Alopezie. Damit konnte gezeigt werden, daß nicht Testosteron, sondern Dihydrotestosteron, das via 5α-Reduktase aus Testosteron gebildet wird, für die Ausbildung der androgenetischen Alopezie verantwortlich ist. So bot sich erstmalig über die pharmakologische Blockade der 5α-Reduktase die Möglichkeit einer rationalen Behandlung der androgenetischen Alopezie des Mannes an, ohne Beeinträchtigung der sekundären männlichen Geschlechtsmerkmale und Sexualfunktionen. Zwischen 1995 und 2000 wurden anhand von multizentrisch durchgeführten kontrollierten klinischen Studien mit dem 5α-Reduktase-Hemmer Finasterid auch die Wirksamkeit und das Sicherheitsprofil einer solchen Behandlung nachgewiesen.

Seit der Einführung des Begriffs der Zellularpathologie durch Rudolf Virchow und der Beschreibung der mikroskopischen Anatomie des Haarfollikels durch Gustav Karl Simon (1810–1857) richtete sich das Augenmerk auf die dynamische Anatomie des Haarfollikels: Trotter identifizierte 1924 den Haarwachstumszyklus und Van Scott und seine Mitarbeiter führten 1957 die morphologische Haarwurzeluntersuchung (Trichogramm) ein. Technische Errungenschaften wie Elektronenmikroskopie und Difraktionsradiographie, Fachgebiete wie Zellularbiologie und Immunologie, sowie die Fortschritte der Entwicklungsbiologie, Molekularbiologie und Genetik haben zu einer sich überstürzenden Flut neuer Erkenntnisse in der Haarbiologie geführt.

Zentrales Thema der aktuellen Haarforschung ist die Entschlüsselung der molekularen Grundlagen des zyklischen Haarwachstums. Nachdem seit den sechziger Jahren in Transplantations- und Gewebsrekombinationsstudien die groben Charakteristika der zellulären Vorgänge, die zur Entstehung des Haars führen, untersucht wurden, richtet sich nunmehr die Aufmerksamkeit auf die Identifikation löslicher Faktoren (Adhäsionsmoleküle, morphogene Proteine, Wachstumsfaktoren, Zytokine, Hormone, Neuropeptide) eines komplexen Signalsystems, an dessen Ende Haarwachstum steht. Neben der Erforschung der Biologie des Haarwachstums und ihrer therapeutischen Beeinflußbarkeit durch Hormone, andere Signalmolekülen und Pharmaka sind die Lokaltherapie von Haarausfall, die bis heute unbefriedigend ist, und die Entwicklung geeigneter Transportsysteme mit ausreichender Selektivität für die Haarwurzel von großer Bedeutung.

Nachdem das Haar lange Stiefkind der medizinischen Forschung war – gleichsam nur Thema einer kosmetisch orientierten Medizin mit historisch begründeten unscharfen Grenzen zu magisch-irrationalem Denken und Scharlatanerie –, sehen wir mit den jüngsten Fortschritten der modernen Wissenschaften einer Zeit angewandter rationaler Technologien entgegen.

Galten Haarwuchsmittel noch bis vor kurzem als unseriös, führen aktuelle Fortschritte der medizinischen Forschung nun zur Emanzipation der trichologischen Therapie von der reinen Kosmetik und Scharlatanerie. Von Haarbehandlungen werden heute eine rationale Grundlage und ein Wirksamkeitsnachweis in quantifizierbaren kontrollierten klinischen Studien gefordert. Allerdings droht die moderne Kosmetikindustrie, die an medizinisch wirksamen Kosmetika, aber auch an Lifestyle-Medikamenten mit kosmetischem Nutzen interessiert ist, erstmals seit Henri de Mondevilles die Grenzen zwischen Medizin und Kosmetik wieder zu verwischen.

Die sozioökonomische Bedeutung der Haarkosmetikindustrie, wie moderne sozialpsychologische Studien aufzeigen, zeugt vom hohen Stellenwert, der der Haarpflege eingeräumt wird. Die Verbindung von schönen Haaren und sozial begehrten Eigenschaften wie Jugendlichkeit, Modebewußtsein, Erfolgsorientierung und erotische Attraktivität ist in der modernen Gesellschaft offensichtlich und ein bedeutendes Element vieler Bereiche des öffentlichen Lebens. Wie das Haar aussieht und getragen wird, dient nicht zuletzt der selbstwahrnehmbaren physischen Attraktivität und Stärkung des Selbstwertgefühls. Das Aussehen der Haare bzw. die Haarpflege als Bestandteil des *body image* bzw. der ganzheitlichen Körperpflege werden interindividuell unterschiedlich gewichtet. Wie wichtig Haare bewertet werden, hängt unmittelbar mit dem Lebensstil, dem persönlichen Selbstverständnis und bestimmten psychologischen Persönlichkeitsmerkmalen zusammen.

Menschen mit Haarproblemen – so belegen sozialpsychologische Studien – leiden an verminderter Lebensqualität, weswegen sie am häufigsten den Friseur um Rat fragen oder sich entschließen, den Arzt aufsuchen. Gleichzeitig werden

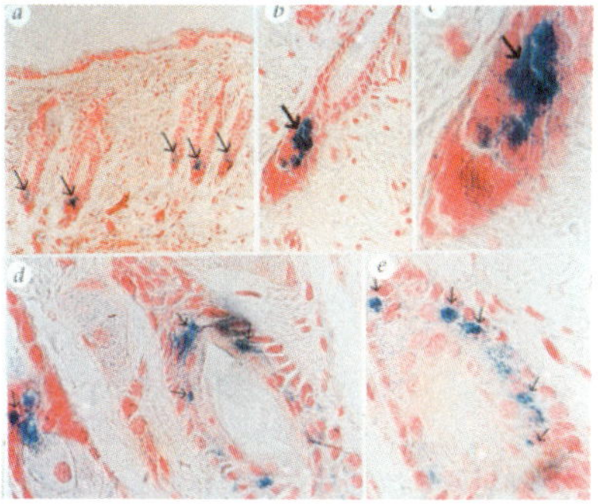

Gen-Expression (nach liposomalem Transfer) von Beta-Galaktosidase (Blaufärbung in der Immunhistochemie) nach Übertragung des sog. LacZ. Gens

Der Haarfollikel, ein in sich geschlossener Mikrokosmos, an dem sich so grundlegende Vorgänge wie Geburt, Leben, Krankheit und Tod beispielhaft studieren lassen.

Rothman

Ah! Such are the lures of the toilet
that none will for long hold aloof from them
Cosmetics are not going to be a mere prosaic
remedy for age and plainness,
but all ladies and all young girls will come
to love them.

Max Beerbohm.
A Defence of Cosmetics, *1894*

Modernes Werbemotiv der pharmazeutischen Firma Procter & Gamble

Die Stellung des Haars in der Öffentlichkeit des ausgehenden 20. Jahrhunderts

sie in ihrer Meinung, wie gesundes, schönes Haar auszusehen hat, durch Film und Werbung beeinflußt und erhalten über die Medien eine Fülle von Informationen zu Haarproblemen und ihrer Behandlung. Solche Informationen erheben zwar einen medizinisch-wissenschaftlichen Anspruch, sind aber nicht immun gegen Marketingstrategien der Industrie und gegen die Propaganda irrationaler Praktiken.

Hilfe bei der Bewältigung von Haarverlust bieten nicht nur die Medizin und medizinische Therapien, sondern auch andere Informationsquellen. Dem Friseur kommt im Umgang mit Haarproblemen deshalb eine besondere Verantwortung zu, die er mit entsprechenden Ausbildungsqualifikationen wahrzunehmen hat. Neben der handwerklichen, der kundenorientierten kreativen und der psychologischen Kompetenz braucht er darum auch trichologisches Fachwissen, um die wichtigsten medizinischen Haarprobleme bzw. die Grenzen der eigenen Möglichkeiten zu erkennen, und Kooperation mit dem Hautfacharzt.

Da Haarverlust kein vitales medizinisches Problem darstellt, werden damit verbundene Klagen von vielen Ärzten zu Unrecht heruntergespielt und heutzutage durchaus vorhandene wirksame therapeutische Optionen nicht angewandt. Der zeitgemäße Arzt, Dermatologe, sollte vielmehr dem Abklärungs- und Behandlungswunsch seiner Patienten mit Respekt und medizinischer Kompetenz begegnen und diese nötigenfalls als ›Spezialisten der eigenen Krankheit‹ in den Abklärungs- und Behandlungsplan integrieren. Es ist jedoch im Sinne der Qualitätssicherung wichtig, daß er sich dabei an einer evidenzbasierten Medizin und den Empfehlungen wissenschaftlicher Arbeits- und Spezialistengruppen orientiert sowie – im Einvernehmen mit dem Patienten – jede Form irrationaler Verfahren ablehnt.

Schwitzsucht und Körpergerüche

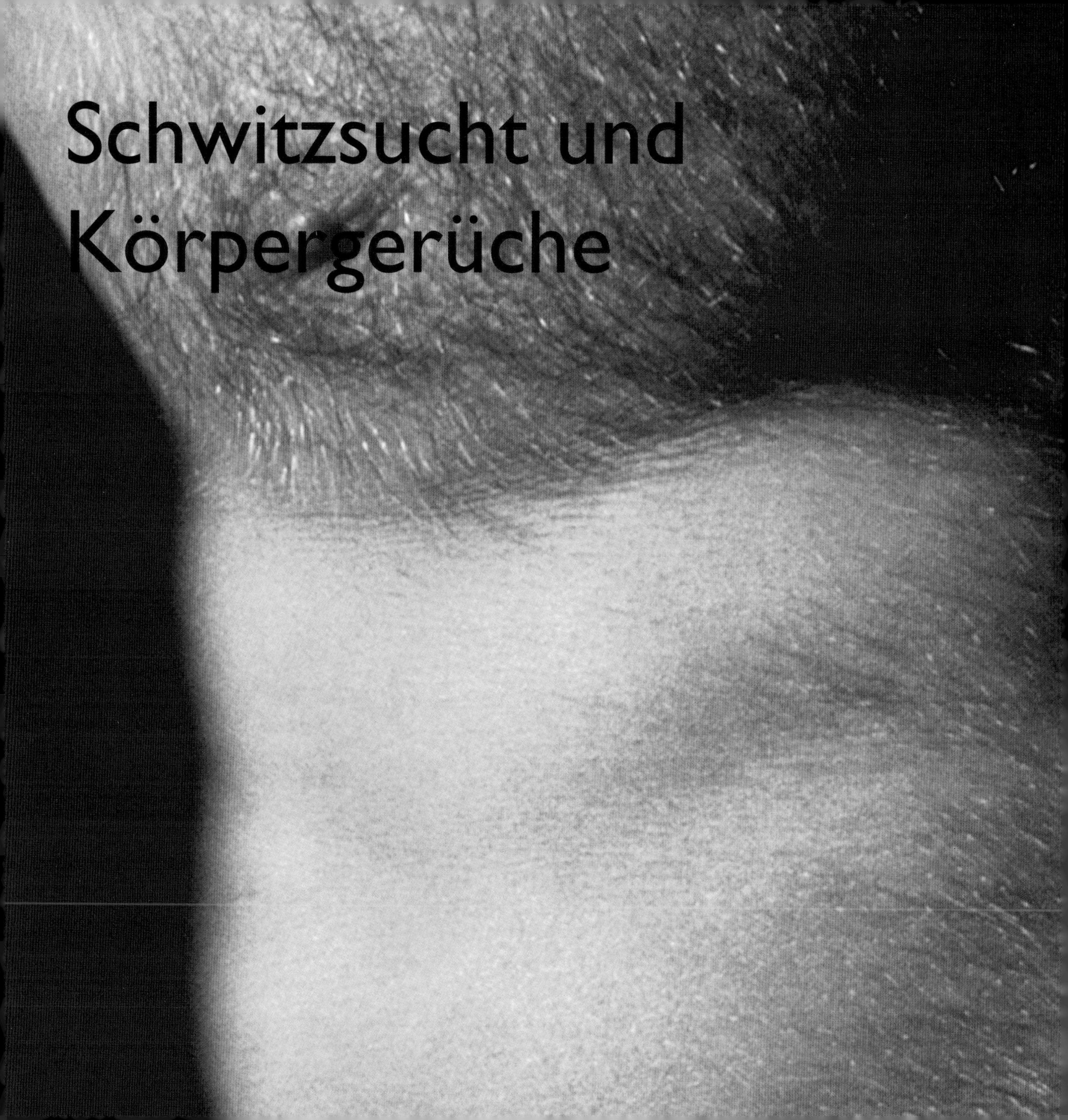

Schwitzsucht und Körpergerüche

Oliver Ph. Kreyden

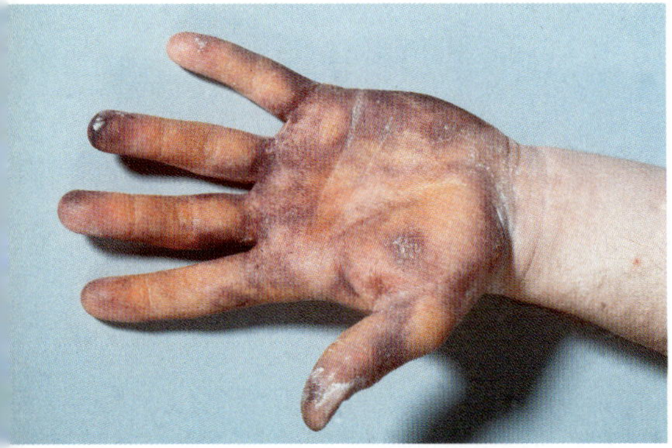

Die palmare Hyperhidrose visualisiert durch den sogenannten Iod-Stärke-Test. Dabei färbt sich das hyperhidrotische Areal nach Auftragen einer Jodlösung und nachfolgender Bestäuben mit Stärkepulver violett an.

Fische oder Reptilien sind poikilotherme Wesen – sie bilden nur geringe Wärme, ihre Körpertemperatur liegt nur wenig über die der Umgebung und folgt deren Schwankung. Der Mensch hingegen muß eine konstante Körpertemperatur (homoiotherm) aufrechterhalten – dazu ist neben der Regulation der Gefäßweitenstellung das Schwitzen eine wichtige Voraussetzung.

Über die ganze Hautoberfläche verteilt besitzt der Mensch circa drei Millionen Schweißdrüsen. Besonders dicht finden sie sich an den Handflächen, Fußsohlen, axillar sowie im Bereiche der Stirne. Daß in der Regel nur fünf Prozent von ihnen aktiv sind, verdeutlicht ihr enormes Potential. Eine exakte Definition der Hyperhidrose (übermäßige Schweißabsonderung) fällt schwer, da die Grenze zwischen physiologischem Schwitzen – beispielsweise bei Anstrengung oder warmer Umgebungstemperatur – und dem pathologischen Zustand unscharf ist. Eine Schweißsekretion, die über das Maß zur Aufrechterhaltung einer konstanten Körpertemperatur hinausgeht, dürfte einer exakten Definition wohl am nächsten kommen. Eine Hyperhidrose kann für den betroffenen Patienten in mehrfacher Hinsicht ein Problem darstellen.

Einerseits ist er durch seinen vermehrten Körpergeruch, aber auch durch seinen unangenehmen feuchten Händedruck in seinem sozialen Gefüge beeinträchtigt: Schwitzen tun wir alle, aber die Gesellschaft lehrt uns, dies möglichst sorgfältig zu überdecken; zudem verbinden wir nasse Hände mit Unsicherheit und Insuffizienz, weswegen der Betroffene auch in seinem beruflichen Leben häufig nicht ernst genommen werden. Andererseits kommen technische Probleme hinzu, wie beispielsweise das Verschmieren von Architekturplänen oder das Anrosten von Zahnrädern bei Uhrmachern. Und schließlich finden sich bei Patienten mit Hyperhidrose öfter somatische Leiden – wie Fußpilz oder Warzen – aber auch überdurchschnittlich häufiger Erkältungen, da die Patienten auch bei Kälte schwitzen.

Die Behandlung der Schwitzsucht und des Malodors

Haben wir heutzutage den üblen Körpergeruch durch tägliches Duschen und die Anwendung potenter Deodorants mehrheitlich im Griff, stellte die effiziente Behandlung des übermäßigen Schweißflusses noch bis vor wenigen Jahren ein großes Problem dar. Der säuerlich beißende Achselgeruch ist das Produkt einer bakteriellen Zersetzung der Exkretionsprodukte der ekkrinen und apokrinen Schweißdrüsen, der Talgdrüsen sowie abgeschilferten Hautschuppen. Viele Anzeichen weisen darauf hin, daß der unangenehm abstoßende Malodor bei der Partnerwahl auch eine konkrete Funktion hat.

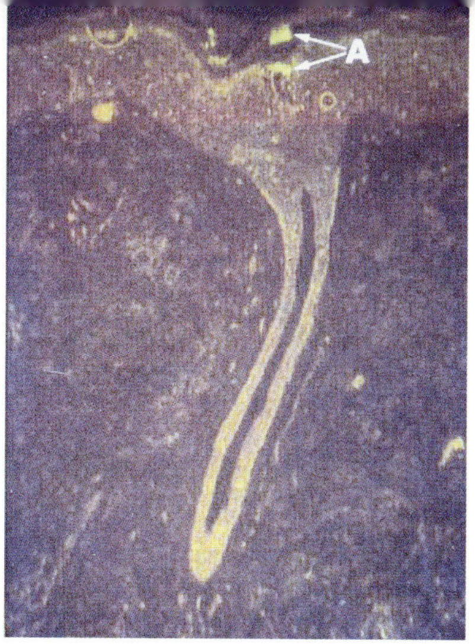

Nach Auftragen einer aluminiumchloridhaltigen Lösung bildet sich durch langsame Neutralisation der sauren Metallsalze eine amorphe Masse im Oberhautgewebe (Epidermis), die den Schweißdrüsenausführungsgang verlegt.

Um die Jahrhundertwende des letzten Jahrhunderts kam das erste Antitranspirans in Form einer zinkoxidhaltigen Creme in Amerika auf den Markt. Das erste aluminiumsalzhaltige Produkt wurde ab 1913 hergestellt. Während das Deodorant durch Parfumstoffe und antimikrobielle Zusatzstoffe eine Geruchsmodifikation erzielt, bewirken Antitranspirantien eine Verminderung der Schweißproduktion durch Verlegung der Schweißdrüsenausführungsgänge.

Das Prinzip der Schweißdrüsenverlegung wird nicht nur mit den Aluminiumsalzen durch Bildung eines hydroxidhaltigen Gels, sondern auch bei der sogenannten Iontophorese verfolgt. Dabei werden meist Hände und/oder Füße in Leitungswasser gebadet. Durch das Bad wird schwacher Gleichstrom geleitet, gerade soviel, daß der Anwender ein leichtes Kribbeln verspürt. Durch eine tägliche etwa zehnminütige Badetherapie verkleben die Ausführungsgänge der Schweißdrüsen. Sowohl die Aluminiumchlorhydroxid-Applikation als auch die Leitungswasser-Iontophorese wird nach einer initial täglichen Anwendung in der Folge nur noch bei Bedarf circa zwei- bis dreimal pro Woche durchgeführt. Konnten mit diesen Maßnahmen die Hyperhidrose nicht adäquat eingedämmt werden, standen bis vor kurzer Zeit nur noch operative Alternativen zur Verfügung, insbesondere die Exzision der axillären Schweißdrüsen resp. die videoassistierte Durchtrennung des thorakal gelegenen Sympathikusstranges zur Behandlung der palmaren Hyperhidrose.

Botulinumtoxin – das Gift mit dem Segen

Seit wenigen Jahren steht eine neue Therapieform der Hyperhidrose zur Verfügung. Botulinumtoxin, das stärkste bekannte Nervengift, war vor allem im 18. Jahrhundert wegen der meist tödlich verlaufenden Lebensmittelvergiftung, den Botulismus, gefürchtet. Durch das exakte Studium der Symptome von Patienten, die an Botulismus erkrankt waren, wurde später das vorhandene positive Potential abgeleitet.

Das Gift lähmt vor allem die Muskulatur, aber auch den Speichel- und Schweißfluß. In maximal verdünnter Form und geringen Mengen gespritzt, kann das Toxin als Medikament angewandt werden. Mehr zufällig entdeckte man, daß Patienten, die wegen Gesichtsverkrampfungen mit Botulinumtoxin behandelt wurden, in der therapierten Region weniger schwitzten. Mit feinen Nadeln streng in die Haut gespritzt, kann die Schwitzsucht auf circa zehn Prozent des Ausgangwertes reduziert werden. Der Effekt hält ungefähr sechs bis neun Monate an: Hyperhidrose-Patienten müssen lediglich zweimal jährlich behandelt werden und sind mit dieser Therapieform – sofern die Indikation und vor allem die

Durchführung korrekt waren – sehr zufrieden, insbesondere weil die Behandlung nebenwirkungsarm, relativ einfach und vor allem ambulant durchgeführt werden kann. Oft haben sie eine Vielzahl früherer Konsultationen hinter sich, bei denen der behandelnde Arzt das vermehrte Schwitzen oft genug nicht als krankhafter Prozeß beurteilt, sondern als kosmetisches Problem abgewertet hatte. Dem Patienten wurde außer Ratschlägen wenig Hilfe geboten und er war gezwungen, mit der Krankheit zu leben. Seit dem Einführen der Botulinumtoxin-Behandlung kann ihm effizient geholfen werden.

Die Bekämpfung der Körpergerüche in der Geschichte

Während bereits die Griechen sich ihre Achselhöhlen mit Zitronen- und Zimtöl einrieben und sich die Achselhaare zupften, um besser zu duften, galt es zeitweise im Mittelalter als schädlich, die Haut auch nur mit Wasser zu waschen, weil man dachte, daß auf diese Weise Krankheiten wie die Pest durch die Poren in den Körper gelangen könnten. So pflegte man nur den Schmutz auf der Haut trocken abzuschaben und die Kleidungsstücke, Perücken, Handschuhe und Taschentücher zu parfümieren, um die üblen Körperdüfte zu überdecken. Erst mit der Entdeckung der Schweißdrüsen im 19. Jahrhundert wurde erkannt, daß die bakterielle Zersetzung in den feuchten Axillarregionen für den Schweißgeruch verantwortlich sind. Deodorants und Antitranspirantien wurden entwikkelt, jedoch zunächst nur mit äußerst zögerlichem Erfolg vermarktet. Um zu verhindern, daß die Bluse unter den Achseln naß wurde, pflegte die Dame von Welt (Männer durften schwitzen) an der betroffenen Stelle sogenannte Schweißblätter aus Stoff einzunähen. Die Werbung bemühte sich mit Texten wie »Schon ganz wenig MUM® mit der Fingerspitze unter die Achsel gerieben, vertreibt den störenden Geruch augenblicklich für den ganzen Tag« und sprach zunächst nur Frauen an, etwa Ballbesucherinnen, »die auch nach dem letzten Tanz genauso frisch und gepflegt wirken wie beim ersten«, doch weist ein Inserat aus dem Jahre 1952 immerhin mit einem Satz darauf hin, daß auch gepflegte Männer ein Deodorant brauchen.

Die Rolle der Gene in der gesellschaftlichen Anziehungskraft

Es gibt verschiedene Hinweise dafür, daß das major-histocompatibility-complex-*Gen (MHC-Gen) eine Rolle in der Geruchswahrnehmung und Partnerwahl bei Mäusen und Menschen besitzt [Penn]. Wedekind zeigte in einer kürzlich vorgestellten Studie die MHC-assoziierten Geruchsvorlieben, indem er vierundvierzig männliche Probanden nach einer Hautreinigung mit einer unparfümierten Waschlösung zwei Nächte lang ein T-Shirt tragen ließ. Die T-Shirts wurden anschließend von neunundvierzig Probandinnen bezüglich Geruch beurteilt. Bei beiden Probandengruppen wurde zuvor ihr individueller HLA-Typus bestimmt (HLA-A, -B oder -DR). Es erwies sich, daß die*

Tübinger Blätter für Naturwissenschaften und Arzneykunde.

Herausgegeben von J. H. F. v. Autenrieth und J. G. F. v. Bohnenberger.

III. Bandes 1. Stück.

Tübingen, bei C. F. Osiander. 1817.

Die Tübinger Blätter *aus dem Jahre 1817 – Darin beschrieb Dr. Justinus Christian Kerner, Amtsarzt aus Baden-Württemberg, exakt die Symptome der Botulinumtoxinvergiftung nach Genuß von geräucherten, aber nicht gekochten Würsten.*

Geruchsemission von HLA-differenten Männern als angenehm und umgekehrt der Geruch von genotypisch HLA-ähnlichen Probanden als unangenehm empfunden wurden. Diese umgekehrte Korrelation zwischen angenehmer Geruchsbewertung und dem Grad der HLA-Ähnlichkeit war allerdings bei Probandinnen mit einer hormonellen Antikonzeption (medikamentöse Empfängnisverhütung) nicht zu finden. Die Autoren schlossen daraus, daß dieses Geruchsempfinden wichtig für die differente Arterhaltung sein könnte. Da die orale Antikonzeption eine Schwangerschaft vortäuscht, fühlt sich die weibliche Probandin zu arteigenen Partnern angezogen, während weibliche Probandinnen ohne vorgetäuschte Schwangerschaft genetisch unterschiedliche Partner vorziehen.

Der romantische Dichter und das Gift

1817 beschrieb Justinus Christian Kerner (1786–1862), romantischer Dichter und Amtsarzt in Baden-Württemberg, in den Tübinger Blätter für Naturwissenschaften und Arzneykunde *eindrücklich die Wirkung eines Giftes, des Botulinumtoxins, auf Menschen, die verdorbene geräucherte, aber nicht gekochte Würste verzehrt hatten. Und eine Zeitlang wurde der Botulismus denn auch Kernersche Erkrankung genannt. Kerner notierte bereits damals, daß dieses Toxin zu einem späteren Zeitpunkt unter Umständen eine formidable Arznei zur Behandlung von Verkrampfungen ebenso wie zur Verringerung von übermäßigem Speichel-, Tränen- und Schweißfluß sein könnte.*

Botulinumtoxin und Zürich

An der Dermatologischen Klinik des Universitätspitals Zürich wurde 1998 erstmals in der Schweiz ein Patient mit vermehrtem Schwitzen im Bereiche beider Handflächen mit Botulinumtoxin behandelt. Diese damals in der Schweiz noch nicht eingeführte Therapieform setzte den Grundstein einer Spezialsprechstunde für Patienten mit ausgeprägtem Schweißfluß – zunächst im Alleingang, an einem einzigen Nachmittag, in einem provisorischen Krankenzimmer. Wegen steigender Nachfrage wurde eine Hyperhidrose-Sprechstunde eingerichtet. Inzwischen betreuen drei Ärzte Patienten, die aus der allgemeinen Poliklinik, anderen Kliniken, von Facharztkollegen und praktischen Ärzten aus der ganzen Schweiz und dem nahen Ausland zugewiesen werden

Spitzen- medizinisches Leistungsgefüge

...alles Derma
oder was?

...alles Derma oder was?

Interdisziplinäre Schnittstellen einer modernen Dermatologie

Günter Burg

Fast alles hat eine Hülle, auch der menschliche Körper. Unsere Haut aber ist mehr. Dieses komplexe Organ besteht nicht wie übliches Gewebe aus einer einzigen uniform aufgebauten Schicht, sondern aus mehreren in sich wiederum geschichteten Zellagen und Strukturelementen. Ihre Funktionen sind vielfältig: Als äußeres Grenzorgan wehrt sie physikalische und chemische Einflüsse ab und leitet Empfindungen unterschiedlicher Qualitäten weiter, wie Berührung, Kälte, Wärme, Vibration und Schmerz. Umgekehrt reagiert sie aber auch auf Erregungen anderer Sinnesorgane, die zu Gänsehaut, zum Erblassen oder Erröten führen. Sie beteiligt sich am Stoffwechsel durch Bildung lebenswichtiger Vitamine, wie dem für das Knochenwachstum und den Calciumstoffwechsel bedeutsamen Vitamin D, das unter Einwirkung des Tageslichtes in der Haut entsteht. Sie nimmt mit speziellen mit tentakelartigen Ausläufern versehenen Zellen potentiell krankmachende Antigene (allergienauslösende Fremdstoffe) auf und transportiert sie zum Lymphknoten, um die Entwicklung abwehrender Zellen und Antikörper zu induzieren. Sie wird gescheuert, geschert, gepreßt und gestreichelt. Um dies alles ein Leben lang zu überstehen, erneuert sie sich beständig selbst – in einem kontrollierten Turnus, der sie nicht zu dick, aber auch nicht zu dünn werden läßt und einen konstanten strukturellen Aufbau über die Jahre unseres wechselvollen Lebens garantiert. Und: Unsere Haut ist nicht nur Grenzorgan nach innen und nach außen, sondern auch Schnittstelle zu zahlreichen anderen Fachdisziplinen, für die sie in vielerlei Hinsicht Modell- und Manifestationsorgan ist.

Die Entwicklung der Dermatologie aus anderen Fachgebieten heraus vollzog sich teilweise sanft, so wie sich der indische Gott der Weisheit aus dem Saum seiner tänzerischen Mutter löste. Die Trennung trug aber auch abruptere Züge, indem die Dermatologie aus der Inneren Medizin entsprang, so wie Athene dem mit der Axt gespaltenen Scheitel Zeus'. Die Loslösung erinnert jedenfalls an altgriechische Zeugungsvorgänge, nach denen der Begattungsakt und damit die Vaterschaft zwar unwichtig war, andererseits aber die feste Überzeugung bestand, daß das Kind um so kräftiger sei, je mehr an seiner Zeugung beteiligt waren. Im Falle der Dermatologie waren es besonders zwei, denen Vaterschaftsverdienste zuzubilligen sind: die Innere Medizin und die Chirurgie; daneben in vielfältiger Weise aber auch manche andere Disziplinen.

Schnittstellen zur Inneren Medizin

Die Innere Medizin befaßt sich unter anderem mit Herz, Lunge, Leber, Magen und Darm. Erkrankungen dieser Organe zeigen vielfältige Symptome an der Haut: Rötung von Wangen und Nase, Blasenbildung, Verfärbung und

Veränderung der Textur, wie Elastose, Sklerodermie (Verhärtung des Hautbindegewebes) und zahlreiche andere.

Bei den Autoimmunkrankheiten kommt es zu Reaktionen gegen körpereigene Zellen und Gewebestrukturen. UV-Licht provoziert das Auftreten roter entzündlicher Flecken, die mit Narbenbildung abheilen. Antikörper gegen Strukturen der Verbindungsschicht zwischen Ober- und Lederhaut führen zu blasenbildenden Krankheiten, an denen über fünfzig Prozent der Patienten starben, solange Kortisonpräparate noch nicht verfügbar waren. Wenn sich die Haut wie ein Panzer zunehmend um den Körper verfestigt, können auch Speiseröhre, Herz, Lunge und Niere befallen sein, so daß die betroffenen Patienten an Schluck-, Kreislauf-, Atembeschwerden und Nierenversagen leiden. Die moderne Dermatologie hat die molekularen Strukturen identifiziert, die als Antigene bei solchen Autoimmunerkrankungen die zentrale pathogenetische (krankmachende) Rolle spielen.

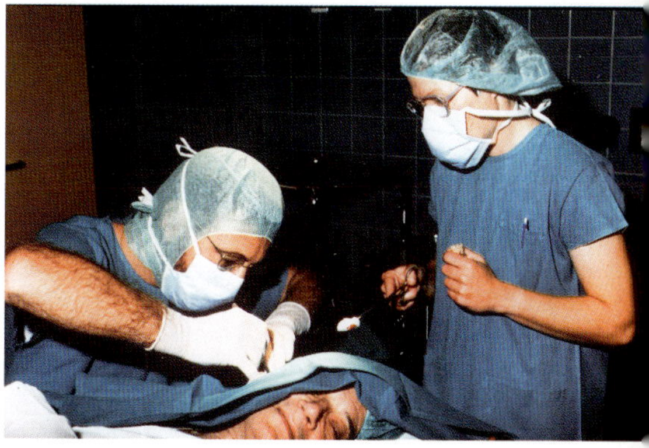

Die operativen Aktivitäten in der chirurgischen Dermatologie reichen von der Entnahme von Gewebeproben über diagnostische mikroskopische Untersuchung bis zur Exzision von Tumoren und Hauttransplantationen zur Deckung von oberflächlichen Gewebsdefekten.

Schnittstellen zur Chirurgie

Die Dermatochirurgie befaßt sich mit den kleinen, aber sehr häufigen operativen Erfordernissen am Hautorgan. Dies betrifft neben der Entnahme von Gewebeproben zur feingeweblichen Untersuchung auch die chirurgische Entfernung von Hauttumoren, den häufigsten Tumoren überhaupt. Der wichtigste dieser Tumoren ist das maligne Melanom, dessen frühzeitige operative Entfernung zur Heilung führt.

Weniger gefährlich, aber sehr viel häufiger ist das Basaliom, ein Krebs der basalen Schichten der Oberhaut. Auch diese Tumorart kann meist problemlos operativ entfernt werden. In fünf Prozent der Fälle führen jedoch äußerlich nicht erkennbare und daher bei der Operation möglicherweise nicht erfaßte Ausläufer des Tumors zu Rezidiven (Rückfällen), die es insbesondere in der Nähe funktionell wichtiger Strukturen, wie Augen, Nase, Ohren möglichst zu vermeiden gilt, denn wiederholt auftretende Rezidive können zu lebensbedrohlichen oder entstellenden Gewebezerstörungen führen.

Die Dermatologie hat für diese Fälle die Methode der mikroskopisch kontrollierten Chirurgie nach Mohs entwickelt, um alle Tumorausläufer zu erfassen und gesunde Gewebestrukturen optimal zu schonen. Zur Deckung großflächiger oberflächlicher Wunden – z.B. nach ausgedehnten Verbrennungen – oder schlecht heilender Beingeschwüre – an denen ein bis zwei Prozent der Bevölkerung westlicher Länder leiden – werden Hautersatz vom Patienten selbst oder auch weniger verträgliches Fremdgewebe eingesetzt. Neuerdings können hierfür

Hautorgankulturen verwendet werden, die aus einer kleinen Gewebeprobe oder aus Zellen der Haarwurzelscheide des Empfängerpatienten im Labor gezüchtet werden; eine High-Tech-Errungenschaft moderner dermatologischer Forschung.

Schnittstellen zu anderen Organfächern

Zahlreiche Erkrankungen betreffen zugleich die Haut, das Gehirn, die Augen oder Ohren. Schlecht heilende »Löcher« in den Fußsohlen sind die Folge einer Schädigung peripherer Nerven durch Alkohol, Lepra, Syphilis und andere Infektions- oder Allgemeinerkrankungen. Störungen im Magendarmtrakt, mit denen sich der Gastroenterologe befaßt, können akneartige ›Pickel‹ im Gesicht oder eine kupferfarbene Rötung der Wangen (Kupprose) hervorrufen. Auch die Nesselsucht mit dem Auftreten flüchtiger juckender Quaddeln am ganzen Körper kann ihre Ursache in Störungen des Magendarmtraktes haben. Schlecht heilende Wunden nach Operationen oder Verletzungen (Pyoderma gangraenosum) sind häufig mit entzündlichen Darmerkrankungen assoziiert.

Hämorrhoidalleiden und Insuffizienz der venösen Abflüsse mit schlecht heilenden Beingeschwüren gehören ebenfalls zu den Tätigkeitsfeldern, die eine moderne Dermatologie mit den entsprechenden proktologisch-chirurgischen oder gefäßorientierten (phlebologischen) Spezialdisziplinen verbindet.

Hals, Nasen und Ohren sind häufig Sitz von Tumoren, die – je nach Größe und Kompliziertheit ihrer Lokalisation an ästhetisch wichtigen Gesichtstrukturen – vom Hals-Nasen-Ohren-Arzt oder vom plastischen und Wiederherstellungschirurgen operativ entfernt werden. Dabei ist die Dermatologie bei der Diagnostik und bei der mikroskopischen Randschnittkontrolle zur Sicherung einer vollständigen Tumorentfernung wichtig.

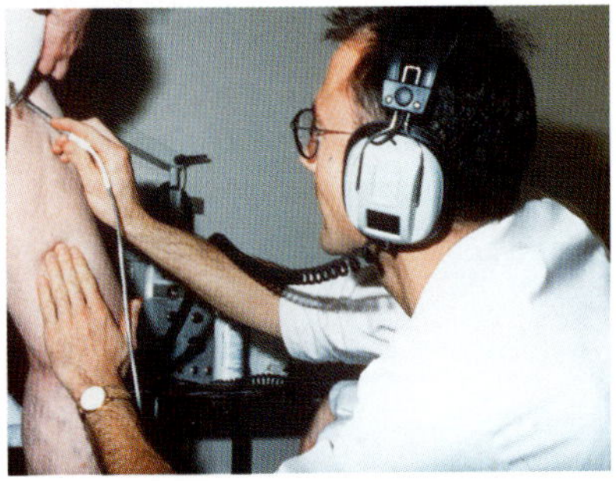

Phlebologische Untersuchung der Beinvenen mit einer Dopplersonde. Die Folge von Störungen des venösen Blutrückflusses sind z.B. Stauungsekzeme, Braunverfärbung durch punktförmige Einblutungen, Wassereinlagerung mit Anschwellen der Beine und Geschwürbildung.

Die Verbindung zwischen Haut- und Augenerkrankung ist ebenfalls vielfältig und eng: sei es, daß das Auge bei Allergien, Entzündungen, Fehlbildungen, Stoffwechselerkrankungen und Tumoren mitbetroffen ist, sei es durch Medikamentennebenwirkungen. Veränderungen der Haut im und um den Augenbereich können auf Erkrankungen des Fettstoffwechsels (Xanthelasmen), des Eiweißstoffwechsels oder des Knochenmarkes hinweisen. Entzündungen der Augenbindehäute (Konjunktivitis) können im Zusammenhang mit Entzündungen der Harnröhre (Urethritis) und der Gelenke (Arthritis) mit schuppenflechtenartigen Hautveränderungen und verstärkter Verhornung an Handflächen und Fußsohlen verbunden sein.

Zehn bis zwanzig Prozent der Ehen in zivilisierten Ländern bleiben heute kinderlos. Dabei sind die Ursachen der Infertilität etwa zu einem Drittel beim männlichen Partner zu suchen. Diesem Problem widmet sich die Andrologie, die nicht nur in der Urologie, sondern auch in der Dermatologie ein wichtiges Arbeitsfeld ist.

Die sogenannten Kollagenosen sind eine Gruppe von Krankheiten der Haut, der Schleimhäute und des Bindegewebes, um die sich die Dermatologie zusammen mit Kollegen aus der Rheumatologie und der Inneren Medizin kümmert und wozu sie wichtige diagnostische Forschungsergebnisse beigetragen hat, wie die Entwicklung immunologischer und serologischer Nachweismethoden.

Beziehungen zwischen Schuppenflechte und Arthritis sind seit über hundertfünfzig Jahren bekannt. Bereits im Jahre 1777 beschrieb der in Montpellier lebende französische Arzt Anne-Charles Lorry in seinem *Tractus de Morbis Cutaneis* die Koinzidenz von Hautaffektionen und Arthritiden (Gelenkentzündungen). Mitbeteiligung der Gelenke kommen darüber hinaus bei entzündlichen allergischen Erkrankungen der kleinen Hautgefäße (Vasculitis), bei Bindegewebserkrankungen und selten bei Syphilis (Lues) und Gonorrhöe (Tripper) vor.

In Ländern der Dritten Welt sind auch heute noch Infektionskrankheiten besonders für Neugeborene und Kinder die größte Gesundheitsbedrohung. Neben der Tuberkulose und der Lepra, die ihre Zeichen an der Haut hinterlassen, sind es auch Infektionen mit einfachen Eitererregern oder durch Sandfliegen übertragene parasitäre Erkrankungen, wie Leishmaniose (Orientbeule) oder durch Wurmlarven verursachte Hautveränderungen (Larva migrans, *creeping disease*), die den fachlichen Kontakt zur Infektiologie, Mikrobiologie und Tropenmedizin schaffen.

In den sogenannt entwickelten Regionen ist nach den Herz-Kreislaufkrankheiten der Krebs die zweithäufigste Todesursache. Die Onkologie ist ein interdisziplinäres Fachgebiet, das sich mit der Entstehung, Diagnose und Behandlung von Tumoren befaßt. Der Dermatologie kommt in der Entwicklung moderner Methoden im Kampf gegen den Krebs deshalb eine wichtige Rolle zu, weil der bösartigste Tumor der Haut, das maligne Melanom, als Modelltumor gelten kann. Viele Erkenntnisse über tumorassoziierte Antigene, die als Zielscheibe für eine gezielte Immuntherapie genutzt werden können – über sogenannte Escape-Mechanismen, die es dem Tumor gestatten, der Immunabwehr unseres Körpers zu entkommen –, und über Gegenattacken des Tumors gegen die Killer-Abwehrzellen unseres Immunsystems resultieren aus Untersuchungen am malignen Melanom. Die Immunchemotherapie (Kombination von abwehrstärkender Immuntherapie mit Zytostatika [Zellgiften]) und die Vakzinationstherapie

(Impfbehandlung) des Melanoms sind Meilensteine einer modernen Tumortherapie. Die Dermatologie hat hier Leistungen einer vorbildlichen, angewandten klinischen Forschung erbracht, von der auch andere onkologisch ausgerichtete Fachdisziplinen profitieren.

Untersuchungstechniken

Der Nachweis hautpathogener Pilze und Bakterien erfolgt im mikrobiologischen Labor der Dermatologischen Klinik und wird – falls erforderlich – durch spezielle Untersuchungen der Mikrobiologie ergänzt.

Eine der wichtigsten – vor über hundertfünfzig Jahren aus der Dermatologie hervorgegangenen und seither vor allem von Dermatologen weiterentwickelten und gepflegten – Untersuchungstechniken ist die Dermatohistopathologie, die sich in enger interdisziplinärer Kooperation mit der Pathologie dem mikroskopisch erkennbaren feinstrukturellen Bild der normalen Haut und ihren entzündlichen oder tumorösen Erkrankungen widmet.

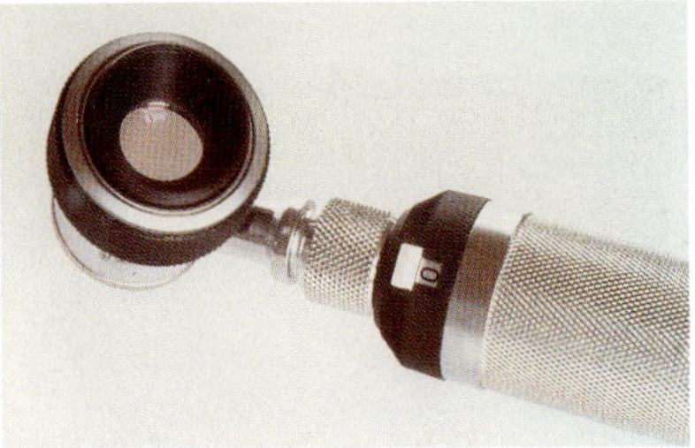

Das Dermatoskop ist eine spezielle Leuchtlupe, mit der die oberflächlichen Strukturen auf und insbesondere das Pigmentnetz in der Haut zur Darstellung kommen.

Die elektronische telemedizinische Übertragung eines digitalen Bildes, zusammen mit dem eingesandten Biopsiematerial erlaubt es dem klinisch erfahrenen Dermatopathologen, die für eine exakte Diagnostik wichtige klinischpathologische Korrelation zu nutzen. Die Aussagekraft der histopathologischen Untersuchungen wird durch spezifische immunhistologische Techniken zur Erkennung von Zelloberflächenmolekülen wesentlich verbessert. Diese und ergänzende molekularbiologische Techniken, wie z.B. die Polymerase-Ketten-Reaktion, sind besonders bei der Identifizierung und Differenzierung von Tumoren des blutbildenden System von eminenter Bedeutung.

Eine in den letzten zehn Jahren in der Dermatologie entwickelte Technik ist die Auflichtmikroskopie. Hierbei wird mit einem beleuchteten Handlupengerät die Textur der oberflächlichen Hautschichten untersucht, so daß unterschiedlich pigmentierte Hautveränderungen in charakteristischer Weise sichtbar werden. Die Auflichtmikroskopie ist darum eine wichtige ergänzende Methode bei der differentialdiagnostischen Abgrenzung bösartiger von gutartigen ebenfalls pigmentierten Hautveränderungen (harmlose Muttermale, Alterswarzen, kleine Blutschwämmchen u.a.) und wird von Dermatologen breit angewandt.

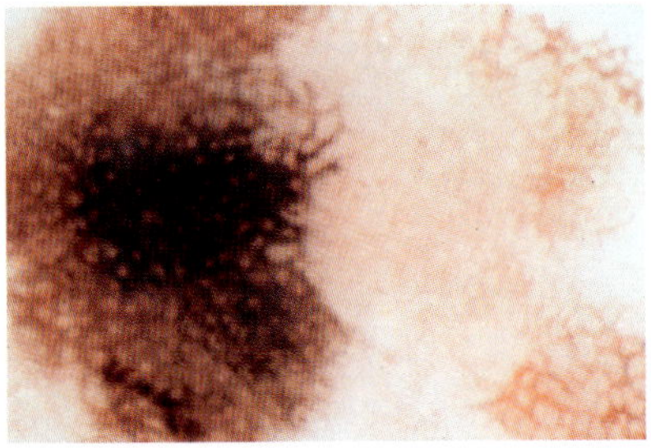

Der Verlust eines gleichmäßigen Pigmentnetzwerkes in der Auflichtmikroskopie kann ein Hinweis auf die Umwandlung eines Muttermales (Nävus) in ein Melanom sein.

Die Diagnostik allergischer Erkrankungen ist eine besondere Domäne der Dermatologie. Wenn die Blüten sprießen und die Pollen fliegen, so ist dies nicht ausschließlich zur Freude der Naturfreunde, sondern auch zum Leid der vielen Pollenallergiker, denen die luftigen Blütenstäube die Nasen verschließen, die Augen zum Tränen bringen und die Bronchien reizten. Geringe Mengen gereinigter Allergene, mit feinen Nadelstichen oder Skarifizierungen (oberflächliches Ritzen der Haut) in die Haut gebracht, zeigen an, auf welche der Stoffe die Testperson allergisch reagiert. Geringste Mengen dieser ›Gifte‹ in genau berechneten ansteigenden Dosierungen über einige Wochen verabreicht, führen zur Hypo- bzw. Desensibilisierung. Auch Wespen- und Bienengiftallergiker können dank dieser Maßnahmen den Frühlingsboten wieder unerschrocken in die Augen blicken. Medikamente, Konservierungsstoffe und Nahrungsmittel können in gleicher Weise ausgetestet und als mögliche Ursachen einer chronischen Nesselsucht identifiziert werden.

Ekzeme gehören zu den am häufigsten gemeldeten Berufskrankheiten. Die Stoffe, die für Entstehung und Existenz der Ekzeme verantwortlich sind, werden durch eine Epikutantestung ermittelt: Stark verdünnte Proben der verdächtigen Substanzen werden in kleinen Aluminiumkammern achtundvierzig Stunden lang auf die Rückenhaut aufgebracht – im Fall einer Allergie erzeugen sie im Testfeld ein umschriebenes Ekzem. Chromat bei Bauarbeitern, Formalin in Heilberufen, Nickel und Farbstoffe im Friseurgewerbe, Kontaktstoffe in der Landwirtschaft, in der Metallindustrie, bei Druckern, Mechanikern, Holzarbeitern, Bäckern und praktisch allen anderen Berufszweigen, aber auch Stoffe des außerberuflichen Alltags bergen die Gefahr eines allergischen Kontaktekzems in sich.

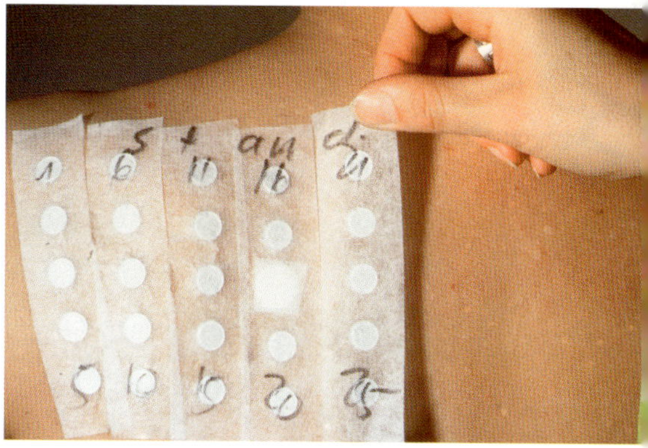

Die Epikutantestung, bei der kleine Plättchen mit stark verdünnten Testsubstanzen auf den Rücken geklebt werden, dient dem Nachweis von Allergenen.

Haare fallen aus und wachsen nach – das Kopfkissen und die morgendliche Toilette bringen es an den Tag. Solange dieser Prozeß ausgeglichen verläuft, bleibt die Pracht der Haare unbeeinträchtigt. Überwiegt jedoch die Ausfallrate zu sehr, so kann dem eine allgemein körperliche Krankheit oder eine solche der Haare selbst zugrunde liegen. Diese zu erforschen und zu behandeln ist die Aufgabe des dermatologischen Trichologen. Sie gestaltet sich meist schwierig, da bei der naturgegebenen Wachstumsgeschwindigkeit der Haare, die bei circa 1 mm pro Tag liegt, Erfolg und Mißerfolg therapeutischer Bemühungen erst nach Wochen oder gar Monaten zu ermessen sind. Bei weiblichen Patienten ist die Zusammenarbeit mit dem gynäkologischen Endokrinologen gefragt, der Zusammenhänge mit möglichen Störungen im Hormonstoffwechsel untersucht.

Zahlreiche Hauterkrankungen sind nicht spontan erworben, sondern in den Erbanlagen begründet (Genodermatosen) und können auf die Nachkommen weitergegeben werden. In früheren Zeiten haben sich so Erkrankte als Stachelschweinmenschen (diffuse Verhornungsstörungen), Löwenmenschen (Hypertrichose) oder Schlangenmenschen (Ehlers-Danlos-Syndrom) auf Schaubühnen und im fahrenden Zirkusgewerbe verdient. Zu den Genodermatosen gehören ebenfalls weitere Erkrankungen mit Blasenbildung, Auftreten von multiplen Tumoren und Pigmentstörungen.

Im Verhältnis zu Körpergröße und -gewicht ist die Haut der Kinder größer als diejenige Erwachsener. Den Besonderheiten von Hauterkrankungen im Kindesalter widmet sich die pädiatrische Dermatologie, wobei dem atopischen Ekzem (Neurodermitis) große Bedeutung zukommt.

Auch mit der Psychiatrie verbindet die Dermatologie viele Problemstellungen. Chronisch Hautkranke, die z.B. an einer Schuppenflechte, Neurodermitis oder Genodermatose leiden, aber auch Tumorpatienten (Melanom) brauchen häufig zur Verarbeitung ihrer seelischen und psychosozialen Probleme eine adäquate Psychotherapie, Begleitung und Nachsorge.

Moderne dermatologische Behandlungsmethoden

Bereits wenige Jahre nach der Entdeckung der X-Strahlen durch Wilhelm Conrad Röntgen (1845–1923) im Jahre 1895 wurden in der Dermatologie Röntgenstrahlen zur Behandlung von Hauttumoren eingesetzt. In Zürich hat Guido Miescher als einer der Pioniere der Dermatoröntgentherapie diese wertvolle Methode weiterentwickelt. Die Röntgenweichstrahltherapie, bei der Röhrenspannungen von fünfzig bis hundert Kilovolt zur Anwendung kommen, findet auch heute noch ein großes Anwendungsfeld in der Behandlung oberflächlicher Hauttumoren, bei UV-Licht-induzierten präkanzerösen Altersveränderungen und manchen entzündlichen Hauterkrankungen.

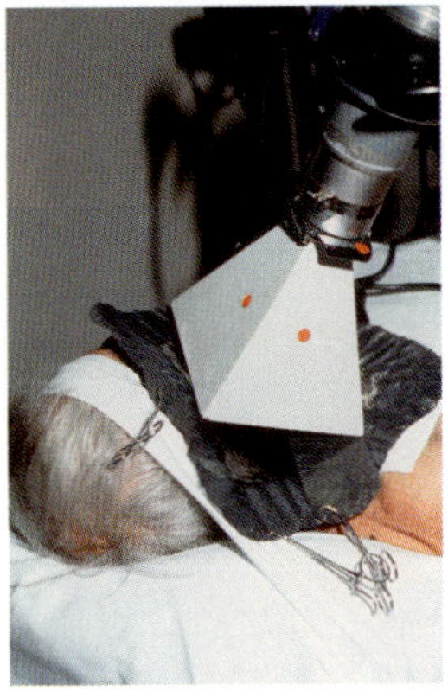

Die Röntgen-Weichstrahltherapie (niedrige Röhrenspannung) wird auch heute noch in der Behandlung von Hauttumoren – außer beim Melanom – eingesetzt.

Eletromagnetische Strahlung weit geringerer Energie bietet das ultraviolette (UV) Licht dar. Im Sonnenlicht finden sich neben dem Anteil sichtbaren Lichtes und der infraroten Wärmestrahlung etwa fünf Prozent UV-Licht, das wiederum zu neunzig Prozent aus dem energieärmeren weil längerwelligen UV-A und zu zehn Prozent aus dem energiereicheren kürzerwelligen UV-B besteht. Die schädlichen Langzeitwirkungen der UV-Exposition an der Haut mit beschleunigter Hautalterung und Entwicklung von Hauttumoren sind bekannt. Da jedes ›Gift‹ in richtiger Dosierung auch Heilwirkungen entfalten kann, ist es nicht erstaunlich, wenn auch die Bestrahlung mit UV-Licht eine heilsame Wirkung auf zahlreiche entzündliche Hauterkrankungen – wie Schuppenflechte oder Ekzeme, aber auch auf oberflächlich in der Haut sich ansiedelnde Tumoren des blutbildenden Systems (Hautlymphome) – entfaltet und in diesen Indikationsbereichen breit angewandt wird. Dabei kann die Wirkung der UV-Strahlen durch vorherige Einnahme von Substanzen, die die Empfindlichkeit gegenüber UV-Licht erheblich verstärken (PUVA) – sogenannte Psoralene –, potenziert werden.

Wesentlich jünger ist die Entwicklung und der Einsatz sogenannt photodynamischer Substanzen, die energetische Strahlung von Licht im sichtbaren Bereich absorbieren und an das Gewebe weitergeben. Bei der photodynamischen Therapie wird eine Substanz (δ-Aminolävulinsäure) auf befallene Hautareale – z.B. oberflächliche Hauttumoren – aufgetragen. Diese Substanz steht normalerweise am Beginn der Stoffwechselkette zur Bildung des Blutfarbstoffes, setzt bei Bestrahlung mit einer starken Lampe – z.B. einem Diaprojektor – nach chemischer Umwandlung in lichtabsorbierendes Protoporphyrin Energien frei und führt zur Zerstörung von Tumorzellen im bestrahlten Gebiet. Dies ist nicht nur eine elegante, sondern auch nahezu schmerzfreie Methode, die dem Patienten eine unter Umständen aufwendige Operation erspart.

Der Einsatz von Lasern *(Light Amplification by Stimulated Emission of Radiation)* ist aus einer modernen Medizin in fast allen operativen Disziplinen nicht mehr wegzudenken. Laserstrahlen unterschiedlichster Wellenlängen werden bei der Entfernung von Feuermalen, Tätowierungen, aber auch von Feigwarzen und Tumoren eingesetzt. Die Entfernung von Haaren, Falten und Narben bilden die Schnittstellen zu kosmetischen Einsatzbereichen. Leider ist der Laser im Rahmen einer aggressiven Verkaufspolitik und Vertreibermentalität in den Händen mancher Amortisierer zu einem Instrument geworden, mit dem auf Teufel komm raus alles gelasert wird, was sich in den Strahl bzw. in die Praxis verläuft. Harmlose Muttermale können dadurch zur Quelle folgenreicher Fehldiagnosen werden. Andererseits können maligne Melanome einer korrekten operativen Entfernung und Diagnostik entgehen und sich fatalerweise erst nach Jahren durch das Auftreten von Fernmetastasen bemerkbar machen – wenn eine kurative Behandlung nicht mehr möglich ist.

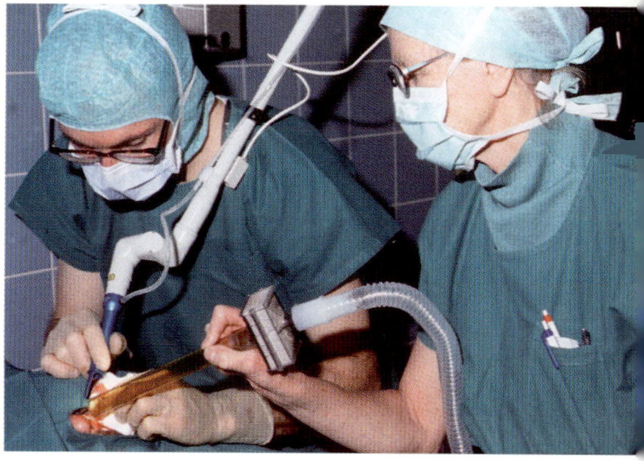

Je nach Strahlenqualität kann der Laser u.a. zur Behandlung von Feuermalen, zur Entfernung von Feigwarzen oder von Tätowierungen eingesetzt werden.

Die extrakorporale Photopherese ist eine Methode zur Autoimmunisierung. Durch die Kombination von Zytozentrifuge zur Trennung der roten und weißen Zellen des Blutes und anschließender UV-Bestrahlung der weißen Blutzellen – ähnlich wie bei der erwähnten PUVA-Therapie – in einer dünnen Durchflußmembran werden die weißen Blutzellen so verändert, daß sie im Körper eine Autoimmunreaktion hervorrufen. Diese eignet sich, Tumorerkrankungen des lymphatischen Systems – wie Leukämien und Lymphome – oder Abstoßungsreaktionen bei Transplantatempfängern zu bekämpfen.

Auch bei der Immunmodulation mit hochaktiven hormonartigen Botenstoffen, den sogenannten Zytokinen, geht es darum, in das Immunsystem unseres Körpers einzugreifen. Dies kann im Falle einer blasenbildenden Autoimmunkrankheit im Sinne einer Immunsuppression erfolgen, bei der die Bildung von krankmachenden Antikörpern unterdrückt wird. Das umgekehrte Prinzip einer Immunstimulation kommt bei der Bekämpfung von Tumoren zum Einsatz. Immunmodulatorische Botenstoffe, wie Interferone oder Interleukine, führen zur Aktivierung sogenannter Killerzellen, die Tumorzellen spezifisch erkennen und zerstören. Dies kann im Rahmen einer Immunchemotherapie auch in Kombination mit Zellgiften, den Zytostatika, geschehen.

Die neueste Waffe zur Bekämpfung von malignen Tumoren ist die Vakzinationstherapie. Diese Bezeichnung ist insofern etwas irreführend, als eine Impftherapie üblicherweise prophylaktisch wirken soll. Bei der hier erwähnten Technik, an deren Entwicklung die Mitarbeiter der Zürcher Dermatologischen Klinik einen essentiellen Beitrag geleistet haben und noch leisten, geht es darum, die Killerzellen unseres Immunsystems gegen Tumorzellen im Körper zu aktivieren. Dies geschieht durch ›professionelle‹ Präsentation von Tumormarkern gegenüber den lymphatischen Abwehrorganen und -zellen. Der Vorteil gegenüber aggressiven Behandlungsmethoden mit Zytostatika (Zellgiften) besteht in der perfekten Verträglichkeit, praktisch ohne Nebenwirkungen bei vergleichbarer oder sogar besserer Wirksamkeit. Die Zukunft der Behandlung maligner Tumoren wird voraussichtlich in einer intelligent abgestimmten Kombination verschieden angreifender Behandlungstechniken bestehen.

Physiotherapie und Dermatologie verbinden vielfältige gemeinsame Interessen an der Physiologie der Haut und den zahlreichen Beziehungen zwischen normalen und gestörten Funktionen anderer Organe einerseits und der Haut andererseits. Die Haut ist Träger von unvorstellbar dicht nebeneinanderliegenden differenzierten Rezeptoren, die in Zuordnung zu den einzelnen nervösen Elementen des Rückenmarkes (Spinalganglien) in Segmente mit gleicher Innervation (Dermatome) gegliedert sind. Es ist somit möglich, jedes Segment des Körpers über die Haut mit gezielten Reizen zu erreichen. Umgekehrt können Krankheiten innerer Organe und des Bewegungsapparates als Reize oder Schmerzen im jeweiligen Segment auf die Haut projiziert werden.

Wenn auch die Wurzeln gemeinsamer Anliegen von Pharmakologie und Toxikologie einerseits und Dermatologie andererseits obskur sind, sind sie doch in manchen Bereichen eng verknüpft. Zum einen machen sich Arzneimittelschäden – nicht nur die allergischen – an der Haut bemerkbar. Zum anderen besteht ein toxikologisches Interesse der Dermatologie bei gewerblich bedingten Schädigungen der Haut, wie z.B. am Seveso-Gift TCDD, das unter anderen gesundheitlichen Schäden schwerste Akne hervorgerufen hat. Hautschäden oder Haarausfall sind auch frühe Indikatoren möglicher Expositionen gegenüber Giften, die früher oft unentdeckt blieben, weil sie sich wegen ihrer geringen Konzentration nicht nachweisen ließen.

Die Masse des Hautgewebes macht rund sieben Prozent des Körpergewichtes eines Erwachsenen aus, doppelt soviel wie Magen, Darm, Milz und Leber zusammen. Die Rolle, die dieses riesige Organ für den Stoffwechsel von Pharmaka, Fremdstoffen und körpereigenen Produkten spielt, eröffnet darum einer dermatologisch orientierten pharmakologischen Forschung ein breitgefächertes Aktivitätenfeld.

Informations- und Kommunikationstechnologien

Neue Medien zur Bildübermittlung sind in der Dermatologie, einem primär visuellen Fach, besonders sinn- und wertvoll. Die in wesentlichen Teilen an der Dermatologischen Klinik Zürich mitentwickelte Teledermatologie wird bei regelmäßigen *store-and-forward*-Konferenzen (speichere und übertrage) eingesetzt, um im Dienste einer verbesserten Diagnostik eine *second opinion* einholen zu können. Ein modular aufgebautes Studentenausbildungsprogramm mit dem imperativen Namen DO IT – *Dermatology Online with Interactive Technology* – wird zur Zeit gesamtschweizerisch aufgebaut. Das Programm basiert auf verschiedenen einzelnen Elementen: eine Vorlesung, die sich bereits auf dem Internet befindet (*CyberLecture:* http://www.usz.unizh.ch/vorlesung/start.htm; Benutzername: student; Paßwort: Sommer), eine Sammlung didaktisch aufbereiteter dermatologischer Krankheitsbilder *(CyberTrainer)* sowie ein interaktives *Bedside-Teaching (CyberNet)* im Rahmen einer Konferenzschaltung. Mit den Möglichkeiten interaktiver und interdisziplinärer Kommunikation erfährt die medizinische Aus-, Weiter- und Fortbildung – nicht nur in der Dermatologie – eine wesentliche Ergänzung und Verbesserung.

An der Schnittstelle zu anderen medizinischen und chirurgischen Fachgebieten ist die moderne Dermatologie – im Gegensatz zur Seuchen- und Siechenkunde früherer Jahrhunderte – eine medizinische und wissenschaftliche Disziplin, der auf Grund ihrer ausgedehnten Interdisziplinarität, des Modellcharakters des Hautorgans, seiner vielfältigen biologischen Funktionen und der an diesem Organ auftretenden entzündlichen oder tumorösen Erkrankungen eine Schlüsselfunktion in der Medizin des 21. Jahrhunderts zukommt.

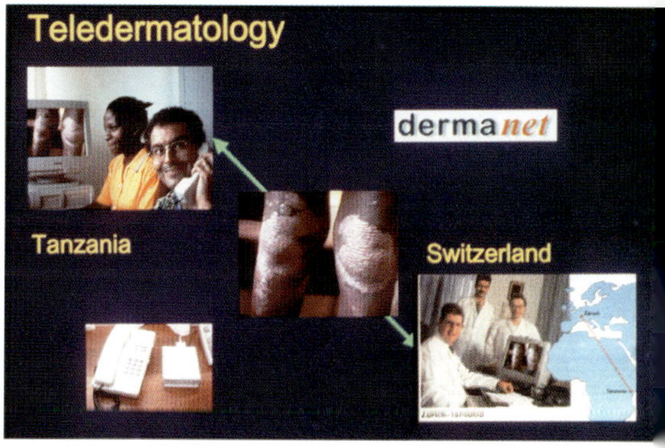

Die Teledermatologie eröffnete phantastische Möglichkeiten eines dermatologischen Konsiliardienstes ungeachtet räumlicher oder zeitlicher Distanzen.

Krankheit und Wellness im Gesundheitsmarkt

Krankheit und Wellness im Gesundheitsmarkt

Thomas D. Szucs

Bei Schlagworten wie Kostenexplosion, Ressourcenknappheit und Sparen drohen im Gesundheitswesen die Aspekte individuellen und gesellschaftlichen Nutzens und die durchaus auch positiven Wirtschafts- und Wachstumsfaktoren in den Hintergrund zu geraten. Gesundheitsleistungen sollen Krankheit, Behinderung und unnötig vorzeitige Todesfälle verhindern und Beschwerden lindern. Dabei kommen präventive, kurative, rehabilitative und palliative Maßnahmen zum Tragen, die sich sowohl auf individueller wie auch auf gesellschaftlicher und wirtschaftlicher Ebene auswirken. Im günstigen Fall beugen die Maßnahmen die Lebenskurve nach rechts unten, sprich: in Richtung gesünder älter werden, was wiederum zu einer Verbesserung des allgemeinen Wohlbefindens und einer Zunahme der physischen, psychischen oder sozialen Funktionsfähigkeit führt. Davon profitiert zunächst die unmittelbar betroffene Person, darüber hinaus aber deren Umfeld und schlußendlich die gesamte Gesellschaft. Vom wirtschaftlichen Standpunkt aus kann jemand besser oder länger in den Arbeitsprozeß integriert werden und damit können auch seine Produktivität und Wertschöpfung zunehmen. Diesen Nutzen in Zahlen auszudrücken, ist sehr schwierig – aber nicht unmöglich.

Das Gesundheitswesen verschlingt nicht nur einen Teil des Bruttosozialproduktes, sondern es trägt auch einen wesentlichen Teil zur Erwirtschaftung desselben bei. In anderen Bereichen des Wirtschaftslebens gelten steigende Umsätze, Gewinne und Beschäftigungszahlen als Erfolgsmeldungen. Es überrascht daher, daß derartige Entwicklungen im Gesundheitswesen – einer personalintensiven Dienstleistungsbranche mit einem ausgeprägten Anteil an Hochtechnologieprodukten und mittelständischen Industriebetrieben – in der Regel als Kostenexplosion und Überangebot wahrgenommen werden. Die Gesundheitswirtschaft ist weltweit ein Zukunftsmarkt mit einem enormen Wachstumspotential in acht Branchen:

1. Gesundheitswesen
2. Biotechnologie
3. Informationstechnologie
4. Telekommunikation
5. moderne Werkstoffe
6. Umweltdienstleistung
7. Bildungsdienstleistung
8. Business-Dienstleistungen und Outsourcing

Ein wesentlicher Faktor in diesem Zusammenhang ist die Zunahme der Weltbevölkerung: Im Jahre 2020 sollen es acht Milliarden Menschen sein und der Anteil der über fünfundsechzigjährigen circa zehn Prozent ausmachen (1997 6,6%). Ursache dieser Entwicklung ist vor allem die gestiegene Lebenserwartung, u.a. durch den allgemeinen Rückgang von Infektionen, und der Geburtenrückgang. Die Folgen sind bekannt: Zunahme von chronischen Erkrankungen, vor allem Zunahmen der Zivilisationskrankheiten sowie ein Anstieg funktioneller Störungen und Polymorbidität, der bereits jetzt achtzig Prozent aller Todesfälle zuzuordnen sind.

Das Gesundheitswesen als Wachstumsbranche

Laut Angaben der Interpharma-Broschüre Das Gesundheitswesen in der Schweiz waren 1997 299'000 Personen im Gesundheitswesen beschäftigt, wobei diejenigen, die in Ausbildung standen oder in der Industrie, im Handel und in den Sozialversicherungen tätig waren, nicht inbegriffen sind. Laut Angaben des Bundesamtes für Statistik arbeiteten 1995 gesamthaft sogar 377'835 Menschen im Gesundheitswesen und angegliederten Branchen. Geht man davon aus, daß die Gesamtzahl der Erwerbstätigen 1995 3,802 Millionen betrug, so bestreiten zehn Prozent der arbeitstätigen Bevölkerung ihren Lebensunterhalt durch eine Arbeit im Gesundheitsbereich – die indirekten Effekte für die Lebensmittelbranche, Gastronomie, Wäscherei, Gärtnerei u.a. nicht mitgezählt.

Für die öffentliche Hand bedeutet dies, daß die Schließung von Krankenhäusern und anderen Gesundheitseinrichtungen nicht nur Einsparungen mit sich bringen, sondern auch wesentliche Einbußen an Steuereinnahmen nach sich ziehen. In einem deutschen Sondergutachten wurde 1996 der Einfluß zusätzlicher Gesundheitsausgaben auf den Beschäftigungseffekt berechnet. Dabei zeigte sich, daß aus einer Ausgabenerhöhung von einer Milliarde DM ein positiver Beschäftigungseffekt von 5'536 Arbeitsplätzen resultiert. Ähnliches ergebe sich wohl auch in der Schweiz.

Des weiteren exportierte die Schweiz 1998 Pharmaprodukte für 16,8 Milliarden Franken. Der Exportüberschuß in der Pharmahandelsbilanz konnte im Jahr 2000 um gut acht Prozent auf 10,4 Milliarden Franken erhöht werden. Die Schweiz liegt damit weltweit an der Spitze.

Die Zahl der im Gesundheitswesen Beschäftigten sowie die Exportzahlen der Pharmaprodukte sind lediglich zwei Beispiele, denen weitere angefügt werden könnten: zum Beispiel der Export anderer Gesundheitsprodukte, die Anzahl Ausländer, die in der Schweiz behandelt werden, oder das medizinische Fachpersonal, das im Ausland in der Entwicklungszusammenarbeit engagiert ist. Der medizinisch-technische Fortschritt erzeugt auch einen natürlichen Nachfragesog sowie Druck aus der Forschung und Entwicklung. Dies widerspiegelt sich in der Notwendigkeit, entsprechenden akademischen Nachwuchs zu fördern und hochqualifizierte ausländische Arbeitnehmer in der Schweiz aufzunehmen.

In den letzten fünfzehn Jahren konnten wir eine rapide Zunahme von Freizeitsport, Fitneß und aktiver Freizeitbeschäftigung verzeichnen. Neben der Trimmbewegung, Joggen sowie Fahrradfahren zur Entspannung und als Freizeitsport, auf Straßen und im Gelände, hat sich seit 1978 unter dem Einfluß amerikanischer Gesellschafts- und Modeströmungen auch eine Fitness- und Wellnessbranche etabliert. Wohlfühl-Urlaub bekommt eine zunehmende Bedeutung für streßgeplagte Menschen, die hierfür einen Zweit- und Dritturlaub nutzen.

Fitness – eine neue Boombranche

Die Fitnesswelle erfaßte die europäische Bevölkerung in einem Maß, das die bisherigen Mode- und Freizeitbewegungen in ihrer Intensität weit überholt hat. Neben spezifischen Angeboten für Körper und Seele boomt zusätzlich der gesamte Verbrauchsgüterbereich von Kleidung, über Ernährung bis hin zu Sportgeräten und Gastronomie. Fitness und Sportlichkeit sind zu einer neuen Lebenseinstellung geworden.

In den deutschen Fitnesszentren trainierten im Jahre 1997 3,56 Millionen Menschen. Fitnessstudios sind nicht mehr mit den Folterkammern der Kraftstudios früherer Zeiten vergleichbar. Gesundheitsvorsorge und Prävention statt Muskelstärke heißt heute die Parole. Dazu wird ein buntes Angebot an Aerobic, Stretching, Ballett, Gymnastik, Tennis, Squash, Badminton, Volleyball oder Bodybuilding angeboten. Häufig werden diese Programm durch Sauna und Massage, Sonnenlandschaften, Ruhezonen und auch Erlebnisgastronomie unterstützt. Leistungsfähigkeitstests per Computer und Physiotherapeuten bzw. Sporttherapeuten nehmen zu, wie auch ärztliche, speziell sportmedizinische, oder physiotherapeutische Behandlungen. Es wird geschätzt, daß zwischen 1965 und 1995 circa sechs Millionen Menschen mindestens ein Jahr lang Mitglied in einem Fitnesszenter waren. Im Gegensatz zum traditionellen Freizeitangebot der Sportvereine, in denen die Männer mit dreiundsechzig Prozent überrepräsentiert waren, ist in den Fitnesszentren ein umgekehrter Trend zu beobachten: Eine Mehrheit von zweiundfünfzig Prozent sind Frauen.

Bei beiden Geschlechtern stehen in der Beliebtheitsskala Fitness und Bodybuilding an erster Stelle, danach bei Frauen Tanz, Aerobic und Meditation, gefolgt von Kampfsportarten. Bei den Männern rangieren Herz-Kreislauf-Training, Kampfsport und Gymnastik vor Aerobic, Meditation und Tanz. Und es sind nicht in erster Linie nur junge Menschen, die in Fitnesszentren gehen, sondern auch Männer und Frauen über vierzig und sogar Senioren im Pensionsalter. Bei allen richten sich die Motive auf das persönliche, körperliche, seelisch-geistige und soziale Wohlbefinden und haben sich in den letzten Jahren kaum geändert. Im Vordergrund stehen bei Männern und Frauen allgemeine Fitness und Gesunderhaltung sowie Formung der Figur, darauf folgt bei Männern die Kraftsteigerung, bei Frauen Streßbewältigung vor Geselligkeit und Unterhaltung. Der Aufbau von Muskelmasse, der in den achtziger Jahren noch weit vorne lag, hat für viele heute nur noch einen geringen Stellenwert.

Der Markt der Wellness und Fitnesszentren

Auch im Beauty- und Wellnessbereich wird der bisherige Trend zur Schönheit und Entspannung weiter zunehmen. Gerade viele Kurorte, die durch gesundheitspolitische Sparübungen heftige Einbrüche bei den Gästezahlen verzeichnen mußten, haben entsprechend umgestellt. Hierbei explodieren geradezu die Angebote für gesunde bzw. ernährungsbewußte Reisen, Fastenkuren oder Gesundheitsurlaub, und immer mehr nehmen auch die Vorschläge für Präventions- und sogenannte Schönheitsprogramme zu.

Gerade in der Optimierung der Therapieergebnisse von akuter Medizin und Rehabilitation kommt dem Fitnessbereich in Zukunft eine wichtige Bedeutung zu. So müßten Patienten nach erfolgreicher Rehabilitation konsequent in ein Fitnessprogramm überführt werden, um einerseits die Rehabilitationsergebnisse zu vertiefen und andererseits Vorsorge zu treffen, daß die gleiche Erkrankung nicht wieder auftritt. Dieser Aspekt der Fitness sollte in Zukunft als Sekundärprävention definiert und vom Gesundheitssystem gefördert werden.

In Koordination mit der Medizin, dem Hotel- und Restaurationsgewerbe sowie der Freizeitindustrie bestehen die Grundlagen, um den körperlichen und seelischen Gesundheitszustand zu erhöhen, neue Arbeitsplätze zu schaffen, Umsätze zu steigern und vor allen Dingen den Standort Schweiz für den Gesundheitstourismus in Zukunft attraktiv zu gestalten. Krankenkassen wie Betriebe sind gefordert, sich in diesem Bereich mehr als bisher für ihre Mitglieder bzw. Beschäftigten zu engagieren. Die Politik ihrerseits ist aufgerufen, hierzu die öffentliche Akzeptanz herzustellen, entsprechende Forschungs- und Entwicklungsprogramme zu initiieren und Anreize für Einrichtungen und Freizeitindustrie zu realisieren – für uns selbst und ausländische Gäste.

Notwendigkeit einer ergebnisorientierten Versorgung

Endzweck einer modernen Vergütungspolitik ist es, die Entschädigung der Leistungserbringer so auszurichten, daß sie Anreize zu besseren Ergebnissen setzt. Auf der Makroebene verlangt dies mehr Orientierung an einem abgestimmten Zielsystem. Den konkreten Gesundheitsversorgungsergebnissen entsprechen auf der Mikroebene die sogenannten Outcomes.

Im Sinne obiger Ausführungen gibt es noch einiges zu tun: Das Gesundheitswesen muß sich gegen die allzu simple Definition, es sei kostenverschlingend, wehren und auf die individuellen positiven gesundheitlichen Effekte und den allgemeinen wichtigen Wirtschafts- und Wachstumsfaktoren, die es per se beinhaltet, als weitreichenden Beitrag zur Förderung unserer Gesellschaft und unserer Wirtschaft hinweisen.

Wirtschaftlichkeit der Medizin und ihrer Leistungen

Vor dem Hintergrund steigender Gesundheitsausgaben muß ebenfalls nach dauerhaften, nicht ausschließlich symptomatisch wirkenden Lösungen gesucht werden, ohne jedoch Qualitätseinbußen in der medizinischen Versorgung hinzunehmen. Das Krankenversicherungsgesetz schreibt im Artikel 32 vor: »Die Leistungen müssen wirksam, zweckmäßig und wirtschaftlich sein…« Überdies zwingt die zunehmende Budgeteinhaltungspflicht wie auch der stärker werdende Wettbewerb unter den praktizierenden Ärzten den einzelnen Arzt immer mehr dazu, Entscheidungen nicht nur unter medizinischen Aspekten zu fällen, sondern ökonomische Betrachtungen stärker zu berücksichtigen.

Das Ziel medizinisch-ökonomischer Analysen muß deshalb darin bestehen, Ansätze und Vorschläge zu liefern, wie die begrenzten Ressourcen einzusetzen sind, um für möglichst große Teile der Gesamtbevölkerung Werte wie Gesundheit und körperliche Unversehrtheit zu verwirklichen. Schwierig ist jedoch die Festlegung des Maßstabes, an dem die Wirtschaftlichkeit einer Leistung zum Ausdruck gebracht werden soll. Da dabei nicht nur ein Preis zur Beurteilung der ökonomisch sinnvollen Verwendung medizinischer Leistungen herangezogen werden kann, bedient man sich der Instrumentarien der Evaluationsforschung (sogenannte Kosten-Nutzen-Analysen oder Kosten-Effektivitäts-Analysen). Unter Zuhilfenahme dieser Forschungsansätze wird versucht, möglichst alle relevanten Vorteile (Nutzen) und Nachteile (Kosten) medizinischer Interventionen zu erfassen und zu bewerten. Am wichtigsten ist dabei die Gegenüberstellung der Kosten einer Leistung mit dem zu erwartenden Gewinn an Lebensjahren. Die Evaluationsergebnisse verschiedener Interventionsmöglichkeiten können so miteinander verglichen und unter makro- und/oder mikroökonomischen Gesichtspunkten diskutiert und beurteilt werden. Am häufigsten werden diese Ergebnisse in sogenannten Ligatabellen dargestellt. Für die Entscheidungsträger im Gesundheitswesen (z.B. Krankenkassen und Ärzte) bietet diese ökonomische Evaluierung eine Orientierungs- und Entscheidungshilfe bei der wirtschaftlich sinnvollen Verwendung der zur Verfügung stehenden Mittel.

Ligatabelle verschiedener Leistungen

ausgedrückt in Kosten pro gewonnenes Lebensjahr

Maßnahme	**CHF pro gerettetes Lebensjahr**
Cholesterin Aufklärungskampagne	1'358
Schrittmacher für AV-Block	2'222
Hüftgelenkersatz	2'469
Koronare Bypassoperation, Hauptstammerkrankung	3'211
Grippeimpfung, Ältere	3'348
Zervixkarzinom-Screening, > 65 Jahre	3'901
Kolonkarzinom-Screening	5'248
Nierentransplantation	9'459
Cholesterin-Screening	10'137
Herztransplantation	15'314
Interferon alpha bei Hepatitis B	20'771
Osteoporose-Screening	31'492
Zentrumsdialyse	43'225
Screening für HIV in medizinischen Einrichtungen	81'697
Intensivstation für AIDS-Patient mit PCP und resp. Insuffizienz	372'542

»Billig« darf nicht einfach mit »wirtschaftlich« gleichgesetzt werden. So kann beispielsweise eine zunächst »teure« Therapie, die sich als sehr wirksam herausstellt und Folgeereignisse wie beispielsweise Myokardinfarkte oder Schlaganfälle und damit verbundene Kosten vermeiden hilft, durchaus »kosteneffektiver« sein als eine zunächst »billige« Intervention, die durch geringere Wirksamkeit hohe

Folgekosten nach sich zieht. Wirtschaften heißt also hier, das Verhältnis zwischen Mitteleinsatz und Erfolg zu optimieren. Diese Betrachtungsweise hängt natürlich auch davon ab, ob solche Endpunkte durch entsprechende Studien belegt wurden.

Der verschreibende Arzt muß ständig den schmalen Pfad zwischen seiner ärztlichen Verantwortung und den Rechten und Forderungen des Patienten einerseits sowie den immer stärker werdenden ökonomischen Zwängen andererseits beschreiten. Ökonomische Daten sollen dem Arzt die nötige Transparenz vermitteln, um bei beschränkten Arzneimittelbudgets effektiv und effizient handeln und behandeln zu können. Für den niedergelassenen Arzt haben ökonomische Evaluationen insofern praktische Bedeutung, als der bewußte Einsatz wirtschaftlicher Arzneimitteltherapien seine Angst und Unsicherheit mindern, sein Verordnungsverhalten rechtfertigen und er wissenschaftlich fundiert argumentieren kann. Zudem ermöglicht der Einsatz wirtschaftlicher Arzneimitteltherapien dem einzelnen Arzt eine Entlastung seines Arzneimittelbudgets, z.B. durch weniger Begleitmedikation, sowie ein größeres individuelles Handlungspotential im Rahmen des ihm vorgegebenen Verschreibungsetats.

Fazit

Gemäß einer kürzlich durchgeführten Untersuchung der Unternehmungsberatungsfirma Price Waterhouse Coopers wird derjenige im Gesundheitssystem erfolgreich sein, der

- die Erwartungen seiner Nachfolger übertrifft
- die Chancen von Electronic Health schnell und umfassend nutzt
- die Attraktivität seines Angebotes und die Leistungsfähigkeit seiner Einrichtung – durch Benchmarking – profiliert und
- Nutzen und Bezahlbarkeit der Leistungen zugleich verbessert.

Zusammenfassend drängen sich sieben Schlußfolgerungen auf:

1. Bei der Beurteilung des Gesundheitswesens ist eine einseitige Betrachtung der Kostenseite irreführend.
2. Im Gesundheitswesen wird ein erheblicher Teil des Bruttosozialproduktes erwirtschaftet.
3. Das Gesundheitswesen leistet einen wesentlichen Beitrag dazu, daß das Auftreten von Krankheit, Behinderung und vorzeitigem Tod gesenkt werden kann. Daraus erwächst ein positiver wirtschaftlicher Effekt.
4. Wellness und Fitness haben einen positiven Effekt auf die Gesundheitsvorsorge und erzielen sowohl individuellen als auch gesellschaftlichen Nutzen.

5. Das Gesundheitswesen beinhaltet per se einen positiven Wirtschafts- und Wachstumsfaktor.
6. Gut zehn Prozent der berufstätigen Bevölkerung ist direkt oder indirekt im Gesundheitswesen tätig.
7. Kosten und Nutzen der Medizin und ihrer Leistungen müssen quantifiziert und in die politische Diskussion eingebracht werden.

Von einer ganzheitlichen Fürsorge zur individuellen Pflege

Von einer ganzheitlichen Fürsorge zur individuellen Pflege

Walter Keller

Lange haben Ordensschwestern und ihr christliches Menschenbild die Dermatologische Klinik maßgebend geprägt. Noch als Bruno Bloch von 1916 bis 1933 Klinikchef war, stellte das Diakonissenhaus Neumünster die Leitung und die meisten der Pflegepersonen. Doch bereits damals wirkten sehr engagierte freie Schwestern und Krankenpfleger mit, fast alle bis zur Pensionierung. Die Diakonissen waren mit Herz und Seele für die Patienten da. Der Faktor Zeit spielte noch eine untergeordnete Rolle; man arbeitete, bis alles erledigt war. Wenn Patienten mit Hautleiden eine lokale Therapie brauchten, trugen die Pflegenden Salben, Cremen, Tinkturen, Lotionen usw. auf die betroffenen Stellen auf. So verbrachten sie relativ viel Zeit mit dem Patienten, und nicht selten ergab sich dabei für beide Seiten ein wertvolles Gespräch. Und auch nach der Arbeit gab es Möglichkeiten, sich Zeit für die Patienten zu nehmen.

Die Patientendokumentation war selbstverständlich sehr wichtig und mußte möglichst vollständig, nicht zu lang und auch »schön und sauber« geführt sein. Viele ehemalige Pflegepersonen wissen über das Nachzeichnen von Kurven zu berichten, weil irgend etwas schiefgelaufen war und ein ganzes Dokument, oft auch nach Feierabend, abgeschrieben werden mußte. Eine Schulschwester führte neue Mitarbeiterinnen und Mitarbeiter ein, leitete sie an und gab ihnen knappe, aber wertvolle Hinweise. So zum Beispiel, daß Patienten mit entzündeter Haut an starkem Wärmeverlust litten, oder daß eine Salbe zuerst in den Händen körperwarm gemacht werden mußte.

Wie erleben uns Patienten?

Hautleiden können entweder einmalig auftreten oder einen chronischen Verlauf nehmen. Ist letzteres der Fall, bleibt der Hautkranke sehr lange mit der Klinik ›verbunden‹. Zwei solcher langjähriger Patienten, die über dreißig Jahre ambulant und stationär in Behandlung waren, erzählen im folgenden, was ihnen im Lauf der Zeit in der Hautklinik so aufgefallen ist.

Herr S. ist verheiratet und hat Kinder. Ich lernte ihn vor circa dreißig Jahren kennen: Herr S. litt an Neurodermitis, war zwischen Familie, Beruf und Krankheit hin und her gerissen. Neben einer Salbentherapie bestand ein Großteil der Behandlung darin, ihn aus dem Alltagsgeschehen, aus dem Streß herauszuholen und ihm Ruhe und Pflege zu bieten.

Nun sitzt er vor mir und erzählt, was ihm im Laufe der vergangenen Jahre wichtig geworden war. Spontan zählt er die Chefs der Klinik auf, die er miterlebt hat. Speziell erwähnt er einen leitenden Arzt, der ihm jahrelang Rückhalt gegeben habe: Ohne ihn wäre er nicht über die Runden gekommen, er habe ihm und seiner Familie sehr viel geholfen und sie unterstützt, sei es mit Ratschlägen für die Behandlung, sei es im Familienumfeld, bei Rechtsfragen, der Rente usw.

Die Qualität der Behandlung habe zeitweise etwas nachgelassen, sei heute aber wieder sehr gut. Lange Zeit seien jedoch die ärztlichen Verordnungen an den Empfindungen und Bedürfnissen der Patienten vorbeigegangen, seien diktatorisch gewesen, wie zu »Kaisers Zeiten«, und eine Diskussion zwischen Patient und Arzt sei sehr schwierig gewesen. Mit seinem Leiden sei er bestens vertraut und nach zwanzig, dreißig Klinikaufenthalten habe er eigentlich mehr Erfahrung als wir alle. Eine – meiner Meinung nach – berechtigte Bemerkung, die man nicht vernachlässigen sollte.

Herr S. war im Gesundheitswesen tätig und oft »Anschauungsmaterial« bei Vorlesungen und Staatsexamen angehender Ärzte: Von ihm hätten sie kistenweise Dias, erzählt er. Aber trotz seines guten Einvernehmens mit Ärzten und Pflegepersonal habe er weiter den Wunsch, so kurz als nur möglich hospitalisiert zu sein, auch wenn das helfende und einfühlende Verhalten der Pflegenden viel zu seinem Wohlbefinden beitrage.

Poliklinikeingang nach dem Umbau von 1989

Herr O. kam noch als junger, aufgestellter Patient auf die Station E II. Er leidet seit über dreißig Jahren an Schuppenflechten mit jeweils stärkeren oder schwächeren Schüben, die er stationär oder ambulant behandeln läßt. Mit seinen witzigen Bemerkungen sorgt er allgemein für Unterhaltung, und es gab Pflegende, die sich darum drangen, daß er auf ihre Abteilung komme.

Es sei immer alles »wie'n am Schnüerli g'laufe«. Vieles in der Behandlung habe sich in all den Jahren nicht geändert, immer sei er mit Salben eingestrichen worden, nur sei dies früher meist Ingram-Paste gewesen, eine Paste, die mit dem Holzspatel exakt auf die befallenen Stellen gestrichen wurde. Den ganzen Körper – Arme, Beine, und wenn nötig auch der Kopf – überziehe man anschließend mit einem feinen Netzgewebe als Verband. Und so wie die Ingram-Paste ersetzt wurde, habe inzwischen auch das Verbandmaterial gewechselt. An »weichen Tagen«, so erinnert sich Herr O., wenn der Patient mit Schwefelsalizylvaseline eingerieben wurde, habe die Pflegeperson sogenannte Hirtenhemden aus alten gewaschenen Leintüchern ausgeschnitten. Diese wurden dann mit alten, von defekten Hemden übriggebliebenen Ärmeln ergänzt und mit Sicherheitsnadeln befestigt.

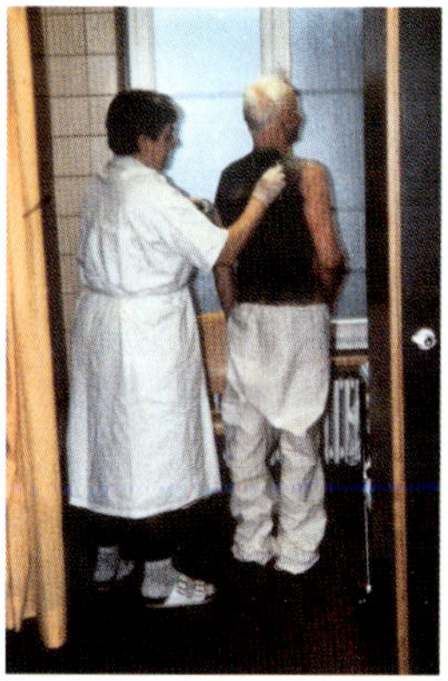

Teertherapie

In der Klinik sei er jeweils fünf bis sechs Wochen gelegen, berichtet Herr O. weiter und erzählt dazu eine kleine Anekdote: Ein ehemaliger Klinikchef erzählte gelegentlich auf der Chefvisite den jungen Assistenzärzten die Geschichte eines Berner und eines Zürcher Professors, die miteinander über die Hospitalisationsdauer bei der Schuppenflechtenbehandlung diskutierten. Der Berner fragt den Zürcher: »Wie machst du das mit der Steigerung bei der Salbenkonzentration?« Der Gefragte antwortet, er steigere schnell und in kurzen Abständen – zack, zack, zack, es müsse vorwärtsgehen –, und will wissen: »Und wie machst es denn du?« Der Berner: Er steigere langsam, sorgfältig, nur nicht zu schnell, man müsse vorsichtig vorgehen. Da fragt der Zürcher: »Wie lange brauchst du, bis die Schuppenflechte abgeheilt ist?« Antwort: »So circa vier bis sechs Wochen; es kommt darauf an.« Nun will aber auch der Berner wissen, wie lange denn sein Kollege brauche, bis ein gleicher Patient bei ihm abgeheilt sei. Der Zürcher meint: »Auch vier bis sechs Wochen; es kommt halt darauf an....«

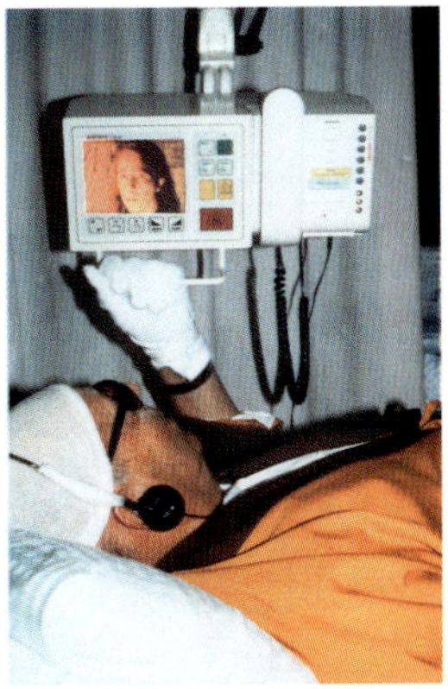

Patientenfernseher während einer Therapie

Herr O. wird heute ambulant mit Bad, Licht und Cignolin-Vaseline behandelt, das heißt, nach dem Bad geht er in die Licht- und anschließend in die Salbentherapie, wo die befallenen Stellen großzügig eingerieben werden und der Patient anschließend auf einem Bett für circa eine Stunde in einem Tuch eingepackt ruhig liegen bleibt. Mit dieser ambulanten, teilstationären oder Tagesklinikbehandlung kann seinem Wunsch nach möglichst kurzer (oder noch besser: keiner) Hospitalisation entsprochen werden.

Die Visiten von früher sind auch Herrn O. gegenwärtig. Wie im Militär sei es gewesen, streng hierarchisch: Zuvorderst der Chefarzt, gefolgt von Oberarzt, Assistenzarzt, Oberschwester oder Oberpfleger, dann die Stationsschwester, die zuständige. Krankenschwester, zwei bis drei Unterassistenten oder -assistentinnen, die Lernschwester, die Physiotherapeutin, der Sozialberater, gelegentlich der Apotheker und eventuell noch weitere Personen.

Diese beiden Geschichten veranschaulichen, welch wichtige Rolle die einzelnen Personen in Behandlung und Pflege für den individuellen Patienten einnehmen und wie sich ein gewandeltes Pflegeverständnis positiv auf die Beziehungen zwischen Kranken und Klinikpersonal ausgewirkt hat.

Fortschritte und Entwicklung auf verschiedenen Ebenen

Zum neuen Pflegeverständnis, das in der Dermatologie des Universitätsspitals Zürich Einzug gehalten hat, gehört das vor Jahren eingeführte Konzept der *Pflegeplanung*. Der Regelkreis des Pflegeprozesses ist inzwischen zu einem grundlegenden Arbeitsinstrument geworden, auch wenn der vermehrte Arbeitsdruck, der Wandel in der Behandlung und das neue Arbeitszeitbewußtsein dem entgegenwirkten. Und obwohl eine Arbeitszeitverkürzung ohne Stellenvermehrung eingeführt wurde, versuchte man zu Recht, die gegebenen Arbeitszeiten einzuhalten. Eine zweite Neuerung, die Pflegediagnostik (Pflegeschwerpunkte), brachte durch das integrierte Erstgespräch mit den eintretenden Patienten eine neue Chance, gleich zu Beginn zu erfahren, was aus pflegerischer Sicht für diese wichtig ist. Diese Methode entspricht einem Auftrag der Gesundheitsdirektion und gab der Beziehung Patient-Pflegeperson neue Priorität und Legitimation. Die Pflegenden sollen und müssen sich Zeit für das Gespräch und die entsprechende Dokumentation nehmen. Durch die strukturierte Erfassung und Dokumentation des Erstgespräches (Pflegeanamnese), die Anpassung der Pflegeschwerpunkte an die jeweils aktuelle Situation und die periodische Evaluation wurde zudem ein Instrument zur Qualitätsmessung eingeführt.

In den Stationen selbst haben sich auch die konkreten Pflichten der Pflegenden wesentlich verändert. Brauchte man früher viel Zeit für die Grundpflege und die lokalen Behandlungen, so widmet man sich heute intensiver medizinisch und dermatoonkologischen Aspekten. Daß diesen Patienten mehr Aufmerksamkeit geschenkt wird, war notwendig und hat sich auch auf die Pflege ausgewirkt: Es ist eine Art kombinierter Pflegeaufwand für Patienten entstanden: lokale Behandlung verbunden mit einer differenzierten Infusions- und Chemotherapie und der dazugehörigen Überwachung und Begleitung.

Und schließlich haben Krankenhäuser im allgemeinen und die Stationen im speziellen vermehrt Verantwortung in der Ausbildung übernommen. Auf den Abteilungen, in denen Auszubildende arbeiten, stehen diesen entsprechende Lehrkräfte zur Seite, die ihrerseits speziell auf diese Aufgabe vorbereitet werden. Es ist selbstverständlich geworden, die Fortbildung als Notwendigkeit zu erachten, um mit der Entwicklung Schritt halten zu können.

Patientenportraits

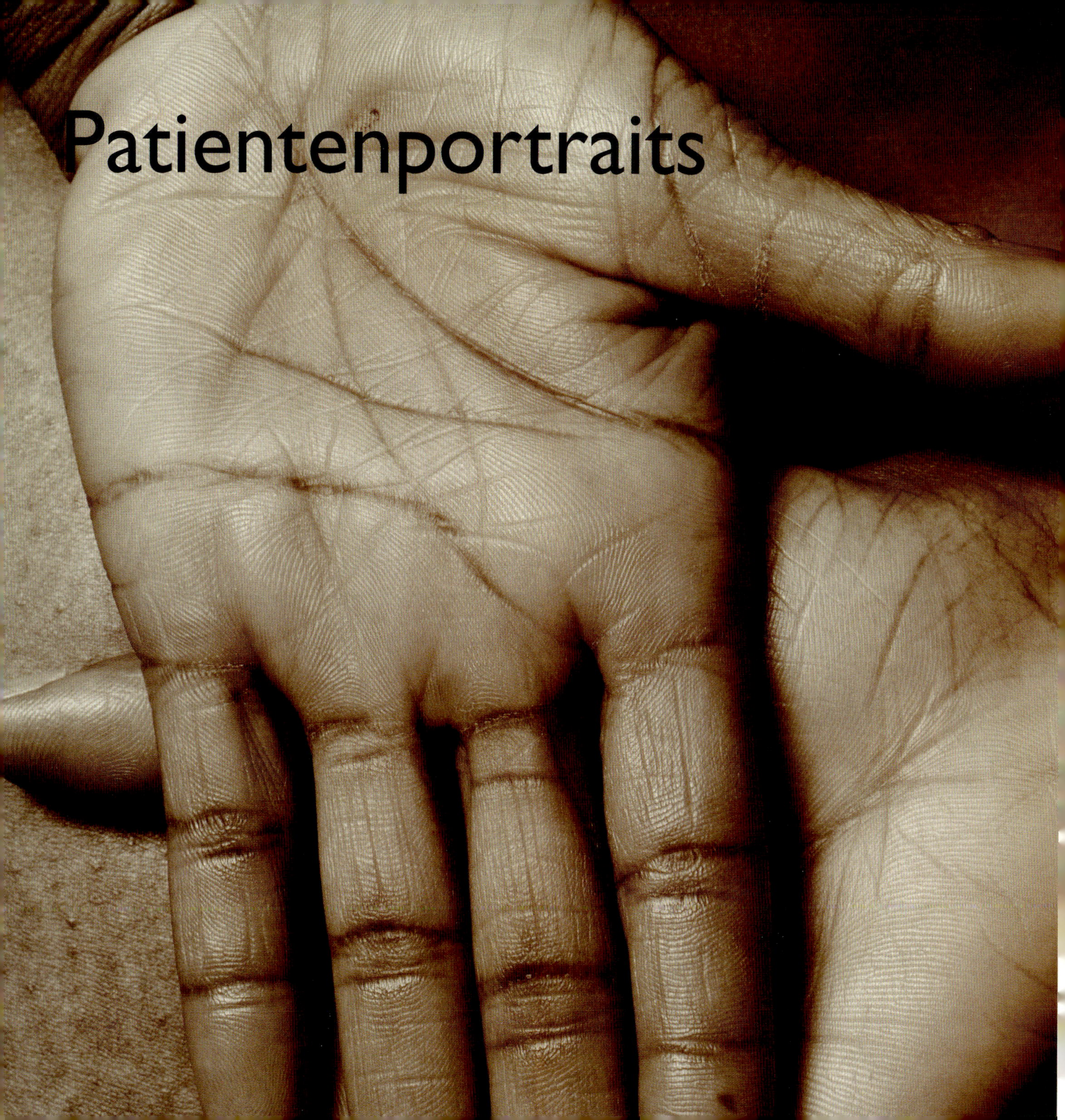

Patientenportraits

Kurt-Emil Merki

»Mein Äußeres war mir nie wichtig.«

Florian Schär ist neunzehn Jahre alt, Brillen- und Hutträger. Die Brille korrigiert das Sehvermögen, der Hut verdeckt einen kahlen Kopf. Florian Schär leidet unter der Krankheit »kreisrunder Haarausfall«.

Wann haben Sie erstmals bemerkt, daß Sie Haare verlieren?
Ich habe vor kurzem mein Tagebuch konsultiert, das allerdings nicht sehr konsequent geführt ist. Aber die Zeit meiner ersten Haarsprechstunde ist darin festgehalten. Es war im November 1998. Ungefähr einen Monat vor diesem Termin hatte ich an einer Stelle am Hinterkopf einen ersten Haarausfall festgestellt; ich schenkte ihm allerdings keine große Beachtung.

Sie waren nicht alarmiert?
Nein. Mein Äußeres ist mir nie wichtig gewesen. Als ich den kleinen runden Herd entdeckte, dachte ich: Das wird sich schon wieder geben.

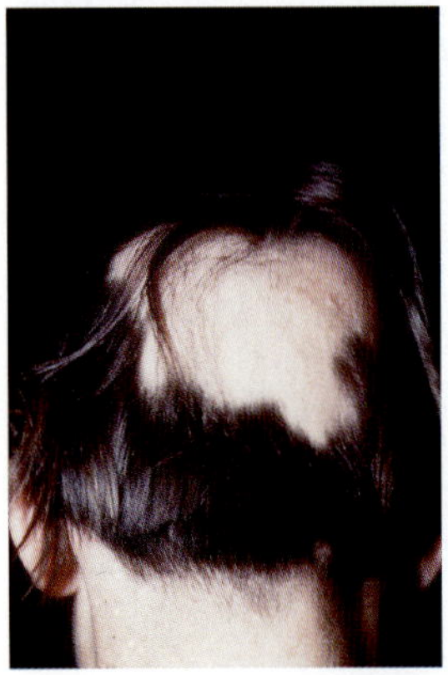

Der umschriebene Haarausfall kann plötzlich auftreten, langsam größer werden und sich nach Wochen oder Monaten wieder spontan zurückbilden.

Wie haben die Eltern reagiert?
Ich habe mit meinen Eltern sehr selten über persönliche Probleme geredet. Schon gar nicht über Dinge, die den eigenen Körper betrafen. Dennoch bemerkte meine Mutter eines Tages den Haarausfall. Danach ging es rassig. Sie meldete mich sofort bei der Hausärztin an, ich bekam ein Vitamin-A-Präparat und wurde an die Dermatologische Klinik verwiesen.

Haben Sie sich in der Zeit, die zwischen dem ersten Haarausfall und dem ersten Kontakt mit dem Spezialisten lag, Gedanken über die Ursache gemacht?
Nein, ich habe zugewartet und der Sache keine weitere Beachtung geschenkt. Denn ich ging nicht davon aus, daß es sich um etwas Gravierendes handelte.

Hat der Coiffeur keine Bemerkungen gemacht?
Ich wies ihn auf die Stellen hin, die vom Haarausfall betroffen waren, und bat ihn, sie zu überdecken.

Wie trugen Sie die Haare damals?
(Florian Schär sucht nach seinem Geldbeutel, kramt darin und holt seine Halbtaxkarte heraus. Auf dem kleinen Photo ist ein schwarz- und dichthaariger, hübscher junger Mann zu erkennen.)

Haben Ihnen Ihre Haare etwas bedeutet?
Nein. Ich muß, zu meinem eigenen Leidwesen, wiederholen, daß mich mein Äußeres nie speziell beschäftigt hat. Mich haben vor allem meine Bücher interessiert, die Philosophie und auch die Musik.

Was für einen Bescheid erhielten Sie vom Facharzt nach der ersten Konsultation?
Es stand ziemlich schnell fest, daß es sich um kreisrunden Haarausfall handelte. Zu meinem großen Erstaunen fragte mich der Arzt gleich bei der ersten Sitzung, ob ich psychische Schwierigkeiten hätte.

Und: Hatten Sie psychische Probleme?
Tatsächlich hatte ich sehr deutlich Schwierigkeiten. Ich kann das aus meinen Tagebuchnotizen rekonstruieren. Ich würde sagen, ich war damals psychisch etwas labil, bin es eigentlich heute noch. Das ist eine Eigenschaft von mir.

Was heißt das?
Ich bin jemand, der sich einer Sache ganz schnell vollständig hingibt. Jemand, der sich emotional sehr mitnehmen läßt. Im Grunde genommen litt ich seit langem daran, daß es mir nie gelungen war, Freundschaften aufzubauen oder eine Liebesbeziehung einzugehen. Meine Art, damit fertig zu werden, bestand darin, daß ich um mich herum viele Mauern aufbaute. Ich schuf absichtlich Interessengebiete für mich, von denen ich annehmen konnte, daß andere damit nichts anfangen konnten; auch innerhalb der Verwandtschaft und sogar innerhalb der engeren Familie. So kam es ja auch, daß ich mit meinen Eltern nie über Probleme redete. Es entstand ein eigentlicher Teufelskreis.

Sie haben alles getan, um keine Beziehungen zu haben. Und gleichzeitig litten Sie unter der Beziehungslosigkeit?
Genau. Das ist natürlich ein Weg, der sehr viel Energie kostet und zu psychischer Beeinträchtigung führt.

In der Familie gab es kreisrunden Haarausfall nicht?
Nicht, daß ich wüßte. Der Vater und eine Schwester werden allerdings von Heuschnupfen geplagt. Die Erfahrung zeigt, daß in Familien, in denen Allergien vorkommen, das Risiko für autoimmune Anfälligkeiten steigt. Kreisrunder Haarausfall gehört dazu.

Was für eine Behandlung wurde angeordnet?
Der Arzt verschrieb mir in der ersten Sprechstunde Zinkpillen. Er hielt mich dazu an, die Entwicklung im Auge zu behalten und nach einem Monat wieder vorbeizukommen: Es fielen immer mehr Haare aus. Der Arzt stellte schon bald dreizehn verschiedene Herde fest, verteilt über den ganzen Kopf. Aber noch handelte es sich um kleine Herde, die auf den ersten Blick nicht sichtbar waren.

»Es hat große kahle Flächen«

Im Laufe der Monate kam es zum totalen Haarausfall?
Als total würde ich die Entwicklung bis heute nicht bezeichnen.
(Florian Schär nimmt den Hut ab. Die Veränderung ist eklatant: Mit einem Griff wird aus dem Burschen ein wesentlich älterer Mann. Der Anblick erfordert einige Gewöhnung. Dieser Kopf will nicht zum jungen Mann passen, der Florian Schär den amtlichen Dokumenten nach ist. Er wirkt plötzlich wie ein hochintellektueller Geistesarbeiter unbestimmbaren Alters mit Hang zur Genialität.)
Wenn ich die Haare wachsen ließe, kämen an einigen Stellen Haare zum Vorschein. Aber es hat große Flächen, die kahl sind.

Sie haben sich von sich aus für eine totale Glatze entschieden?
Es kostete mich eine gewisse Überwindung. Aber diese einzelnen Haarbüschel sahen dermaßen widerlich aus, daß mich mein Vater dazu aufforderte, die restlichen Haare abzurasieren.

Wie haben Sie reagiert, als Sie realisierten, daß sich der Haarausfall entgegen Ihrer ursprünglichen Annahme doch weiter ausbreitete?
Die für mich typische Konsequenz war, daß ich den zunehmenden Haarausfall sofort als Rechtfertigung für fehlende Beziehungen benützte. Aber ich war dennoch bereit, alle Therapien zu machen, die man mir anbot. Ich nahm die Zinkpillen, später verschrieb mir der Arzt eine Speziallotion zum Einschmieren. Beides brachte nichts. So machte sich mit der Zeit eine gewisse Hoffnungslosigkeit breit. Aber eigentlich war mir mein Aussehen ja ziemlich egal.

Das unfreiwillige Kahlrasieren des Kopfes ist eine so massive Veränderung, daß man sich doch irgendwann einmal damit auseinandersetzen muß.
Sicher, ja, aber es paßte irgendwie in mein Konzept der Distanzierung. Gut, es war nicht immer einfach. Um so mehr stürzte ich mich in die Sachen, die mich wirklich interessierten.

Hatten Sie Ihre Kollegen in der Schule auf die sich abzeichnende Veränderung vorbereitet?
Ich beantwortete einfach Fragen. Aber von mir aus erzählen, was da im Gang war, entsprach nicht meiner Art.

Was wurde denn so gefragt?
Der eine oder andere erkundigte sich, ob ich Krebs hätte.

Wenn dieser Vorgang in der Schule kaum ein Thema war, haben Sie sich wenigstens selber damit beschäftigt?
Ich schreibe selber Texte, Erzählungen zumeist, aber auch Theaterstücke. Im Moment skizziere ich einen Roman. Darin geht es genau um das Thema Abkapseln. Mit Haarausfall hat die Geschichte aber nichts zu tun. Und sonst? Ich habe mich wirklich herzlich wenig damit beschäftigt. Ich sagte mir: Was da ist, muß ich akzeptieren. Viel kann ich ja nicht dagegen machen. Ich kann mich vielleicht darüber aufregen, aber das bringt mir nichts. Ich kann mich in irgend etwas hinein stürzen und mich selber bemitleiden, aber auch das bringt mir nichts.

Wie war die Reaktion der Familie in dieser fortgeschrittenen Phase?
Ich glaube, sie hatte mit der ganzen Angelegenheit mehr Probleme als ich. Sie wollten alle möglichen Hebel in Bewegung setzen, um mir zu helfen, während ich immer alles herunter spielte. Ich wollte die Sache möglichst bald ad acta legen und mich Wichtigerem zuwenden.
(Florian Schär nimmt einen Schluck Cola. Er trägt ein schwarzes Sweatshirt, der Hut mit der breiten Krempe liegt jetzt auf dem Tisch. Vor sich hat er ein Schulheft, das die Romanskizzen enthält. Schreibwerkzeug ist ebenfalls da. Daß er die Blöße mit einer Kopfbedeckung gleichsam zum Verschwinden zu bringen sucht, könnte ein Hinweis darauf sein, daß ihm das Aussehen doch nicht vollkommen egal ist. Phasenweise, sagt Florian Schär, sei es ihm tatsächlich nicht einfach schnuppe. Je mehr er sich nach einer Liebesbeziehung gesehnt habe, desto mehr habe er auf sein Äußeres geachtet. Breitete sich die Hoffnungslosigkeit aus, sei das eigene Erscheinungsbild in den Hintergrund getreten. Es sei aber auch so, daß er den Hut auf Anraten des Arztes trage. »Wegen der DCP-Behandlung.« DCP ist die Abkürzung für Diphencypron. Diphencypron löst ein kontaktallergisches Ekzem aus, das die Kopfhaut rötet, zu Schuppen- und Bläschenbildung führt. Gegen kreisrunden Haarausfall gibt es zur Zeit nichts Wirkungsvolleres.)

Ich muß mir überlegen, wann diese Behandlung begann. Es war wahrscheinlich ungefähr im Januar 2000. Mit dieser Methode soll der Blutkreislauf im Kopf angeregt werden. Es wird eine Art von Allergie provoziert, was auf der Kopfhaut ein starkes Kribbeln verursacht. Im April mußte ich drei Tage ins Spital für eine intravenöse Cortisonbehandlung. Ich kam mir vor wie Friedrich Nietzsche in seinen letzten Tagen, geistig irgendwie umnachtet. Ich irrte um halb vier Uhr in der Frühe wie ein Halbwahnsinniger durch die Gänge des Krankenhauses, hockte mich irgendwo hin, rauchte Kette, schrieb irgendwelche Zeilen. Jetzt muß ich für diese DCP-Behandlung jeden Montag zum Arzt. Ich kann mir die Tinktur solange nicht selber einschmieren, bis die richtige Dosis festgelegt ist.

»Nada. Nix, gar nix«

Und der Erfolg?
Nada. Nix, gar nix.

Hatten Sie bei Beginn dieser Behandlung überhaupt Hoffnung auf Besserung?
Ich war immer bereit, das zu machen, was man machen konnte. Man hat mir zum Beispiel auch Akupunktur nahe gelegt. Da hatte ich zwar meine Vorbehalte. Ich machte aber tatsächlich einen Versuch, fand die Erklärungen des Spezialisten indes ziemlich verwirrend und gab sehr bald wieder auf. Zum Entsetzen meiner Eltern übrigens, die begeistert sind von solchen alternativen Behandlungsmethoden.

Sie selber haben großes Vertrauen in die Schulmediziner?
Absolut. Ich gehe davon aus, daß die schon wissen, was zu tun ist

Was ist die aktuelle Prognose?
Bei der letzten Sitzung wurde ich mit der Hiobsbotschaft konfrontiert, daß die Wahrscheinlichkeit, daß Haare wieder nachwachsen, unter zehn Prozent liege. Die DCP-Behandlung steigere die Wahrscheinlichkeit auf fünfzehn Prozent. Das war schon ein Schlag. Ich hatte zuvor nicht gewußt, daß die Prognose so schlecht ist.

Gab es aus ihrer Umgebung irgend wann einmal Anspielungen auf die politischen Glatzköpfe, die rechtsradikalen Skinheads?
Nein.

Wenn Sie Haare hätten, hätten Sie dann eine Frisur oder eine Glatze?
Eine Frisur, ja. Mitunter habe ich mich zwar an die Glatze gewöhnt. Was mich aber echt stört, sind die fehlenden Augenbrauen und Wimpern. So war ich froh, daß sich sozusagen gleichzeitig mit dem Haarausfall die Notwendigkeit ergab, eine Brille zu tragen. So sieht der Kopf nicht ganz so leer aus. Und letzthin hat jemand bemerkt, ich hätte nun quasi das Image eines Literaten oder Philosophen bekommen. Und jemand vermutete, ich sei sicher Jahrgang 75 – dabei bin ich Jahrgang 81.

Leiden Sie unter der Tatsache, daß Sie älter wirken als Sie tatsächlich sind?
Nein.
(Wenn die Augen – wie der Volksmund es will – die Spiegel des Herzens sind, so reflektiert die Haut den Zustand der Psyche. Florian Schärs psychischer Zustand hatte sich im Januar 1999 nach eigenen Angaben rapid verschlechtert. Er litt an einer mißlungenen Liebesbeziehung und schrieb destruktive Texte, las destruktive Texte, hörte destruktive Musik.)

Hatte der psychische Einbruch auch mit dem zunehmenden Haarverlust zu tun? Oder war es gerade umgekehrt: Verloren Sie die Haare, weil es Ihnen schlecht ging?
Ich bin eigentlich der Meinung, daß die Psyche Auswirkungen auf die Haare hat. Und nicht umgekehrt. Die Tatsache, daß mein Erscheinungsbild nicht dem Ideal entspricht, war mir schon lange bekannt. Da spielte die Glatze eigentlich keine zusätzliche Rolle mehr.

Haben Sie je Kontakt zu einer Erfahrungsgruppe gesucht?
Nein. Ich bin das Paradebeispiel eines Individualisten.

Haben Sie je versucht, die psychischen Probleme in einer individuellen Psychotherapie anzugehen?
Manchmal habe ich einen gewissen Drang zum absichtlichen Leiden. Und manchmal genieße ich diese Stimmung sogar. Ich möchte ganz für mich allein die Ohnmacht der Menschheit erleben. Dafür stellt mir die Literatur reichlich Portale zur Verfügung.
(Florian Schärs Stimme hat plötzlich einen etwas pathetischen Klang angenommen. Jetzt schweigt er wieder, umklammert mit allen zehn Fingern das Trinkglas – als ob er den Inhalt mit der eigenen Energie erwärmen müßte.)

Ich bin jemand, der sehr häufig alleine ist. Aus voller Absicht, weil mir das eher oberflächliche Getue meiner Generation nicht liegt. Ich bin so etwas wie ein U-Bootkapitän, der in tiefen Gewässern herumfährt – auf einer andern Ebene jedenfalls als die meisten Zeitgenossen. Das erlaubt eine andere, eine umfassendere Sichtweise. Ich sehe, daß die Menschheit an Problemen leidet. Wenn ich mich geistig mit diesen Problemen auseinander setze, verschwindet mein persönliches Problem. Es wird unwichtig.

Wir sind von der Frage nach der psychotherapeutischen Hilfe abgeschweift.
Die Besuche bei Therapeuten waren für mich eine Alibiübung. Ich hatte große Zweifel, daß die Sitzungen etwas bewirken könnten, weil ich mir über mein Verhalten ja ganz bewußt war: Es hatte den Zweck, den Emotionen auszuweichen. Ich hatte gar nicht den Willen, diesen Zustand zu überwinden. Obwohl meine Eltern mein Verhalten eine Katastrophe fanden und das, was die Verwandtschaft über mich erzählte, gräßlich gewesen sein muß. Sie vermuteten mich wohl in der Drogenszene oder meinten, ich sei auf dem Weg zum Wahnsinn. Ich eigne mich für Gerüchte. Aber ich war Anspielungen seit der Primarschule gewohnt. Weil ich andere Interessen hatte als die Mitschüler, wurde ich »Mozart« gerufen. Es war verächtlich gemeint. Ich führte die Psychologen mehr oder weniger an der Nase herum. Ich habe ihnen genauso etwas vorgespielt wie allen andern Menschen auch. Ich verbarg mich hinter einer Fassade und konnte so sagen: Allfällige Kritik betrifft diese Fassade und nicht wirklich mich.

Hatten Sie je die Befürchtung, daß sie irr würden?
Auch wenn es zum Klischee gepaßt hätte: Davor hatte ich nie Angst, nein.

Wie lange dauerte die Therapie?
Immer mal wieder ein bißchen, mal bei diesem Psychologen, dann wieder bei einem andern.

Ihre Eltern machten sich Sorgen um Sie. Hatten Sie Verständnis für diese Ängste?
Meine Eltern wollten eine Erklärung für mein Verhalten haben, das ist verständlich.

Was machen Ihre Eltern beruflich?
Mein Vater ist Linienpilot. Was meine Mutter ist, ist schwierig zu erklären. Sprachtrainerin ist vielleicht die richtige Bezeichnung. Sie gab früher Sprachkurse, hat

eine Theaterausbildung abgeschlossen, war Sekundarlehrerin. Lange ist sie Hausfrau gewesen und beginnt nun im Bereich der Sprachvermittlung neue Lernsysteme zu erarbeiten.

Sie haben Geschwister?
Ich habe zwei jüngere Schwestern. Beide sind am Gymnasium, beide haben bessere Noten als ich. Sie kommen mit dem System offenbar besser zurecht als ich.

Was wollen Sie nach der Maturitätsprüfung machen? Wollen Sie Lehrer werden?
Um Himmels willen, nein. Ich will nicht das System unterstützen, unter dem ich selber leide.

Wo stehen Sie jetzt?
Wo stehe ich jetzt? Wenn man abends ohne jemanden auf der Bettkante hockt, kommt man sich schon allein vor. Dieses Alleinsein ist etwas, was mich zunehmend verletzt. Ich glaube, daß ich mir in letzter Zeit sehr Mühe gegeben habe, gegenüber Mitmenschen sehr ehrlich und sehr offen zu sein und die Wälle um mich herum abzubauen. Zur Zeit habe ich daran zu kauen, daß die für mich neue Offenheit quasi bestraft wurde. Ich muß achtgeben, daß die schulischen Leistungen nicht wieder zusammenbrechen. Ansonsten bin ich wieder einmal daran, mich hinter meinen Mauern zurechtzufinden. Auch wenn ich mittlerweile weiß, weil ich es erfahren habe, daß ich über alles reden kann, brauche ich noch immer meine Welten, um dann, wenn es mir nicht mehr paßt, abdüsen zu können. Ich bin jemand, der sich im Moment die Literatur sehr zunutze macht. Ich schreibe wie ein Wahnsinniger. Noch immer mache ich eher nicht, was andere machen. Ich gehe zum Beispiel im Sommer am liebsten in einem alten Wintermantel und mit Hut aus dem Haus und womöglich mit einem Regenschirm, wenn die Sonne scheint. Also ganz provokativ, absichtlich schräg – sogar dann, wenn es nicht meiner Stimmung entspricht. Ich bin wohl ein wenig skurril. Ja, so bin ich.

»Gib nie auf!«

Eugen Moser ist eine stattliche Erscheinung. Groß und kräftig, mit energischem Gesichtsausdruck. Wer diesem Mann gegenübersitzt, wer seine klare Sprache hört und den forschen Blick sieht, gibt ihm seine fünfundsiebzig Jahre nicht. Und schon gar nicht, daß er unter einem Lymphom leidet.

»Never give up« sei sein Lebensmotto, sagt Eugen Moser. Der Spruch ist ihm im Automobilmuseum von Indianapolis aufgefallen. »Gib nie auf« hatte sich der aus der Schweiz stammende und in den USA erfolgreiche Autobauer Louis Chevrolet zur Losung gemacht. Die nach ihm benannte Fahrzeugmarke war jahrzehntelang ein Begriff auf den Straßen der ganzen Welt.

Eugen Moser hat einen schönen Teil dieser Welt gesehen. Der gelernte Sanitärinstallateur war in verschiedenen europäischen Ländern tätig, in Südafrika und eben in den USA. »Ich habe das ganze Leben im Übergewand gearbeitet«, sagt er. Und er betont immer wieder, er sei »ein Handwerker«, einer, der vor allem auf dem Bau gearbeitet habe. In der Schweiz brachte er es bis zum leitenden Angestellten einer angesehenen Sanitärfirma. Wer nichts von Eugen Moser weiß, könnte bei einer ersten Begegnung leicht auf den Gedanken kommen, beim weißhaarigen Brillenträger handle es sich um einen emeritierten Gelehrten.

»Ich war immer gesund«

Zu Mosers markanten Persönlichkeit paßt die Aussage, er sei eigentlich immer gesund gewesen. Gut, einmal ein Schädelbruch und eine Sprunggelenkfraktur. Die Folge eines Arbeitsunfalls, den er während seines zweijährigen Aufenthaltes in Südafrika erlitten hatte. Die wegwerfende Handbewegung, die diese Auskunft begleitet, soll wohl bedeuten, daß er davon kein großes Aufhebens machen will. Später dann, mit sechzig, diese Stoffwechselgeschichte. Moser runzelt die Stirn, plötzlich kommen ihm die Worte nicht mehr leicht über die Lippen. »Mit sechzig haben mich meine Vorgesetzten meiner Funktionen enthoben und mir eine Vorruhestandsregelung angeboten«, sagt er. Und weiter: Ja, es sei ihm schwergefallen, in dieser Firma, dem neuen Vertrag entsprechend, seine Zeit ohne richtige Aufgabe abzusitzen. Er sagt es so, daß man merkt: Das ist eine Untertreibung. Es fiel ihm nicht bloß schwer, er litt darunter. »Stimmt. Ich kam mir vor wie ein Ackergaul, der Zeit seines Lebens gewohnt war, den Pflug zu ziehen, und den man von einem Tag auf den andern in den Stall stellte.«

Eugen Moser zog sich nicht aufs Altenteil zurück. Er widmete sich den Umbauten seiner Immobilien, die er seinen Nachkommen in gutem Zustand übergeben will. Diese Arbeiten nehmen ihn auch heute noch in Anspruch; ein Leben ohne Beschäftigung wäre für ihn kein Leben. Er war siebzig, als sich an seiner rechten Schulter seltsame Geschwülste zu bilden begannen, die bis zu fünf Zentimeter groß wurden. »Ich negierte sie«, erzählt er. »Es waren wurmähnliche Auswuchtungen, hart in der Konsistenz.« Seine Frau machte sich Sorgen. Er kümmerte sich nicht weiter darum. »Ich war überzeugt, daß diese eigenartigen Hautgebilde bald wieder verschwinden würden.«

1997 suchte Eugen Moser routinemäßig die Ärztin auf, bei der er wegen einer Schilddrüsenunterfunktion in Behandlung war. Er wies sie bei dieser Gelegenheit auf die Geschwülste hin. »Die Ärztin war ratlos, sie gab mir eine Cortisonsalbe und schickte mich zu einem Spezialisten.« Es war im Jahr 1998, als der damals dreiundsiebzigjährige bei einem Dermatologen anklopfte. Eugen Moser erinnert sich vor allem daran, wie er im Wartezimmer unendlich lange ausharren mußte – etwas, was dem rastlosen Menschen ganz offensichtlich schwerfällt. Der Spezialist nahm Hautproben und versprach, das Resultat der Untersuchung in ein paar Tagen mitteilen zu wollen. Der Bescheid ließ auf sich warten. Statt dessen nahm der Arzt weitere Proben, schickte sie nun an drei dermatologische Institute. Eugen Moser erinnert sich an die kurzen Dialoge, die er damals mit dem Spezialisten hatte. »Der Arzt sagte, es könne sein, daß es sich um eine Überreaktion des Immunsystems, eine Allergie oder ein Lymphom handle.« Auf die Frage des Dermatologen nach Krebserkrankungen in der Familie beschied ihm Moser, daß er davon nichts wisse. »Ich verlangte vom Arzt, daß er mir den vermuteten Befund schriftlich bestätige. Darauf bekam ich einen Wisch mit Notizen, die ich nicht verstand. Nun forderte ich den Arzt auf, mir klipp und klar meine Krankheit zu benennen. Der Arzt sagte bloß, daß er noch eine große Hautprobe nehmen wolle, von der er aber nicht wisse, ob sie überhaupt transportfähig sei und im Labor untersucht werden könne.«

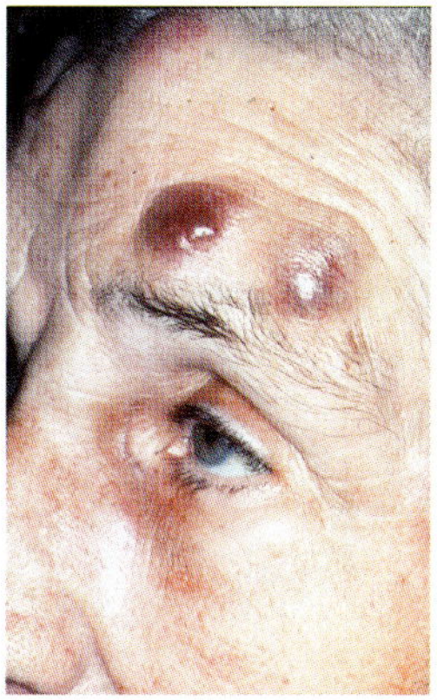

Tumorförmige Vermehrung von B-Lymphozyten – normalerweise verantwortlich für die Bildung von Abwehrstoffen (Immunglobuline) – in der Haut

»Das geht so nicht weiter.«

Eugen Moser sagt, er habe damals familiäre Probleme gehabt, mag aber nicht näher erläutern, welcher Art sie waren. Jedenfalls verlor er das Vertrauen in den Experten und es ist wohl mehr als eine Spekulation, wenn man davon ausgeht, daß er zu jener Zeit besonders dünnhäutig war. Er hätte gerne gewußt, wie es um ihn stand. Und die Tatsache, daß sogar ein ausgewiesener Spezialist zugeben mußte, vor einem Rätsel zu stehen, machte ihm, der auf Gewißheit aus war, zu schaffen.

Mittlerweile war beinahe der ganze Körper voll von diesen wurmartigen Geschwulsten, hinunter bis zu den Knien und hinauf bis zur Stirn. Als seine jüngste Tochter das Ausmaß und die Größe dieser Hautmale sah und realisierte, wie stark der Juckreiz den Vater plagte, erschrak sie und befand kurzerhand: »Das geht so nicht weiter. Versprich mir, daß du etwas unternimmst.«

Eugen Moser sagt, er habe spät geheiratet. Er ist Vater zweier Töchter und eines Sohnes. Alle drei haben eine gute Ausbildung absolviert, der Sohn ist als Unternehmensberater bei einer international tätigen Firma angestellt, eine Tochter begann ein Jurastudium, die andere ist Projektleiterin einer Großbank.

In der Vorweihnachtszeit des Jahres 1998 suchte Eugen Moser schließlich die Universitätsklinik Zürich auf. Und wieder geschah, was ihm so Mühe macht: Er mußte lange warten. »So lange, daß ich mich erkundigte, ob man mich eigentlich vergessen habe. Danach wurde ich von einer Instanz zur andern weitergereicht.« Eugen Moser erinnert sich, daß man ihm sagte, der Fall sei von besonderem Interesse, man wolle ihn an der großen Ärztekonferenz von zwölf Uhr ausführlich mit dem Klinikdirektor, Professor Günter Burg, besprechen. Der Patient wurde eingehend untersucht. »Ich konnte die Untersuchung an einem Monitor mitverfolgen und sah zum ersten Mal, wie groß die Auswuchtungen tatsächlich waren.«

Eugen Moser wollte endlich Klarheit. »Ich verlangte vom behandelnden Arzt, daß er mir verständlich interpretiere, was die Spezialisten zuvor miteinander besprochen hatten.« Er wollte eine Übersetzung des Begriffes B-Zell Lymphom.

»Die Antwort bestand aus einem Wort: Krebs.«

»Ich wollte vom Arzt hören, daß er ganz sicher sei. Er sagte, daß die Wahrscheinlichkeit der Diagnose sehr groß sei. Darauf verlangte ich einen Totalcheck. Eine Therapie kam für mich erst in Frage, wenn die Diagnose absolut sicher war.« Das B-Zell-Lymphom ist sehr selten, entsprechend gering sind die klinischen Erfahrungen und die Diagnose ist also nicht ganz einfach. Auch deshalb nicht, weil es Pseudolymphome gibt – als Folge von Zeckenbissen –, die nur schwer von echten Lymphomen zu unterscheiden sind. Ebenfalls erschwerend für die Diagnose wirken sich Cortisonbehandlungen aus; sie verschleiern das Krankheitsbild. Wie auch immer: Ihm habe es mit der Therapie nicht so pressiert, sagt Eugen Moser. Er wartete damit zu, bis im Januar 1999 im Krankenhaus ein Einzelzimmer mit eigenem WC und separater Dusche zur Verfügung stand, und unterzog sich dann der von ihm verlangten Generaluntersuchung. Dabei kam heraus, was er schon wußte: »Ich hatte eine vergrößerte Prostata und eine Neigung in Richtung Zucker.«

Eugen Moser erzählte auf der Station sowohl dem Pflegepersonal als auch dem behandelnden Arzt einen jüdischen Witz, der ihn noch heute erheitert: Ein

Reisender blieb mit seinem Automobil in einem kleinen polnischen Dorf stecken. Er versucht vergeblich, den Wagen selber zu reparieren. Man ruft den jüdischen Dorfspengler. Dieser öffnet die Motorhaube, blickt hinein, versetzt dem Motor mit einem Hämmerchen einen einzigen Schlag – und der Wagen läuft wieder. »Macht zwanzig Zloty«, erklärt der Spengler. Der Reisende: »So teuer? Wie rechnen Sie das?« Der Spengler schreibt auf: Einen Schlag verabreicht: 1 Zloty; gewußt wo: 19 Zloty; macht zusammen: 20 Zloty. Eugen Moser hoffte natürlich, daß seine Ärzte, dem jüdischen Spengler gleich, wußten, wo sie mit dem Hämmerchen zuzuschlagen hatten.

Der Patient wurde in die Nuklearmedizin gebracht. Das vorgesehene Medikament für die geplante Immuntherapie war von den Behörden noch nicht zugelassen. Eugen Moser sagt, er habe »selbstverständlich« trotzdem in eine Behandlung mit diesem Mittel eingewilligt. Kurz darauf kam der positive Zulassungsbescheid. Die Therapie habe ihn sehr müde gemacht, erinnert sich Moser. Und er erinnert sich, daß er einen extrem tiefen Puls gehabt habe. Vor allem erinnert er sich aber, daß die Immuntherapie eine sichtbare Auswirkung hatte: Die Geschwüre bildeten sich zurück.

Dafür traten nun andere Probleme auf. Nach der letzten immuntherapeutischen Behandlung konnte Eugen Moser sein Wasser nicht mehr lösen. Der Klinikdirektor meldete ihn unverzüglich bei den Kollegen der Urologie als Notfall an. »Ich hatte unheimliche Schmerzen«, sagt Moser. Und er ergänzt, erneut habe er warten müssen. Seinem Gesichtsausdruck ist zu entnehmen, daß er die Schmerzen eher ertragen hat als die ihm so sinnlos erscheinende Warterei. Endlich wurde dem Patienten ein Katheter eingesetzt. Jauche sei aus seinem Bauch gekommen, sagt Eugen Moser. Eine stinkende, unansehnliche Brühe. »Danach wurde ich nach Hause geschickt, hatte aber noch immer Schmerzen, die im Laufe der Tage nicht ab-, sondern zunahmen.« Nach zwei Wochen war er wieder als Notfall im Spital. »Und wieder mußte ich warten.«

»Ich sah Sterne«

Der Urologe ordnete eine Blasenspiegelung an, die der Patient in höchst unangenehmer Erinnerung behalten hat. »Blut hat gespritzt. Und ich sah Sterne.« Anschließend habe man ihn mit seiner stark vergrößerten Prostata und trotz erheblicher Schmerzen mit einem Katheter nach Hause entlassen. »Dort wurde es immer schlimmer, ich konnte mich kaum mehr bewegen.« Obwohl seit der Spiegelung einige Zeit vergangen ist, erfaßt den Handwerker noch immer heiliger Zorn, wenn er daran zurückdenkt. Er schüttelt den Kopf, zieht die Stirne in

Falten und greift zu Wörtern, die einem pensionierten Gelehrten kaum über die Lippen kämen, die aber als Beweis dafür gelten mögen, daß Eugen Moser tatsächlich einen großen Teil seines Berufslebens »auf dem Bau« verbracht hat. Der Zorn nährt sich insbesondere aus der Tatsache, daß die schmerzhafte Spiegelung in einem großen Krankenhaus vorgenommen worden war, wohingegen eine absolut schmerzlose, zweite Spiegelung mit elektronischem Gerät in einem kleineren Landkrankenhaus durchgeführt wurde. Er sei auf dem Behandlungsbett gelegen, sagt Eugen Moser, und habe – obwohl nur örtlich betäubt – von der Applikation absolut nichts gemerkt. Der Urologe empfahl »eine kleine Operation«. Wieder schüttelt Eugen Moser den Kopf: »Sein Berufskollege in der Stadt hatte einen großen Eingriff vorgeschlagen.« Vierzehn Tage später fand die Operation statt. »Ich konnte sie am Monitor mitverfolgen. Bereits nach drei, vier Tagen wurde der Katheter entfernt.« Dafür gab es nun eine andere Komplikation: »Jetzt konnte ich das Wasser nicht mehr halten.« Eugen Moser ist überzeugt, daß dieses Malheur mit der seiner Ansicht nach unsachgemäßen ersten Spiegelung zu tun hatte, »die nachweislich den Schließmuskel verletzte«. Erneut wird Eugen Moser von Wut erfaßt, erneut sind seine Worte nicht druckreif. »Es ist das Gefälle, das mich so zornig macht. Das Gefälle, das bestand zwischen den neusten Erkenntnissen der ärztlichen Kunst und dem, was ich bei der ersten Spiegelung erlebt habe.«

Während einer zweiten Behandlungsetappe wurden Bestrahlungen, später direkte Injektionen in die Geschwülste vorgenommen. Beides habe weitgehend gewirkt, sagt Eugen Moser. Was übrigblieb, wurde schließlich operativ entfernt. »Ich zähle zu den Lymphompatienten, die positiv auf die Therapien reagiert haben.« Zu seinem zunehmenden Wohlbefinden trugen sportliche Aktivitäten bei: »Ich begann so bald wie möglich wieder mit meinen Schwimmübungen. Auch wegen meiner Harninkontinenz.«

Dem fünfundsiebzigjährigen Mann ist die Erleichterung anzusehen. Und Dankbarkeit. Im Oktober 2000 wurde er noch einmal intensiv durchgecheckt, ein Röntgenbild wurde gemacht, ein Computertomogramm und eine Ultraschalluntersuchung. Mit höchst erfreulichem Resultat.

»Ich bin kein Supermann.«

Er habe zwar den Eindruck, daß seine Haut verglichen mit früher empfindlicher sei. Aber: »Wer mich vor zwei Jahren erstmals gesehen hat, wird mich heute kaum mehr erkennen.« Eugen Moser hatte während der langen Jahre der Krankheit nie Angst vor dem Sterben. »Ich war immer überzeugt, daß ich durchhalten würde.« Kaum ist der Satz ausgesprochen, will er ihn mit einer Ergänzung versehen haben. Er befürchtet, daß ihm sein Durchhaltewillen einen Anschein von »Supermann« geben könnte, eine Vorstellung, die ihm völlig fremd ist. »Ich will nicht als Supermann erscheinen«, doppelt er nach, »weil ich kein Supermann bin.« Ihm habe bei der Bewältigung der Krankheit die Devise geholfen, daß er »immer vorwärtsschauen« wolle. »Ich habe mich in meinem Leben nie umgedreht«, sagt Eugen Moser. Leise fügt er an: »Es war ein an Stürmen reiches Leben.«

Er, der die als unheilbar geltende Krankheit nach eigenem Bekunden »weitgehend im Griff hat«, will, daß künftige Leidensgenossinnen und -genossen von seinen Erfahrungen profitieren können. Damit die Forschung Fortschritte erzielen kann, stellt er seinen Körper zur Verfügung. »Die Mediziner können aus mir herausschneiden, soviel sie wollen«, sagt er lachend. Darüber hinaus hat er sich zusammen mit seiner älteren Tochter vorgenommen, eine Selbsthilfegruppe für Lymphompatienten zu gründen. »Ich wäre glücklich, wenn dieses ›Kind‹ gedeihen würde«, sagt er. Dabei hat er auch die Allgemeinmediziner im Auge, bei denen er in Bezug auf diese seltene Krebsart eine Informationslücke zu erkennen glaubt.

»Ich will meinen Anblick in Badehosen niemandem zumuten.«

»Ich weiss es nicht.« Theo Keller zuckt mit den Schultern, zweimal, dreimal. Theo Keller leidet an Psoriasis, mal heftiger, mal weniger heftig. Mit welcher Perspektive? Er weiss es nicht.

Theo Keller ist neunundsiebzig Jahre alt. Als er achtundsechzig war, traten die lästige Hautflecken erstmals auf. An den Armen, an den Beinen, am Bauch. »Es sind keine grosse Flecken, eher grössere Punkte. Weder schmerzhaft, noch mit Juckreiz verbunden.« Aber sehr störend. »Ich zeige mich nicht mehr in kurzen Hosen oder mit kurzen Ärmeln, gehe weder baden, auch nicht in die Sauna. Ich will meinen Anblick so niemandem zumuten.«

Prekäre sanitäre Verhältnisse

Er sei ein Ästhet, sagt Theo Keller von sich. »Das bin ich immer gewesen.« Er sammelt alte Photographien, photografierte früher selber. Erlernt hatte er den Beruf des Schriftsetzers, in einem kleinen Weinbauern- und Fischerdorf am Bielersee, wo er auch aufgewachsen ist. Er habe eine »reiche Jugend« gehabt, sagt Theo Keller. »Reich an immateriellen Gütern« ergänzt er und lacht. Der Vater war selbstständiger Zimmermann. In den Dreißigerjahren, als sich die Wirtschaftskrise ausbreitete, hatte die Familie finanzielle Schwierigkeiten, die sich auch während der Zeit des Zweiten Weltkrieges mit dem Aktivdienst der vier Söhne nicht besserten. Ein Studium kam nicht in Frage.

Vor allem die hygienischen Verhältnisse seien im Elternhaus wie damals in allen Dörfern, prekär gewesen, sagt Keller. Die Menschen seien aber nicht kränker gewesen als heute. »Im Sommer konnten wir in den See baden gehen, im Winter aber gab es eine intensive Körperpflege höchstens, wenn die Mutter ihren großen Waschtag hatte. Vielleicht dreimal badeten wir in der kalten Jahreszeit. Und zwar in der Waschküche, die sich im Keller unseres Hauses befand.« Die Zähne habe man sich kaum geputzt, damals.

Wie finanziell karg die Jugendzeit auch immer gewesen ist, Keller gerät ins Schwärmen, wenn er an die Landschaft am Bielersee zurück denkt. Er erzählt von Menschen und Bäumen, von Farben und Gerüchen. Er erzählt so, wie jemand erzählt, der in Bildern denkt.

Nach der Lehre, der Zweite Weltkrieg war vorbei, zog Theo Keller nach Zürich. Er arbeitete in einer kleinen Handsetzerei, die einem kunstsinnigen Mann gehörte, der sich mehr für Musik als für kaufmännische Belange interessierte. Kaum in Zürich angekommen, führte ihn sein erster Gang ins städtische Hallenbad. Keller wollte sich saubermachen - und steckte sich in der Badeanlage mit Fußpilz an. Theo Keller ging in die Dermatologische Poliklinik. Zu einem Professor Burckhardt, wie er – der über ein fabelhaftes Gedächtnis verfügt – sich erinnert: »Ich sagte ihm, dass ich Fusspilz hätte, worauf er von mir wissen wollte, weshalb ich da so sicher sei. Ich erklärte dem Professor, dass ich seinen Artikel gelesen hätte, den er kürzlich zu diesem Thema in der ›Neuen Zürcher Zeitung‹ veröffentlicht hatte. Er fühlte sich geschmeichelt.« Die Behandlung war vorerst erfolgreich.

Einige Jahre später glaubte Keller, dass seine Füße erneut von einem Pilz befallen worden seien. Diesmal schüttelte der gleiche Professor Burckhardt den Kopf. Zwar waren die Symtpome ähnlich. Der Arzt vermutete indes, dass der pilzartige Befall jetzt mit Kellers Blutbild zusammenhing. Dies lasse sich nicht mehr direkt bekämpfen, was den Fall schwieriger mache. Es kam damals eine Behandlung mit Gold auf, die sich aber in der Folge nicht bewährte.

Er sei damals durch die Vermittlung des Chefs, der eigentlich ein Komponist war, in den Zürcher Künstlerteig hineingeraten, sagt Theo Keller. »Da fühlte ich mich wohl.« Erst habe man sich im legendären Café Odeon getroffen, später auch in der Kronenhalle. Jetzt sitzt Keller in einem Kaffeehaus in der Zürcher Innenstadt, das ihm zum Stammlokal geworden ist. Immer wieder weist er auf einen eintretenden Gast hin, skizziert mit wenigen Sätzen dessen Bedeutung. Mit Wohlwollen beachtet er junge Frauen. »Hier verkehren interessante Leute«, erklärt er und zwinkert unternehmenslustig mit den Augen. »Es herrscht eine gute Atmosphäre.«

Theo Keller trägt breitgerippte Manchesterhosen, einen Pullover, darüber einen Veston. Auf dem Tisch liegen ein Beret und ein leuchtend rotes Halstuch. Er hat eine hohe Stirn, die verbliebenen Haare sind weiß und streng nach hinten gekämmt. Der Schnurrbart ist sorgfältig gestutzt. Beim Erzählen nimmt Keller die Brille immer wieder in die Hand und fuchtelt damit herum.

Elf Jahre blieb Keller Drucker beim Komponisten, der sein Chef war. Es sei eine fruchtbare Zeit gewesen, künstlerisch, sagt er. Aber finanziell eher ruinös. Denn der Chef konnte keine hohen Löhne zahlen.

1957 machte sich Keller als Setzer selbstständig. »Ich musste Geld verdienen, meine Frau erwartete das erste Kind.« Groß war das Einkommen aber weiterhin nicht. »Ich habe viel gratis gearbeitet, einfach, um vorwärtszukommen und mir einen Namen zu schaffen.« Keller hat immerhin einige bibliophile Werke schaffen können, seinen Lebensunterhalt aber bestritt er dank größeren und kleineren Auftragsarbeiten.

Zu Beginn seiner beruflichen Selbstständigkeit entdeckte er zwischen den Fingern kleine, weiße Hautbläschen. Sie behinderten ihn derart, dass er in Restaurants fortan nur noch mit weißen Handschuhen aß. Keller hat bis heute keine Ahnung, woran er damals während einiger Monate litt.

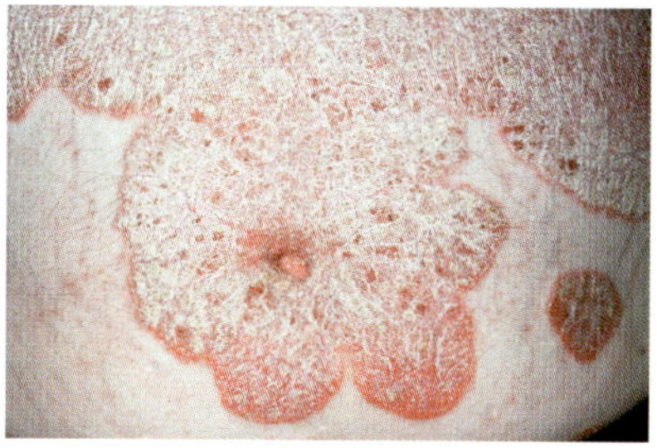

Die Schuppenflechte ist eine anlagebedingte Erkrankung, die durch eine auf das Zehnfache gesteigerte Zellerneuerungsrate der Epidermis (Oberhaut) zu umschriebenen Rötungen mit starker Schuppenbildung führt.

»Es sah nicht schön aus.«

Bis zu seinem achtundsechzigsten Lebensjahr hätte er immer wieder »diverse Hauterscheinungen« gehabt, sagt Theo Keller. Er ging jede Woche in die Sauna, ließ sich massieren. Und dann plötzlich diese Hautflecken! Zwei Ärzte wußten nicht, wie sie ihnen beikommen sollten, ein dritter schließlich schickte ihn in die Dermatologische Universitätsklinik in Zürich, wo Psoriasis diagnostiziert wurde. Theo Keller wurde mit diversen Salben eingestrichen und in Tücher eingewickelt. Die Flecken verschwanden. Allerdings nur vorübergehend. Wenn sie wieder zum Vorschein kamen, vermied er es, sich selber anzuschauen. »Es sah jeweils nicht schön aus, ich betrachtete mich in diesem Zustand nicht gern im Spiegel.«

Zweimal war Theo Keller bislang zur Kur in einer ehemaligen Tuberkulosestation im Bündnerland. Das Sanatorium sei wunderschön gelegen, sagt Keller. Und wiederum sind es die Farben, die ihm in besonderer Erinnerung geblieben sind. Das leuchtende Gelb der Lerchen im Herbst, beispielsweise. Theo Keller hielt sich möglichst oft in der freien Natur auf. »Ich wanderte bis zu vier Stunden im Tag und überraschte mich selbst damit.« Er habe gar nicht gewußt, daß er noch so lange Strecken zu Fuß bewätligen könne. Auf diesen Wanderungen machte er sich Gedanken über seine Haut. »Psoriasis ist offenbar eine Reaktion des Körpers. Aber worauf? Man hört auch, Psoriasis sei eine Erbkrankheit. Eine Cousine, Krankenpflegerin von Beruf, hat die Biographien unserer Familie durchforstet ohne dabei auf Verwandte zu stoßen, die an dieser Krankheit gelitten hätten.«

Bekannt sei, daß rund drei bis vier Prozent der Bevölkerung die Veranlagung zu Psoriasis haben. Es sei schlimm, aber man könne damit leben.

Das Sanatorium ist für ihn eine Chiffre für eine wunderschöne Landschaft. »Und für eine gute medizinische Betreuung, gutes Essen, gute Luft und eigenes Quellwasser.« Die sanitären Verhältnisse im Altbau waren in einigen Teilen nicht einwandfrei. Jetzt aber seien große Neubauten bezogen.

Aber die Behandlungen waren aber jedes Mal ein Erfolg. »Nach jeweils sechs Wochen in den Bergen ging es mir jeweils etwa drei Monate lang gut, dann veränderte sich die Haut wieder. Schon möglich, daß auch die Tatsache eine Rolle spielte, daß ich für einige Zeit von zu Hause weg war.« Zu Hause sein, bedeutet für den Alleinstehenden, den Haushalt zu besorgen. Wäsche zu waschen vor allem und immer wieder. Denn er muß seine Kleider häufig wechseln, weil sie von den Salben und Cremen, die er täglich einreibt, verschmutzt werden.

Keller ist ein leidenschaftlicher Leser. Vor allem nachts, wenn er nicht einschlafen kann. »Ich bin ein Freund der Sprache.« Beim Lesen historischer Bücher stieß er – ohne danach zu suchen – immer wieder auf Stellen, in denen von »Aussatz« die Rede war. »Ich habe diese Passagen dem Leiter der Dermatologischen Klinik gebracht. Seine genaueren Untersuchungen haben ergeben, daß das, was da als Aussatz beschrieben wurde, in manchen Fällen wohl Psoriasis war.«

»Homöopathische Behandlung?«

Die Dermatologische Klinik, die ihn seit bald zehn Jahren betreut, kann der Patient nur rühmen. Der Betrieb sei bestens organisiert, gute medizinische Betreuung, sehr sauber. Leider aber sei kein Dauererfolg in Sicht. Im Einverständnis mit dem Klinikchef will er es jetzt mit einer homöopathischen Behandlung probieren. Man sei gespannt auf das Ergebnis.

Theo Keller hat auch Erfahrungen mit Neoral gesammelt, einem Medikament, das ihm von der Klinik verschrieben worden ist. »Die Flecken verschwanden zu etwa neunzig Prozent. Aber es löste starke Nebenwirkungen aus. Ich bekam schwere Beine, hatte große Mühe beim Gehen. Dazu kamen starker Schwindel und Durchfall. Nach circa drei Monaten zeigten sich die Psoriasisflecken wieder.«

Mit der Lichttherapie, mit UV-Bestrahlung also, hat Keller offenbar keine erfreulichen Erfahrungen gemacht: »Ich habe schon als Kind die Sonne gemieden. Entsprechend unangenehm finde ich es, diesen künstlichen Strahlen ausgesetzt zu sein. Ich halte es kaum aus.« Nach einer Behandlung fühle er sich »komplett ausgelaugt«.

Obwohl es Selbsthilfegruppen für Psoriasiskranke gibt, hat Theo Keller nie an einem solchen Treffen teilgenommen. »Wenn es mir zwischendurch gutgeht, glaube ich immer, ich hätte die Krankheit überwunden«, sagt er. Und fügt gleich bei, das sei vielleicht eine »liederliche Einstellung«.

Es ist aber auch eine verständliche Haltung. Psoriasis ist keine ansteckende Krankheit, eine Tatsache, die Theo Keller allen mitteilt, die beim Händedruck skeptisch auf seine Finger schauen. Er ist ein Gesellschaftsmensch, einer, der unter die Menschen will. Eine Selbsthilfegruppe hat für ihn etwas Pessimistisches, treffen sich da seiner Meinung nach Leidensgenossen, nur um über gemeinsame Sorgen zu jammern. Theo Keller aber ist Optimist. Er findet es beispielsweise höchst tröstlich, erst so spät von der Krankheit befallen worden zu sein. »Andere bekommen sie bereits mit vierzehn Jahren oder noch früher und leiden ein ganzes Leben darunter.«

(Theo Keller legt großen Wert darauf, dass in diesem Bericht nicht nur sein Name, sondern auch einige markante Lebensumstände unkenntlich gemacht wurden. Er will von seinem Bekanntenkreis nicht erkannt werden – ein kleiner Hinweis darauf, dass Psoriasis da und dort noch immer stigmatisiert wird.)

»Was kommen muß, das kommt.«

»Forch hell« heißt es auf einer Tafel, die der Triebwagen des Bähnchens mit sich führt. Die Forch ist ein Ausflugsziel außerhalb Zürichs, das Bähnchen fährt aus der Stadt hinaus, hinauf auf eine kleine Anhöhe.

Wer zu Sandra Bürki *(Name geändert)* will, muß etwa auf halbem Weg zwischen Zürich und der Forch aussteigen. Von Sonne ist hier weit und breit nichts zu sehen. Im Gegenteil, der Wohnort der sechsundsiebzigjährigen Frau liegt in düsterem Nebel. Dennoch will keine Tristesse aufkommen. Das hat mit Sandra Bürki zu tun. Sie ist eine so warmherzige wie elegante Frau. Sportlich-leger gekleidet, mit langem, offenem Haar und feinem Gesicht. Sie hantiert in der Küche, bereitet einen italienischen Kaffee zu. Und entschuldigt sich für das »Chaos«, das ihrer Meinung nach im Wohnzimmer herrscht. Das ist maßlos übertrieben: Die Stube zeigt einfach Spuren davon, daß hier gewohnt und gelebt wird. Und daß häufig Enkelkinder zu Besuch sind, die für ein sympathisches Durcheinander sorgen.

Sandra Bürki trägt den Kaffee auf. Er ist stark – ein kleiner Hinweis darauf, daß sie ihre Kindheit in Mailand und Turin verbracht hat. Der Vater war italienischer

Herkunft, sprach aber fließend Schweizerdeutsch, weil er in St. Gallen aufgewachsen war; die Mutter war Schweizerin. »Ich habe in meiner Jugend Italienisch und Schweizerdeutsch gesprochen«, sagt Sandra Bürki. Später, in einem Mädchenpensionat in Lausanne, kam Französisch dazu. Sie sitzt jetzt am großen Tisch, streicht eine Haarsträhne aus dem Gesicht. Einmal wird sie sagen: »Was kommen muß, das kommt.« Das klingt fatalistisch, ist aber nicht nur so gemeint. »Wenn ich sehe, daß sich ein Kampf lohnt, dann kämpfe ich auch.«

Es war im Oktober 1999, als Sandra Bürki diesen dunklen Fleck im unteren rechten Rippenbereich entdeckte. Er begann sie beim An- und Ausziehen der Unterwäsche zu stören. Immer wenn der Stoff über die kleine, reliefartige Erhebung rutschte, verursachte er einen kleinen Schmerz. Einmal blutete der Fleck sogar.

Beruhigende Selbstdiagnose

Sie habe seit ihrer Jugend Hautflecken, sagt Sandra Bürki, sie sei mit drei großen Muttermalen zu Welt gekommen. Ein großes befand sich neben dem linken Ohr. »Nach der Geburt meines ersten Sohnes ließ ich es operativ entfernen.«

Sie mißt diesen Körperflecken keine weitere Bedeutung bei. »Sie waren ja nicht bösartig.« Was man von diesem störenden Fleck damals, im Herbst 1999, nicht sagen konnte. »Bei einem gynäkologischen Check machte ich meinen Arzt auf den großen Punkt aufmerksam.« Er empfahl einen sofortigen chirurgischen Eingriff und nahm die kleine Operation auch selbst vor. Die Laborprobe ergab, daß es sich um ein bösartiges Melanom handelte. Der Arzt veranlaßte umgehend einen Nachschnitt bei einem Dermatologen. Wiederum wurde Gewebe entnommen und getestet. »Zu meiner großen Beruhigung war das Ergebnis für mich positiv.« Auch die Ultraschalluntersuchung zeigte nichts Besorgniserregendes.

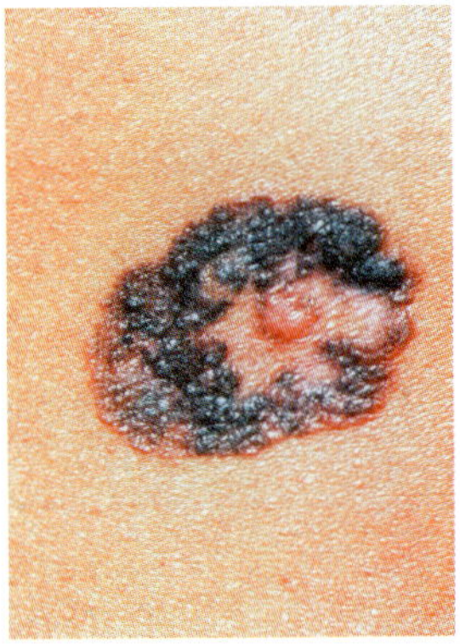

Das maligne Melanom, das in der Schweiz pro Jahr bei etwa tausend Personen auftritt, ist einer der bösartigsten Tumoren überhaupt. Frühzeitig operativ entfernt ist das Melanom immer heilbar.

Sandra Bürki erzählt, sie hätte sich nach drei Monaten in der Klinik zur Kontrolle melden sollen. »Ich schob den Termin immer wieder hinaus.« Statt dessen unternahm sie zusammen mit ihrem Mann und einem befreundeten Ehepaar in der Nordsee einen Segeltörn. »Nach einem anstrengenden Segeltag lag ich eines Abends in der Kajüte und erspürte in der rechten Achselhöhle zwei dicke Knollen.« Sie hätte sich schon gewundert, sagt Sandra Bürki. »Aber gleichzeitig setzte ein eigenartiger Verdrängungsmechanismus ein: Ich sagte mir, diese Knollen rührten sicher von der Muskelarbeit auf dem Schiff her. Und ich war irgendwie erleichtert über diese einleuchtende Selbstdiagnose.«

Wieder zu Hause, dachte sie nicht mehr an den Arztbesuch. Als aber ihr Mann eigener Beschwerden wegen in die Dermatologische Klinik mußte, meldete er seine Frau ebenfalls an. »Bei der Untersuchung schien alles in Ordnung zu sein. Bis die Ärztin auf die zwei Knollen stieß – und erschrak. Nun ging alles sehr schnell.« Wenn Sandra Bürki erzählt, tut sie dies in einem Schweizerdeutsch, das nicht genau zu lokalisieren ist. Sie hatte seinerzeit in Genf die Dolmetscherschule absolviert und die Ausbildung in den Sprachen Deutsch, Italienisch, Französisch und Englisch abgeschlossen. Ihr Ziel war gewesen, bei einer der vielen internationalen Organisationen in Genf eine Stelle zu finden, doch sei sie eine Bewerberin unter vielen gewesen, sagt sie. »Gesucht waren Mitarbeiterinnen, die damals ausgefallenere Sprachen konnten als ich. Russisch, zum Beispiel. Oder chinesisch.«

So meldete sie sich bei der Swissair als Stewardeß. Und wurde eingestellt. Sie flog mit der DC-3 in ganz Europa herum und mit der DC-4 nach Übersee. Sandra Bürki redet sich in eine spürbare Begeisterung hinein. Wer ihr jetzt zuhört, kann sich problemlos vorstellen, wie hübsch sie damals, vor über fünfzig Jahren, in der schicken Uniform ausgesehen haben muß. Sie sagt bloß: »Es war eine gemütliche Zeit.« Nach gut drei Jahren hatte die Fliegerei ein Ende. Sandra Bürki heiratete und wurde seßhaft. 1955 kam der erste Sohn zur Welt.

Tage voller Ungewissheit

»Nach dem besorgniserregenden Befund konnte die Ärztin innert zwei Tagen einen Termin in der dermatologischen Abteilung der Universitätsklinik vereinbaren.« Der Arzt sagte ihr ohne Umschweife, daß die Knollen keinesfalls von der Anstrengung auf dem Schiff stammen konnten. Und er offenbarte ihr auch, daß solche knollenartigen Erscheinungen zu etwa neunzig Prozent bösartig seien. Sie wurde punktiert und zusätzlich geröntgt und mit PET am ganzen Körper untersucht. »Ich hoffte, daß der Befall nur lokal war, sich also noch nicht ausgebreitet hatte.«

Sie habe sich nicht krank gefühlt, sagt Sandra Bürki. Aber es plagte sie eine »Horrorvorstellung«: »Man hatte mir gesagt, daß man nur bei einem lokalen Befall operieren könne. Und mich gleichzeitig darauf aufmerksam gemacht, daß eine solche Operation auch schwerwiegende Auswirkungen haben könnte: Einen geschwollenen Arm beispielsweise, der das ständige Tragen eines Armstrumpfes notwendig machte. All diese Vorstellungen waren ein Schock für mich.» Allerdings habe sich ihr Mann noch besorgter gezeigt, »das machte wiederum mich stärker«. Es folgten Tage voller Ungewißheit. Würde man ihr mitteilen, daß eine Operation überflüssig sei, weil sich der Krebs schon zu stark verbreitet hatte? Oder würde man ihr eine Operation empfehlen mit dem Risiko, künftig einen unansehnlich dicken Arm zu haben? Sandra Bürki ergab sich in ihre Situation: »Was kommen muß, das kommt!«

Es sei ihr durchaus bewußt gewesen, daß ein negativer Bescheid Lebensgefahr signalisiert hätte. In dieser Zeit zog sie Bilanz. »Okay, ich habe gelebt, ich habe es schön gehabt.« Hätte sie einen »letzten Wunsch« frei gehabt, so hätte sie um einen Aufschub nachgesucht, »ich hätte gerne noch etwas Zeit gehabt, um so manches in Ordnung zu bringen«.

Die Auswertung der PET-Untersuchung nahm vier bis fünf Tage in Anspruch. Um Gesprächen und Telephonauskünften über ihren Gesundheitszustand auszuweichen, den sie ja auch noch nicht kannte, verreiste Sandra Bürki mit ihrem Mann. Sie wollte ein paar stille Tage haben, um die Situation in Ruhe zu überdenken und mit ihrem Mann zu besprechen. Schließlich meldete sie sich beim Arzt.

Oktober 2000 war es, als der Arzt ihr mitteilte: »Frau Bürki, Sie können operiert werden.« Ihr sei bei diesem Bescheid ein großer Stein vom Herzen gefallen, erinnert sich die Patientin. »Ich war wahnsinnig dankbar, daß sich eine Operation offenbar doch lohnte.« Die Bedenken wegen der Risiken waren, zumindest vorerst, wie weggeblasen.

Nächstes Mal früher zum Arzt

Im Jahre 1956 hatte sich ein zweiter Sohn zur jungen Familie gesellt, sechs Jahre später war ein dritter Bub dazugekommen. Zusammen mit ihrem Mann baute Sandra Bürki einen kreativen Betrieb auf. Sie hatten gemeinsam Erfolg. In der Innenstadt von Zürich eröffneten die beiden einen Laden an bester Lage, später einen zweiten, den Sandra Bürki führte. Vor allem aber erledigte sie für den Betrieb die administrativen Arbeiten. »Und selbstverständlich war ich für den Haushalt zuständig.«

Zehn Tage verbrachte Sandra Bürki im Spital. »Die Operation ist gut verlaufen.« Sagt's und sucht sofort nach einem Stück Holz, um es anzufassen und so das Schicksal gnädig zu stimmen. »Bis jetzt jedenfalls. Nach Ansicht des Arztes könnte der Arm aber noch immer dick werden.« Sie macht eine wegwerfende Handbewegung. So, als ob sie alle negativen Gedanken verscheuchen wollte. »Solange ich mich gut fühle, solange ist die Krankheit für mich weit weg.«

Sandra Bürki zwingt sich dazu, sich über die Krankheit nicht allzusehr den Kopf zu zerbrechen. »Man kann sich selbstverständlich fragen, weshalb man eine solche Krankheit bekommt. Es gibt ja viele Theorien. Die meisten Menschen machen psychische Ursachen verantwortlich. Ich hatte nie das Bedürfnis, psychologische Hilfe in Anspruch zu nehmen. Alle haben irgendeine Bürde zu tragen. Ich kann mir gut vorstellen, daß – je nach Gewicht dieser Last und je nach der verfügbaren Kraft – Hilfe von Drittpersonen ganz wichtig sein kann.«

Die sechsundsiebzigjährige Frau räumt ein, daß sie im Verlaufe ihres Lebens die Haut möglicherweise nicht immer genügend vor der Sonne geschützt habe. »Als wir während meiner Jugendzeit in Italien jeweils ans Meer fuhren, schmierten wir uns mit Olivenöl ein. Das war vielleicht nicht sehr klug. Später war ich oft in den Bergen. Auch da schützten wir uns kaum.« Sie sagt, daß sie die Krankheit nie »an die große Glocke« gehängt habe, da in erster Linie sie und ihre Familie davon betroffen gewesen seien. »Wurde ich darauf angesprochen, habe ich aber Auskunft gegeben.«

Eine Lehre hat Sandra Bürki aus ihrer Krankheit gezogen: »Sollte ich auf oder unter der Haut wieder einmal etwas spüren, das ich nicht erklären kann, so werde ich in Zukunft sicher nicht mehr so lange warten, bis ich einen Arzt aufsuche.« Und sie sagt, daß sie dem Schicksal dankbar sei, daß es sich für sie noch zum Guten gewendet habe.

Die Sonne ist in ihren Kampf gegen den Nebel an diesem Tag endgültig die Verliererin. Sandra Bürki scheint mit sich und ihrem Leben zufrieden. Diese Zufriedenheit ist es wohl, die sie so beneidenswert gelassen und gleichzeitig so erfrischend jugendlich wirken läßt. Sie ist eine Gewinnerin.

Der gläserne Mensch – Elektronische Datenverarbeitung im Krankenhaus

Der gläserne Mensch

Elektronische Datenverarbeitung (EDV) im Krankenhaus

Mario Graf

Es liegt im Wesen von uns Menschen, tagtäglich Tausende von Informationen mit den uns von der Natur hierfür eigens zur Verfügung gestellten Sinnen (Sehen, Hören, Riechen, Schmecken, Fühlen) zu erfassen. Diese Eigenschaft, unsere Umwelt differenziert wahrzunehmen und aufzunehmen, teilen wir mit der Tierwelt. Eine wesentliche Eigenart, die uns Menschen jedoch mitunter von den Tieren unterscheidet, ist die Fähigkeit, aufgenommene Informationen zielgerichtet weiterzuverarbeiten, auszubauen, zu ergänzen und schließlich zu dokumentieren. Hierfür stehen uns heutzutage Errungenschaften der Technik, im Sinne von bild-, ton- und textaufnehmenden, bzw. -verarbeitenden Geräten zur Verfügung.

Es mag für den einen vielleicht trivial erscheinen, für den anderen nicht mehr als logisch und konsequent sein, daß der Mensch sich selbst als Individuum und als Gattung meist ins Zentrum seines eigenen Interesses rückt. Ein jeder von uns kennt die Situation unfreiwilliger Untätigkeit (z.B. beim Warten auf den Zug, beim Anstehen an der Kasse im Lebensmittelgeschäft, im Tram, im Wartesaal des Arztes, im Stau, usw.), während der wir nicht nur uns selbst, sondern auch unserer Umgebung, besonders der belebten, viel Aufmerksamkeit widmen. Wir nehmen Augenmerk von für uns selbst wohl eher unwichtigen Dingen, wie z.B. der viel zu kurzen Hose eines älteren Herrn, der übergroßen Nase einer Frau, die an uns vorüberschlendert, dem unmöglichen Haarschnitt eines skateboardfahrenden Teenagers oder den mühsamen Gehversuchen eines einen Unterschenkelgips tragenden Mädchens.

Was hat dies nun alles mit dem Thema »Der gläserne Mensch – Elektronische Datenverarbeitung (EDV) im Krankenhaus« zu tun? Nun, die obigen Ausführungen sollen lediglich aufzeigen, daß die Verarbeitung von Daten an sich keine neuzeitliche Erfindung ist und damit nicht zwingend mit Bösem, Beängstigendem oder gar Bedrohlichem verbunden werden muß.

Tagtäglich hinterlassen wir bewußt, zumeist aber ohne es zu merken oder daran zu denken, durch unsere sozialen Aktivitäten unverwischbare, eindeutige Datenspuren. Wer hat nicht schon erstaunt feststellen müssen, daß der Briefkasten plötzlich überquoll mit Werbung von Anbietern, die er nie bewußt angeschrieben oder bei denen er nie gezielt Dinge angefordert hatte. Adressen, die man auf Wettbewerbsteilnahmekarten schreibt, werden meist systematisch für spätere, gezielte Werbeattacken ge- oder vielmehr mißbraucht. Doch auch schon beim Einkaufen in Großlebensmittelmärkten geben wir oft unbewußt persönliche

Informationen weiter. Durch den Gebrauch von Kundenkarten, mit denen heute die meisten größeren Läden ihre Kunden ködern, verraten wir eventuell nicht nur, mit welcher Zahnpaste wir unsere Zähne reinigen, sondern auch was wir mit Vorliebe essen, mit welchem Deodorant wir uns gegen lästigen Achselschweiß schützen, ob wir eher zur Gruppe der Hobbyhandwerker oder aber zur Gruppe der klassische Musik hörenden Kundschaft oder gar zu beiden gehören. Weitere Datenspione sind Kreditkarten oder beispielsweise auch Mobiltelephone, die den Dienstanbieter nicht nur wissen lassen, wann und mit wem, sondern auch wo in der Welt wir jemanden anrufen. Die Liste könnte noch beliebig erweitert werden. Wenden wir uns doch nun aber unserem eigentlichen Thema, einem speziellen Gebiet systematischer Datenerfassung in der Medizin, zu.

»Fremde Erfahrungen ritzen die Haut, eigene Erfahrungen schneiden ins Fleisch.«
Koreanische Weisheit

In der Medizin, die sich eigentlich aus der Anatomie entwickelt hat, wurde schon vor Hunderten von Jahren vermessen, gewogen, gerochen, abgehört und betrachtet bzw. beobachtet. Nicht nur die Breite des Schädels verschiedener Individuen, sondern auch die Größe der Nase, die Länge des Kinns und der Ohren, oder etwa die Distanz, die unsere Augen trennt, wurde von sogenannten Physiognomen, wie Johann Caspar Lavater (ehemaliger Zürcher Stadtpfarrer, 1741–1801), gezielt erfaßt und in Verbindung mit Charaktereigenschaften gebracht.

In der Medizin schuf der Arzt Hippokrates die Lehre von den vier Körpersäften, gemäß der alle Krankheiten durch ein Ungleichgewicht der vier Säfte Blut, Schleim, schwarze Galle und gelbe Galle erklärt werden, deren Gleichgewicht für die Gesundheit wesentlich ist, und die den vier Temperamenten (Sanguiniker, Choleriker, Phlegmatiker und Melancholiker) zugeordnet werden können. Hippokrates' Erkenntnisse wurden vom griechisch-römischen Arzt Galen, auch bekannt als Galenos von Pergamon, weiterentwickelt und bildeten bis ins Mittelalter hinein eine Grundlage der Medizin.

Von Hippokrates stammt auch die erste systematische Erfassung von Patienteninformationen – in Form der schriftlich festgehaltenen Krankengeschichte des von ihm während rund vierunddreißig Tagen medizinisch betreuten Apollonius. Ohne es zu wissen setzte Hippokrates in seinem Tun einen Meilenstein im Bestreben, medizinische Daten systematisch zu erfassen.

Die Hippokrates nachfolgenden Jahrhunderte zeichneten sich nicht nur durch zahlreiche neue wissenschaftliche Erkenntnisse und Entdeckungen, sondern auch durch eine zunehmend rationalisiertere, systematischere und einfachere Form der Erfassung medizinischen Wissens und medizinischer Daten aus. Nicht nur in privaten Arztpraxen, sondern auch in den Krankenhäusern wurden bereits vor etlichen Jahrzehnten zumeist chronologisch und systematisch geführte, das Leiden des behandelten Patienten aufzeichnende, schriftliche Krankengeschichten angelegt – wie dies auch heute noch in den meisten privaten und öffentlichen Institutionen der Fall ist. Diese Praxis, die seit jeher den Vorteil hatte, daß alle Daten erhoben und später nachbehandelnden Ärzten allenfalls verfügbar gemacht werden konnten, stand und steht auch noch heute in einem durchaus positiven Kosten-Nutzen-Verhältnis zu Gunsten des Patienten. Das Führen von Krankengeschichten geschieht jedoch heute nicht nur aus diesen Gründen, sondern letztlich auch aufgrund einer gesetzlichen Verpflichtung. Mit dem Führen einer Krankengeschichte dokumentiert der behandelnde Arzt nicht nur den Krankheitsverlauf seines Patienten, sondern auch sein ärztliches Tun. Hierdurch ist es im Falle eventueller, späterer Rechtsansprüche (z.B. Einklage wegen vermeintlichem Behandlungsfehler) meist möglich, diese entweder zu bestätigen oder aber klar zu widerlegen. Krankengeschichten ersparen unserem Gesundheitswesen sicher auch unnötige Kosten (vorausgesetzt die Krankengeschichte wird systematisch geführt und vom nachfolgenden Arzt auch gelesen), indem Leerläufe – wie z.B. die Wiederholung bereits durchgeführter kostenintensiver Abklärungen – vermieden werden können. Nicht nur der Arzt, sondern auch der Patient profitiert letztlich von einer gut geführten Krankengeschichte.

In den vergangenen Jahren hat sich das Rollenverständnis des Arztes wie auch der Patienten grundlegend geändert. Übt der Arzt je länger je mehr die Funktion eines »normalen Dienstleistungsanbieters« aus und hat er – zumindest in unseren Breiten – die Glorifizierung, ein »Halbgott in Weiß« zu sein, größtenteils verloren, so hat sich der Patient zu einem kritischen, informierten und selbstbewußten »Kunden« gemausert. Im Gegenzug zu den zahlreichen sensiblen und persönlichen Informationen, die Patienten ihrem Arzt durch Untersuchungen und im Gespräch preisgeben (Krankengeschichte, Laborwerte, Röntgenbefunde usw.), haben sie vor wenigen Jahren die Möglichkeit erhalten, Einblick in die über sie geführten Unterlagen zu nehmen. Computerbasierte und andere Patientenakten stehen grundsätzlich im Eigentum der medizinischen Institution, die sie erstellt bzw. erstellen lassen hat. Strenggenommen umfaßt jedoch das Eigentum nur das Material des Datenträgers wie Papier, Diskette oder Personalcomputer. An der darauf festgehaltenen Information an sich bestehen keine Eigentumsrechte.

Stellt man sich die Frage, wo wir denn heute in Sachen »medizinische Datenerhebung« stehen, so muß darauf differenziert geantwortet werden. Zur Zeit befinden wir uns in einer Umbruchphase oder in der Übergangsphase vom analogen ins volldigitale (medizinische) Zeitalter. Noch immer werden in unseren Breiten täglich unzählige medizinische (Patienten-)Daten von Hand erfaßt, ausgewertet und archiviert. In größeren medizinischen Zentren, aber auch zunehmend in der privaten Arztpraxis gelangen jedoch immer mehr Computer und spezielle Software zum Einsatz, mit denen sich diese Arbeiten einerseits schneller, andererseits einheitlicher, genauer, chronologischer und insgesamt auch billiger erledigen lassen. Auf dem Markt existieren zahllose Produkte, die den heutigen Anforderungen an schnelle, unkomplizierte medizinische Datenerfassung mehrheitlich gerecht werden. Da die Kompatibilität, das heißt die technische Einheitlichkeit oder zumindest Verwandtschaft, zwischen den einzelnen Produkten nur in Einzelfällen gegeben ist, stehen wir aber auch vor einem oft nur schwer überblickbaren Datenchaos: Oft werden medizinische Daten sowohl in schriftlicher als auch in elektronischer Form verarbeitet und nicht ganz zu Unrecht mag sicher der eine oder andere kritische Patient fragen, wo denn seine physisch nicht mehr faßbaren (weil digitalisierten) Daten überall ihre Spuren hinterlassen, wem sie zugänglich sind und wem nicht.

Insbesondere von Bedeutung ist dies bei sehr sensiblen Daten, wie z.B. aus dem Bereich der Psychiatrie oder der Infektiologie. Ärzte sind – von wenigen gesetzlich geregelten Ausnahmefällen abgesehen – durch die ärztliche Schweigepflicht verpflichtet, das ihnen vom Patienten anvertraute oder durch ihre Tätigkeit erworbene Wissen für Drittpersonen unzugänglich zu verwahren. Fehlt die gesetzliche Ermächtigung, darf der Arzt Daten nur weitergeben, wenn der betroffene Patient ihm dies durch eine Schweigepflichtentbindung ausdrücklich gestattet. Dies geschieht häufig über Formulare – und nicht direkt über den Arzt – zugunsten einer Institution, die die entsprechenden Patientendaten benötigt.

Erwähnte Schweigeverpflichtung besteht in Ableitung auch für elektronisch erfaßte und archivierte Daten. Schließlich ist der Eigentümer oder Verwahrer von medizinischen Personendaten auch dafür verantwortlich, daß Daten – auch ohne sein aktives Zutun – nicht von Drittpersonen eingesehen werden können. Doch so wie es Hackern, versierten kriminellen Computerspezialisten, immer wieder gelungen ist, in scheinbar »sichere« Großrechner einzudringen, könnte dies theoretisch auch bei Rechnern von Kliniken oder medizinischen Zentren passieren. Unvorstellbar, was geschähe, wenn beispielsweise das Wissen um Frau Meiers psychiatrische Hospitalisation wegen eines Suizidversuchs oder Herrn Müllers positiver HIV-Status in falsche Hände gelangte. Daß dieses Horrorszenario nicht so leicht zu schrecklicher Realität geworden ist, liegt einerseits daran, daß Klinikrechner, die solch sensible Informationen enthalten, grundsätzlich nicht an Außennetze angeschlossen sind, da die elektronische Kommunikation mit Stellen außerhalb der Klinik nicht vorgesehen oder aber größtenteils unterbunden ist. Sofern Daten von Klinikrechnern abgerufen werden können, ist dies nur mittels spezieller Verfahren möglich und die Daten gelangen auch nur in anonymisierter Form nach außen. Zudem ist das Interesse von Hackern, an medizinische Personendaten zu gelangen, deutlich kleiner als beispielsweise der Anreiz, von einer Bank die Kreditkartennummern ihrer Kunden in Erfahrung zu bringen.

Wie sieht die Zukunft moderner, medizinischer Datenerfassung aus? Richtungweisend sind Entwicklungen, die uns die Internettechnologie gebracht hat und durch die die ganze Welt der Daten greifbar nahe gerückt ist. Die Spezialisierung in der Medizin führt dazu, daß zunehmend verschiedene Spezialisten bei der Behandlung einer Patientin oder eines Patienten zusammenwirken. Diese Zusammenarbeit erfordert einen effizienten Zugriff auf die Krankengeschichte, auch über räumliche Distanzen hinweg. Sicher wird deshalb eine Anforderung an die Zukunft darin bestehen, den Weg zu einem einheitlichen System medizinischer Datenerfassung einzuschlagen. Längerfristig ist die alte Papierkrankengeschichte zum Aussterben verurteilt. Ihre Funktion wird ein elektronisch gespeichertes Patientendossier einnehmen. Mit sogenannten *Health Accounts* (z.B. unter www.drglobe.ch) können zukünftig Patienten auch selbst ihre eigene Krankengeschichte anlegen und diese bei Bedarf weltweit, z.B. via Internet oder via Mobiltelephon abrufen. So kann dann ein Arzt im fernen Ausland, der einen sich dort aufhaltenden Patienten notfallmäßig behandeln muß, leicht feststellen, ob dieser auf Penicillin allergisch reagiert oder vor drei Jahren wegen einer Herzkranzgefäßerkrankung operiert werden mußte. Eine allfällige Behandlung könnte so präziser und für den Patienten mit weniger unnötigen Risiken erfolgen. In der Klinik und in der ärztlichen Privatpraxis werden längerfristig standardisierte und spezialisierte Computerprogramme zur Anwendung kommen, durch die nicht nur herkömmlicher Text, sondern auch Graphiken, Bilder (z.B. Röntgenbefunde, Tracheoskopiebefunde, Muttermale usw.) und auch Tondokumente (z.B. krankhafte Herzgeräusche) erfaßbar werden. Dem Arzt wird seine Arbeit aber auch dadurch erleichtert werden, daß er beispielsweise vom Computer auf mögliche Wechselwirkungen zweier von ihm verordneter Medikamente aufmerksam gemacht wird. Auch dies zum Vorteil des Patienten.

»Runzeln – Schützengräben der Haut.«
Kurt Tucholsky, 1890–1935

Eine weitere sich abzeichnende Entwicklung sind sogenannte *medical call centers* (MCC – z.B. unter www.medi-24.ch oder www.medgate.ch), wo Patienten online und kostenlos oder kostengünstig erste Ratschläge oder eine erste Beurteilung (=Triage) zu einer Krankheit erhalten können. Die vom Patienten gelieferten Informationen können in der Folge sekundär von den MCC an den Hausarzt oder einen nachbehandelnden Arzt weitergeleitet werden. Hierdurch werden nicht nur Kosten, sondern auch Zeit eingespart. Dieses Verfahren wird hierzulande – was eigentlich logisch scheint – bereits von namhaften Krankenkassen unterstützt, die ihren Kunden diesen Dienst kostenlos anbieten.

Futuristen sehen mögliche Entwicklungen auch darin, daß jeder Patient mit einem Chip, der seine gesamten medizinischen Daten enthält, ausgestattet wird. Der Chip könnte problemlos unter die Haut implantiert werden und entweder durch spezielle Lesegeräte Daten übermitteln oder mit neuen Informationen versehen werden. Auch die nicht ganz ernstzunehmende Anbringung von patientenspezifischen Strichcodes wurde schon zur Diskussion gestellt. Alternativ könnte jeder Patient auch eine Chipkarte auf sich tragen, die vom Arzt anläßlich einer Konsultation eingelesen und allenfalls mit Daten ergänzt werden könnte.

Zusammenfassend kann geschlossen werden, daß nicht nur der Arzt, sondern auch der Patient und letztlich auch unser Gesundheitswesen von der elektronischen Verarbeitung medizinischer Patientendaten profitieren werden. Das Kosten-Nutzen-Verhältnis steht hierbei klar zugunsten des Patienten und die Gefahr, durch die Digitalisierung seiner medizinischen Daten für jedermann zum »gläsernen Menschen« zu werden, ist vernachlässigbar klein im Vergleich zur Qualitätssteigerung in der Behandlung.

Aus-, Weiter- und Fortbildung

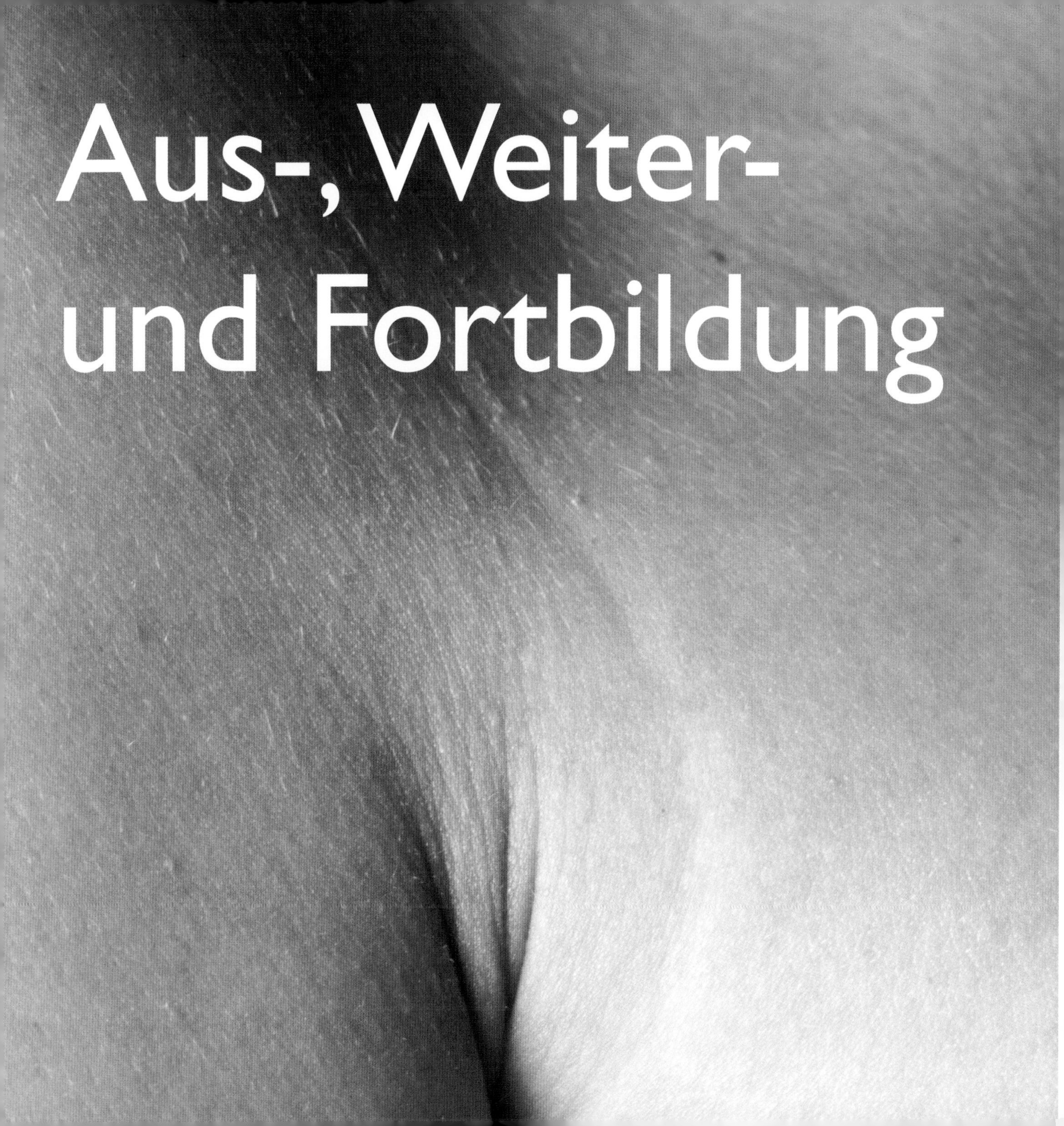

Moulagen – traditionelle Technik in modernem Umfeld

Moulagen – traditionelle Technik in modernem Umfeld

Michael L. Geiges

Blick in das Museum der Moulagensammlung an der Haldenbachstrasse 14

Moulagen sind plastische, naturgetreue Nachbildungen von krankhaften Körperpartien einschließlich aller der dabei eingetretenen Hautveränderungen. Sie bestehen aus einem Wachs-Harz-Gemisch und werden aus einem Gipsnegativ gegossen, bemalt und mit Effloreszenzen und Haaren vervollständigt. In erster Linie wurden sie für den Studentenunterricht hergestellt, dokumentierten aber auch Aktuelles aus der Forschung und konnten schon um 1900, als es noch nicht möglich war, Personen in diesem Zustand farbig zu photographieren, zur Illustration von Lehrbüchern und Atlanten verwendet werden.

In Zürich werden Moulagen seit 1918 hergestellt. Lotte Volger hatte die Technik und das Rezept der Moulagenmasse von Fritz Kolbow aus Berlin mitgebracht und es ihren Nachfolgerinnen Ruth Beutl-Willi und Elsbeth Stoiber weitergegeben. Die Technik und das Rezept sind bis heute unverändert geblieben. Die Moulagensammlung, anfänglich direkt neben dem Hörsaal in der Dermatologischen Klinik untergebracht, hat den Standort mehrmals gewechselt, geriet in der Zwischenzeit beinahe in Vergessenheit und erlebte eine Renaissance, als Teile der einstigen Lehrsammlung 1993 in einem eigenen modernen Museum einem breiten Publikum zugänglich gemacht werden konnten. Mit dem Umfeld hat sich auch die Bedeutung der wertvollen Objekte gewandelt.

Darstellung häufiger Hautleiden

Moulagen waren ursprünglich vor allem Lehrmittel, die Ein- und Überblick über das ausgesprochen optische Fach der Haut- und Geschlechtskrankheiten vermittelten. Da die dreidimensionalen Modelle verblüffend detailgetreu sind, konnten Studenten die morphologische Beschreibung der Krankheitsbilder in Ruhe studieren und üben. Sie wurden in Vorlesungen gebraucht und in Vitrinen ausgestellt. Moulagen gab es zu den verschiedensten Aspekten der häufigsten Hautkrankheiten, wie Ekzeme, Psoriasis (Schuppenflechte), Hautkrebse und der heute seltenen Syphilis und Hauttuberkulose.

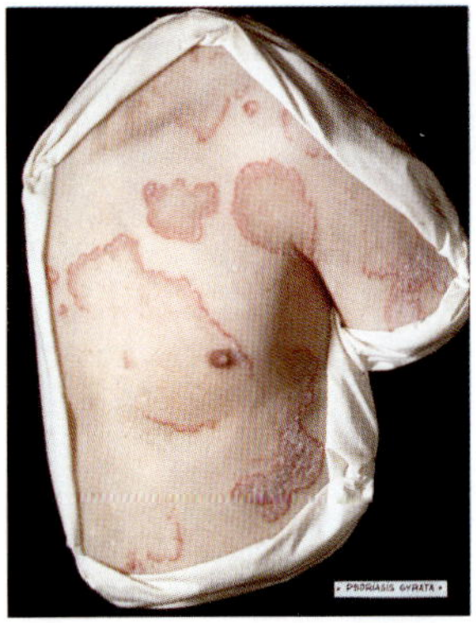

Die Schuppenflechte äußert sich mit einer typischen silberweißen Schuppung auf rötlich entzündeter Haut. Die Veränderungen können in tropfen- oder münzenartigen Flecken oder girlandenförmig bis landkartenförmig angeordnet sein.

Erst mit den verbesserten technischen Möglichkeiten, Farbbilder als Diapositive und Patientenbefunde über die Eidophor-Fernsehanlage direkt in den Hörsaal zu projizieren, wurden die Moulagen aus dem direkten Unterricht verdrängt.

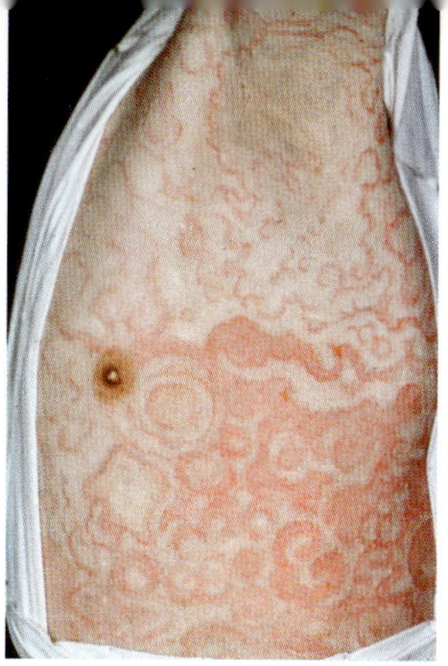

Das Erythema gyratum repens wird auch als Zebrahaut bezeichnet. Diese sehr seltene Hautveränderung kann bei über der Hälfte der Betroffenen Zeichen eines beginnenden Krebs, z.B. der Lunge, sein.

Ihr Herstellungsaufwand und ihre Pflege ist natürlich unvergleichlich größer als derjenige für eine Diasammlung, und eine Zeitlang wurde in Zürich sogar davon gesprochen, sie ganz fortzugeben oder zu vernichten. Daß heute noch über eintausendachthundert erhalten sind, ist dem persönlichen Einsatz einzelner Personen, besonders der Moulageuse Elsbeth Stoiber, und der Unterstützung durch Urs W. Schnyder, ab 1978 Direktor der Dermatologischen Klinik Zürich, zu verdanken.

Eine Ausstellung zum Thema *Wachsbildnerei in der Medizin* von Urs Boschung im Medizinhistorischen Museum der Universität Zürich leitete die Renaissance ein. Der didaktische Wert der Moulagen wurde wiederentdeckt und die Moulagen den Studenten zur Staatsexamensvorbereitung zugänglich gemacht. Im Museumsraum sind heute gegen sechshundert Moulagen mehrheitlich dermatologischer Krankheitsbilder ausgestellt und die Möglichkeit, jederzeit das Museum besuchen zu können, wird jedes Jahr von über hundert Studenten – spätestens kurz vor den Abschlußprüfungen in Dermatologie – rege genutzt.

Seltene Krankheitsbilder und Forschung

Nicht nur für Studenten der Medizin, sondern auch für Ärzte in der Weiterbildung zum Dermatologiefacharzt und für bereits praktizierende Spezialisten ist es wichtig, seltene und spezielle Krankheitsbilder möglichst oft und genau betrachten zu können. So wurden Hautbefunde von Patienten mit Krankheiten wie Erythema gyratum repens, Morbus Darier, Ichthyosis congenita und anderen seltenen Hautkrankheiten, aber auch Befunde von Patienten mit neu beschriebenen Erkrankungen, wie der Incontinentia pigmenti Bloch–Sulzberger oder der Granulomatosis disciformis Miescher, moulagiert. Die Moulagen nutzte man ebenfalls als Falldemonstration und Diskussionsgrundlage an Kongressen und Tagungen.

Als Moulagen wurden auch Tier- und Hautexperimente festgehalten. Zusammen mit den damaligen Protokollen und Beschreibungen dienten sie als Referenz- und Vergleichsmaterial aktueller Forschungsansätze. Bei heute raren Krankheiten haben sie zusätzlich eine wertvolle medizinhistorische Bedeutung; dazu gehören Darstellungen von in der Schweiz kaum mehr vorkommenden Spätformen von Syphilis, Hautveränderungen bei Tuberkulose oder – als außergewöhnlichstes Beispiel – die während der letzten Epidemie in Zürich 1921 hergestellten Gesichtsmoulagen von Pockenkranken, da diese Krankheit seit 1979 auf der ganzen Erde als ausgerottet gilt.

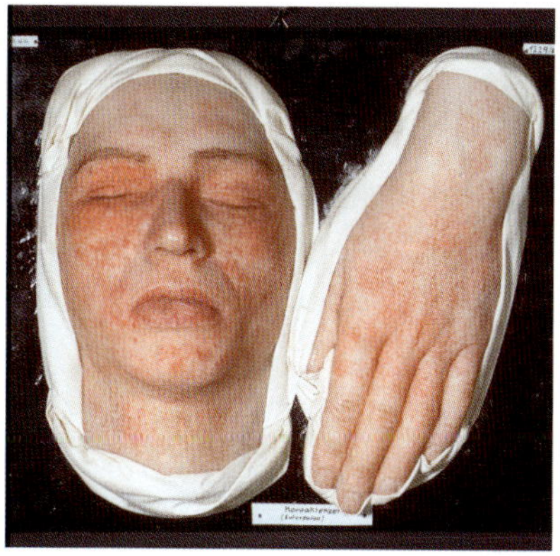

Die Moulage zeigt ein kontaktallergisches Ekzem, das durch Eutersalbe ausgelöst wurde.

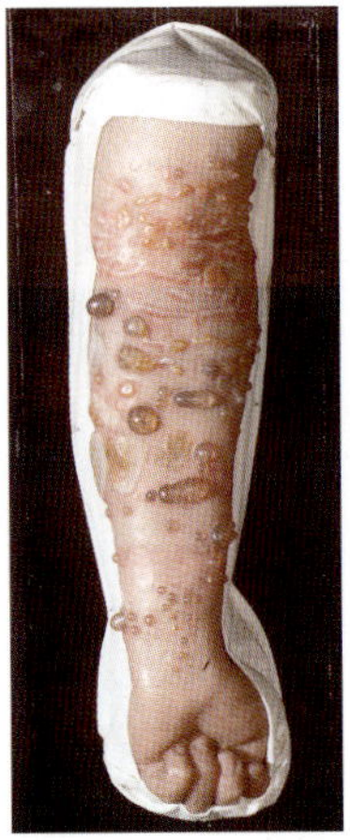

Um die Blasen bei der seltenen Krankheit Pemphigus vulgaris möglichst echt nachzubilden hat, der Moulageur diese aus dem Wachs herausgeschnitten, durch gläserne geblasene Kugeln ersetzt und mit einer feinen Wachsschicht überzogen. Andere wurden aus Paraffin, wieder andere aus Harz nachgeformt und geschliffen

Technik

Die Moulagentechnik und besonders die Zusammensetzung der Moulagenmasse war bis in die neueste Zeit ein gut gehütetes Geheimnis. Die Moulageure hatten manchmal mehrere Jahre in die Entwicklung und Perfektionierung ihrer Technik investiert und fürchteten die Konkurrenz. An den meisten Orten mit Moulagensammlungen ist jedoch das Wissen um die Herstellung mit dem abnehmenden Interesse im Laufe des 20. Jahrhunderts verlorengegangen und heute bestehen vielerorts Probleme mit der Pflege und Restauration der Objekte.

In Zürich wurde von Beginn an nur eine einfache Mischung aus gebleichtem Bienenwachs, Dammarharz und Schlemmkreide verwendet. Mit lediglich vier Farben schichtweise bemalt, kann darauf jede Farbveränderung der Haut erreicht werden. Diese Technik hat sich im internationalen Vergleich als eine der naturgetreusten und haltbarsten erwiesen. Das Bemalen der Moulage ist zweifellos das Schwierigste und erfordert neben Geschick auch sehr viel Übung und Erfahrung. Beeindruckend sind auch die vielfältigen Tricks bei der Nachbildung von Blasen, Schuppen und Krusten – ganz abgesehen von der nötigen Geduld beim Einsetzen von Haaren. Mit moderneren Mitteln können mittlerweile zwar vergleichbare Resultate erzielt werden, aber gerade was Licht- und Wärmebeständigkeit sowie Haltbarkeit betrifft, scheint die traditionelle Technik weiterhin überlegen zu sein.

Emotionen

Aus der medizinischen Wachsbildnerei sind besonders die anatomischen Modelle aus Florenz und Wien aus dem 18. Jahrhundert bekannt. Sie bestechen nicht nur durch ihre Detailtreue, sondern bewegen den Betrachter auch durch ihre zeittypische gewollt emotionale Darstellung, indem die dargestellten Leichen zu leben, oft sogar zu leiden scheinen. Im ausgehenden 19. und beginnenden 20. Jahrhundert ging es hingegen ganz bewußt um eine möglichst nüchterne Darstellung von medizinischen Befunden. Die Wachsobjekte wurden meist auf ein nüchternes schwarz bemaltes Holzbrett befestigt und gegenüber dem Hintergrund mit einem weißen oder diskret gemusterten Stoff abgegrenzt. Die Beschriftung ist unscheinbar und kurz, oft fehlt sogar ein Hinweis auf den Hersteller.

Da bei der verblüffend echtscheinenden Nachbildung menschlicher Haut und Körperteile – speziell bei Wunden oder bei befallenen Geschlechtsteilen – eine gewisse emotionale Wirkung trotzdem nicht verhindert werden konnte, versuchte man diese mit einer möglichst kühlen Atmosphäre auszugleichen, so mußte beispielsweise das Personal weiße Kittel tragen. Außer man wollte etwas Bestimmtes erreichen: Bruno Bloch machte sich den emotionalen Effekt von

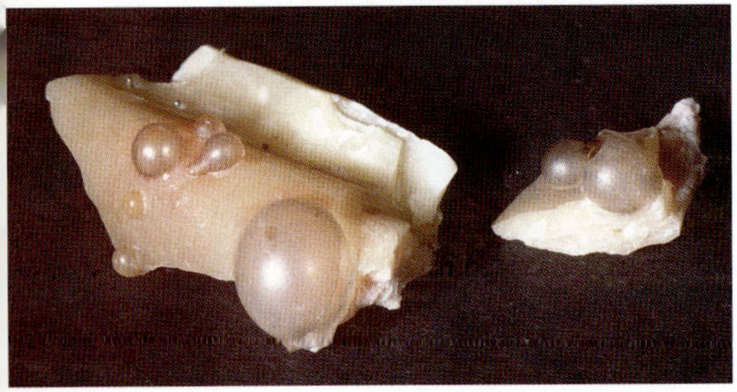

Bruchstücke einer defekten Moulagenkopie

Moulagen bei seinen Propagandavorträgen im Vorfeld der Abstimmung über den Bau der Dermatologischen Klinik zunutze. Um Emotionen ging es auch beim Einsatz von Moulagen in Filmen und Ausstellungen – von der Bekämpfung der Geschlechtskrankheiten in den Jahren nach 1911 (Hygieneausstellung in Dresden) bis zum Einsatz von Penicillin in den vierziger Jahren; sie waren wohl der Hauptgrund für das große öffentliche Interesse an solchen Veranstaltungen, besonders wenn nur Erwachsenen Zugang gewährt und so die Neugier angestachelt wurde.

Heute wird dem emotionalen Moment ganz allgemein mehr Bedeutung zugemessen: in der Lehre, weil es sich als didaktisch wertvoll erwiesen hat und zum Beispiel das Memorieren erleichtert; in den Museen, weil damit Besucher gefangengenommen, interessiert und zum Mitmachen und Mitdenken angeregt werden können. Selbstverständlich läßt sich nicht leugnen, daß eine Moulagensammlung ähnlich den alten Wachsfigurenkabinetten oder dem Panoptikum voyeuristische Regungen weckt – doch mit Respekt und Rücksicht eingesetzt, ist Emotion ein unerläßliches Ingrediens einer guten modernen Lehrsammlung oder eines öffentlichen Museums.

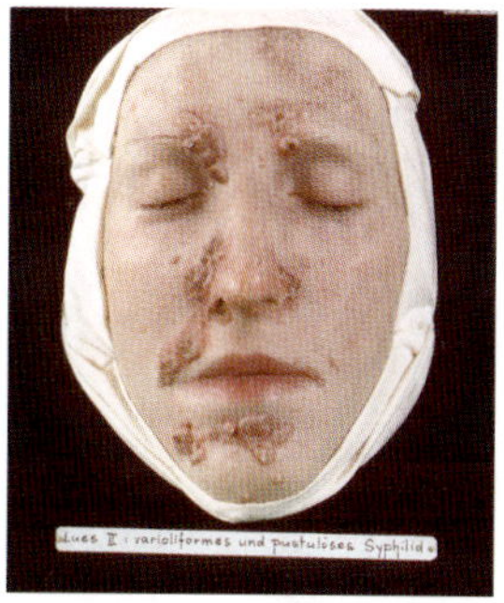

Varioliformes Syphilid im Gesicht. Die Syphilis kann in ihren späteren Stadien ohne zusätzliche Laboruntersuchungen mit z. B. Pocken (Variola) verwechselt werden.

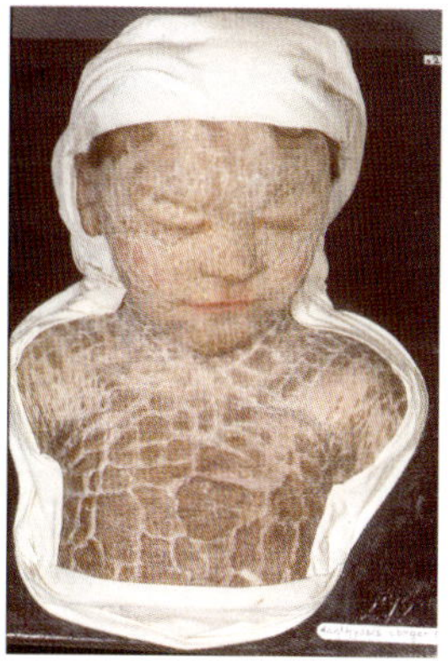

Patienten mit angeborenen schweren Störungen der Haut, wie dieses Mädchen mit einer massiven Verhornungsstörung traten in früheren Zeiten auf dem Jahrmarkt als Schlangen- oder Echsenmenschen auf.

Die Magistralvorlesung geht ans Netz

Die Magistralvorlesung geht ans Netz

Günter Burg

Virtuelle Universität, Skill-Labs, Interactive-Communications-Plattformen und Video-Conferencing heißen die Module eines zukünftigen Ausbildungscurriculums. Gehört da die altehrwürdige Magistralvorlesung nicht längst zum alten Eisen? – Die ›große‹ Vorlesung wird sicherlich nicht abgeschafft; sie erhält vielmehr eine neue Chance.

Die hohe Zahl der Studierenden und der enorme Wissenszuwachs bedingen, daß die klassische Dozentenarena einer neuen Unterrichtsumgebung weichen wird. Die große Vorlesung, während der der Professor mehr oder weniger originell ›seinen Stoff‹ zelebrierte, wird auf ein inhaltlich und zeitlich heute noch vertretbares Maß zusammengestrichen und in Zukunft auf dem Internet weltweit präsentiert. Die Zahl der Wochenstunden wird bei dreißig bis fünfzig Prozent dessen liegen, was bisher monologisiert wurde. ›Links‹ zu anderen Fachgebieten im Vorlesungstext ermöglichen eine themenorientierte, breite, fächerübergreifende Vermittlung von Wissen zu einem spezifischen Problem.

Flexibilität ist eine der wichtigsten Merkmale des akademischen Lebens. Dies betrifft nicht nur die dauernde Erneuerung, Umwandlung und Anpassung an die ständig wechselnden Herausforderungen in der Wissenschaft, sondern auch ganz einfach die Standortflexibilität. Um diese auch den Studierenden in vermehrtem Maße zu gewähren, sind Unterrichtsformen willkommen und notwendig, die außerhalb der anonymen Dunkelheit der Vorlesungssäle funktionieren wie der virtuelle Campus in einer Bibliothek, in der Studentenbude oder auf der ›grünen Wiese‹ mit Internetzugang. Lernen und studieren, wann und wo einem der Sinn danach steht, dies ist die Vision der studentischen Ausbildung der Zukunft, bei der die große Magistralvorlesung im Netz jedem surfbereiten Studenten angeboten wird (http://www.usz.unizh.ch/vorlesung/start/htm; Benutzername: student; Paßwort: Sommer).

Dermatologie ohne Grenzen

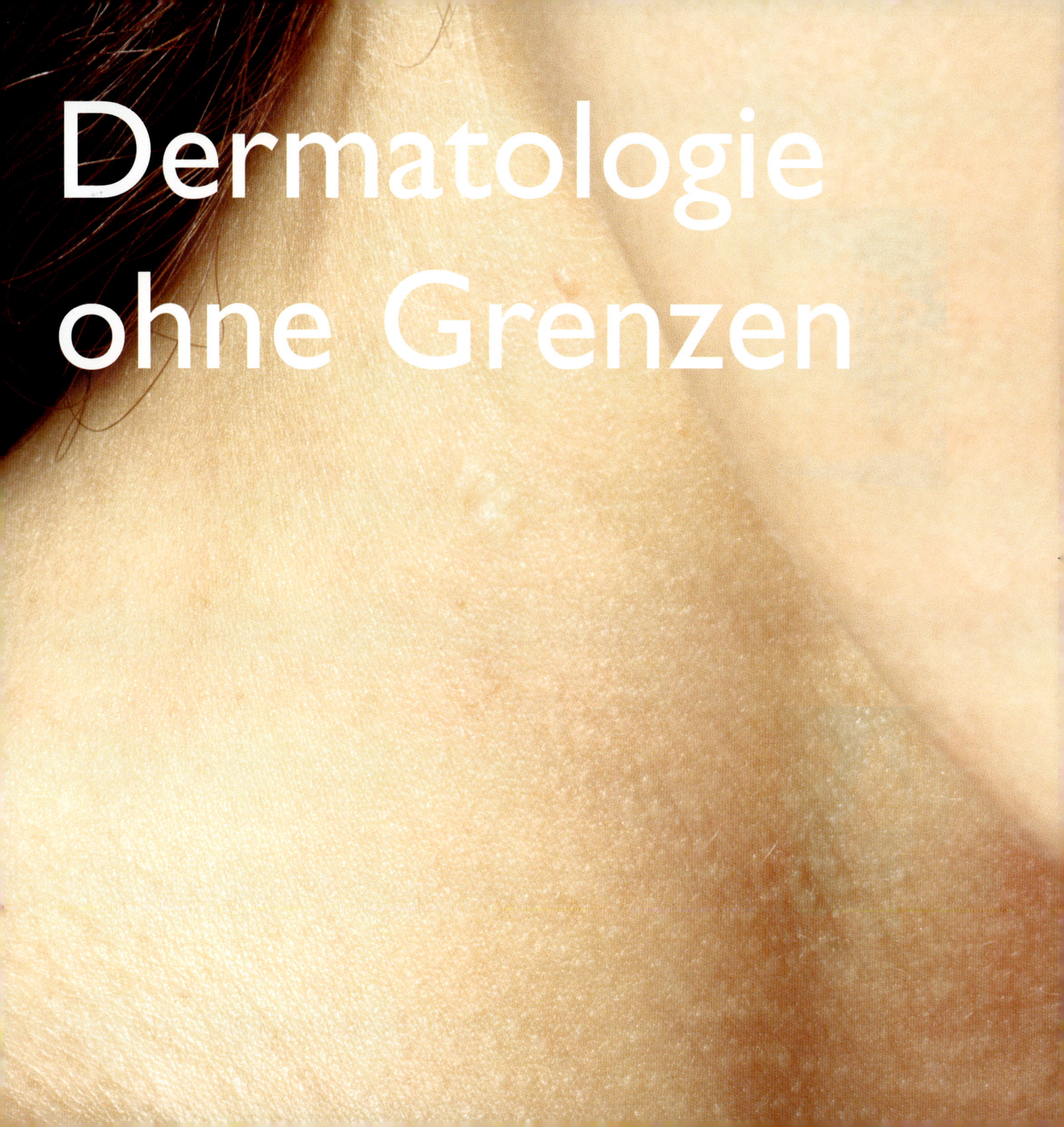

Hautnah – Weltweit

Hautnah – Weltweit

Günter Burg

Das direkte Gespräch und die körperliche Untersuchung des Patienten stehen im Zentrum der ärztlichen Versorgung. In Situationen, in denen dieser direkte Arzt-Patienten-Kontakt nicht möglich ist, findet die Fernkonsultation via Telemedizin ihren Einsatz.

Bei der Telemedizin, die sich in den Anfängen aus Bedürfnissen während kriegerischen Auseinandersetzungen entwickelt hat, werden Text- oder Bilddaten per Internet übertragen. Die Teledermatologie eignet sich ganz besonders zur Übertragung visuell erfaßbarer Befunde. Engagierte »Bastlernaturen« und EDV-Freaks haben ein Konzept entwickelt, das in absehbarer Zeit die Effizienz der Gesundheitsversorgung zwar nicht revolutionieren, aber wesentlich beeinflussen wird.

Der Landarzt der Tausend-Seelen-Gemeinde eines Tals in Graubünden steht vor dem Problem zu entscheiden, ob es sich bei den neu aufgetretenen Hautveränderungen des siebzigjährigen gehbehinderten Gemeinderats um eine Schuppenflechte, eine Hautpilzerkrankung oder aber um eine seltene Leukämieform der Haut, eine Mycosis fungoides, handelt. Er ist in der glücklichen Lage, einem teledermatologischen Verbundnetz anzugehören und an den wöchentlich durchgeführten Konferenzen mit dermatologischen Fachärzten teilnehmen zu können. Mit der digitalen Kamera wird er einige Photos vom Hautbefund aufnehmen und verbunden mit dem Hilferuf nach einer Diagnose dem Koordinator der wöchentlichen Telekonferenz im geschützten Kommunikationsnetz übermitteln. Die Alternative hätte in einer aufwendigen Vorstellung beim nächsten Hautfacharzt in Chur oder in Zürich bestanden.

Auch international erlaubt das System die Nutzung von Expertenwissen über weite Distanzen. So werden die in Moshi am Fuße des Kilimandscharo digital aufgenommenen klinischen und mikroskopischen Bilder über eine datensichere Verbindung zur zentralen Plattform gesendet, die dann mit Hilfe ausgewiesener Experten diagnostische und therapeutische Hilfestellungen geben kann. Bei eindeutigen, typischen und gut wiederzugebenen Befunden, bei denen die Expertise des konsultierten Arztes ausschlaggebend ist, kann eine zuverlässige Diagnose erstellt werden.

Für jeden Menschen sind die Angaben zu seiner körperlichen Integrität oder gar Daten, die sein Kranksein belegen, so sensibel wie… eine Steuererklärung. Der Zugang zu diesen Daten muß auf einen minimalen Kreis beschränkt bleiben und kontrollierbar sein. Der nicht autorisierte Zugriff durch Quereinsteiger im Internet würde jedes Vertrauensverhältnis zwischen Arzt und Patient und die hiermit verbundene ärztliche Schweigepflicht gefährden. Die erforderliche Datensicherheit wird durch die heute verfügbaren Technologien gewährleistet.

Wer haftet, wenn aus einer falschen Telediagnose Behandlungsfehler entstehen und Schaden für den Patienten resultieren? Bei einer unnötig durchgeführten Operation auf Grund der Überdiagnose eines Muttermales oder umgekehrt im Falle einer verpaßten frühzeitigen und ausreichenden operativen Entfernung eines als Muttermal teledermatologisch mißinterpretierten malignen Melanoms? Grundsätzlich müssen die geltenden Rechtsnormen zur Anwendung kommen; das heißt, daß der behandelnde Arzt, nicht jedoch die konsultierte Institution für die Konsequenzen der Behandlung verantwortlich ist. Die medizinische Beratung über Distanz sollte die diagnostischen Überlegungen des behandelnden Arztes bereichern, sie aber nicht bestimmen.

Das Wohl des Patienten ist das oberste Ziel jedes ärztlichen Handelns. Die Ergebnisqualität, das heißt der Grad der Genesung, hängt dabei von der Qualität des Arztes und der Mittel ab, derer er sich bedient. Diese Qualität kann bei bestimmten Fragestellungen durch die Einholung einer Expertenmeinung wesentlich verbessert werden. Wenn dies geschieht, ohne daß ein für den Patienten unzumutbarer Aufwand erforderlich ist, profitieren alle davon: Patient, Arzt, Krankenkassen und die sogenannte Solidargemeinschaft, aus deren Säckel alles zu bezahlen ist.

Da in der Versorgung der Patienten nicht nur Ärzte, sondern auch verschiedene paramedizinische Gruppen, wie Spitex (Krankenpflegedienst), Apotheken, Drogerien, soziale Versorgungsinstitutionen, Physiotherapeuten und andere involviert sind, wird das teledermatologische Consulting auch auf diesen Funktionsebenen in der Zukunft eine wichtige Rolle spielen.

Ein ganz besonderer Gast: Marion B. Sulzberger

Michael Geiges

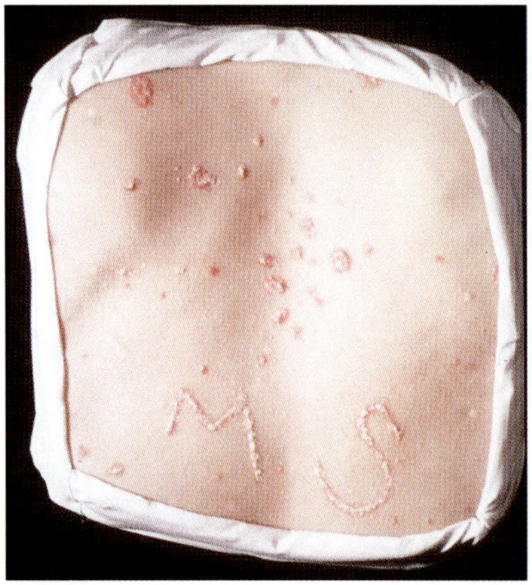

Auf dem Rücken dieses Patienten mit Schuppenflechte (Psoriasis) sind die Initialen des Gastarztes Marion Sulzberger »psoriatisch« zu lesen. Sie waren drei Wochen zuvor zur Demonstration des isomorphen Reizeffektes auf die Haut gekratzt worden.

Marion B. Sulzberger (rechts) verband eine enge Freundschaft mit der Familie Josef Jadassohns (links), in dessen Breslauer Klinik er einige Monate gearbeitet hatte.

Schon kurz nach der Gründung der Dermatologischen Klinik in Zürich wurden in- und ausländischen Gast- oder Volontärärzten klinische Arbeit und Forschung im Hause ermöglicht. In der Moulagensammlung findet man die Spuren eines ganz besonderen Gastarztes: Auf der Moulage Nr. 791, hergestellt um das Jahr 1928, sind die Buchstaben »MS« als typische schuppende Hautveränderung auf dem Rücken eines an Schuppenflechte erkrankten Patienten zu sehen.

Die Moulage zeigt den isomorphen Reizeffekt, nach dem Erstbeschreiber Heinrich Köbner in Breslau auch »Köbner-Phänomen« genannt, wonach etwa zwei Wochen nach einer mechanischen Reizung der Haut, z.B. durch Kratzen, die Hautkrankheit an eben dieser Stelle ausbricht. Dieses Phänomen erscheint besonders bei der Schuppenflechte oder beim Lichen ruber. MS waren die Initialen des betreuenden Arztes Marion Sulzberger, der den isomorphen Effekt zur Demonstration ausgelöst und moulagieren lassen hatte.

Marion Baldur Sulzberger hat zwischen dem 1. September 1926 und dem 24. Mai 1929 als Assistenzarzt an der Zürcher Dermatologischen Klinik intensiv geforscht, auch einzelne seiner Tierversuche zum Syphilismittel Salvarsan sind noch heute als Moulagen erhalten. Es ist aber auch Sulzbergers Verdienst, daß wichtige Forschungsergebnisse von Bruno Bloch eine weite Verbreitung in den USA gefunden hat. Nach einer Weiterbildung bei Josef Jadassohn in Breslau nahm Sulzbergers Laufbahn in New York einen steilen Verlauf. Als Professor für Dermatologie leitete er unter anderem die Dermatologische Klinik des Bellevue Medical Center der New York University und war ab 1961 ebenfalls Professor für Dermatologie der University of California in San Francisco. Aus seinen wissenschaftlichen Arbeiten sei an dieser Stelle besonders die Entwicklung der lokal anwendbaren Cortisoncremen und -salben im Jahr 1952 erwähnt. Sulzberger war der Lehrer einer ganzen Generation von amerikanischen Dermatologen und hat die amerikanische Dermatologie grundlegend geprägt – doch seine unübertroffen große Anzahl von Ehrungsurkunden, Preisen und Medaillen soll er bescheiden im Keller aufbewahrt haben.

In seiner Autobiographie *From There to Here – My many Lifes* schrieb Sulzberger voller Bewunderung über seine Zeit in Zürich: *The Clinic at the University of Zurich was the most complete and efficient dermatologic institute in the world at that time, containing every modern facility, apparatus, and instrument for managing patients and investigating and teaching dermatology and syphilology. While I was assigned to the various section heads in Bloch's department for my clinical training, it was Bloch himself who undertook my education in research and who suggested research problems for me.*

Die Zürcher Klinik für Dermatologie hat ihre Anziehung für Ärzte aus der ganzen Welt beibehalten, wie die nebenstehende ›Flugkarte‹ der Gastärztinnen und Gastärzte, die in den letzten zehn Jahren länger als fünf Monate in der Klinik arbeiteten und forschten, bezeugt.

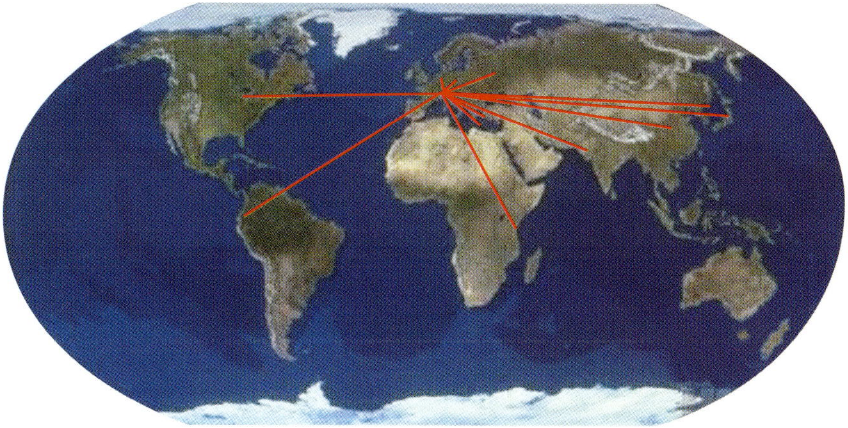

Die Dermatologische Klinik – ein weltweiter Anziehungspunkt für Gastärztinnen und Gastärzte

Nachwort und Ausblick

Organfach »Dermatologie«

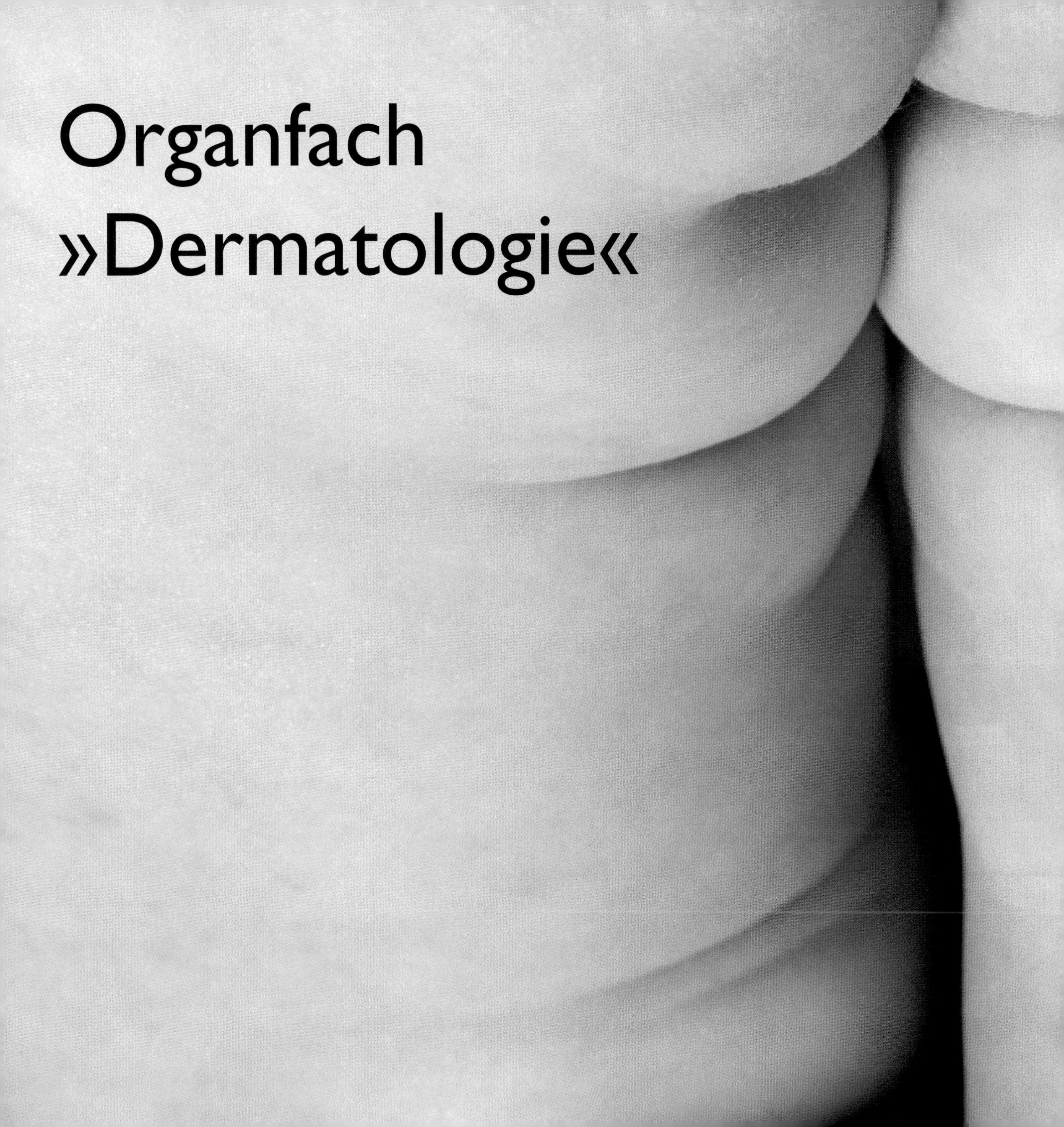

Organfach »Dermatologie«

Günter Burg

Die Haut ist ein Grenzorgan nicht nur im funktionellen, sondern auch im übertragenen Sinn, mit Verbindungen zur Chirurgie, Inneren Medizin, Infektiologie, Immunologie, Pathologie, Rheumatologie und zahlreichen weiteren Disziplinen. Als Manifestationsorgan zahlreicher Symptome ist sie häufig Spiegel von Krankheitsprozessen innerer Organe. Ebenso ist sie Modellorgan für zahlreiche entzündliche und tumoröse Prozesse und pharmakologisches Testorgan für Medikamente und Substanzen unserer täglichen Umwelt.

Die technologischen Neuerungen der vergangenen zehn Jahre werden die Dermatologie auch im neuen Jahrtausend prägen. Das frühere morphologisch und funktionell geprägte Verständnis krankhafter Hautveränderungen wurde in den letzten zehn bis zwanzig Jahren zunehmend von Erkenntnissen molekularbiologischer Grundlagenforschung geprägt. Dieser Trend setzt sich fort und wird auf die zukünftige Entwicklung des Faches Dermatologie wesentlichen Einfluß haben.

Dermatologische Schwerpunkte sind die Allergologie, die klinische Immunologie sowie die dermatologische Onkologie. Das maligne Melanom – wichtig für die Erforschung in der Tumorbiologie – zeigt in den letzten Jahren eine beunruhigende Häufigkeitszunahme. Die Lymphome der Haut, besonders die kutanen T-Zell-Lymphome, eröffnen wie kaum eine andere Neoplasie Untersuchungsmöglichkeiten für früheste Veränderungen in der Krebsentstehung. Die Genodermatosen werden im Rahmen des *Human-Genome*-Projektes einen neuen Stellenwert erhalten. Und in einer zunehmend umweltbewußten Gesellschaft kommt der Berufsdermatologie vermehrte Bedeutung zu. Die Möglichkeiten der Telemedizin werden eine neue Dimension des Consultings und der Kommunikation mit Ärzten und paramedizinischen Berufsgruppen schaffen.

Die zahlreichen positiven Entwicklungen, Herausforderungen und Möglichkeiten in der Dermatologie dürfen aber nicht über die potentiellen Gefahren hinwegtäuschen, die das Fach in seiner Existenz bedrohen können. Von außen zum Beispiel durch den politischen Druck zur »Rationierung« des Gesundheitssystems, der in erster Linie bei den sogenannten ›kleinen‹ Fächern an die Substanz gehen kann. Eine weitere Gefahr besteht in der Herauslösung der Venerologie, Allergologie und klinischen Immunologie sowie der Dermatopathologie aus dem Fach Dermatologie. Derartige Entwicklungen hätten einen wohl irreversiblen Verlust an Kompetenz und Qualität in diesen traditionsgemäß von der Dermatologie stark geprägten Bereichen zur Folge.

Gefahr droht aber auch von innen, von den Dermatologen selbst. Die Überbetonung lukrativer, aber medizinisch nicht indizierter diagnostischer und –

besonders – therapeutischer Maßnahmen kann die akademische und ethische Reputation des Faches Dermatologie erheblich in Mitleidenschaft ziehen. Die Kosmetologie muß als dermatologische Randdisziplin geführt werden und darf nicht im Zentrum der akademischen Dermatologie stehen.

Abschließend und definierend: Die Dermatologie ist eine wichtige, hochspezialisierte Disziplin mit vielversprechenden facettenreichen Perspektiven in Praxis, Klinik und Forschung, die es weiter zu nutzen und auszubauen gilt.

Anhang

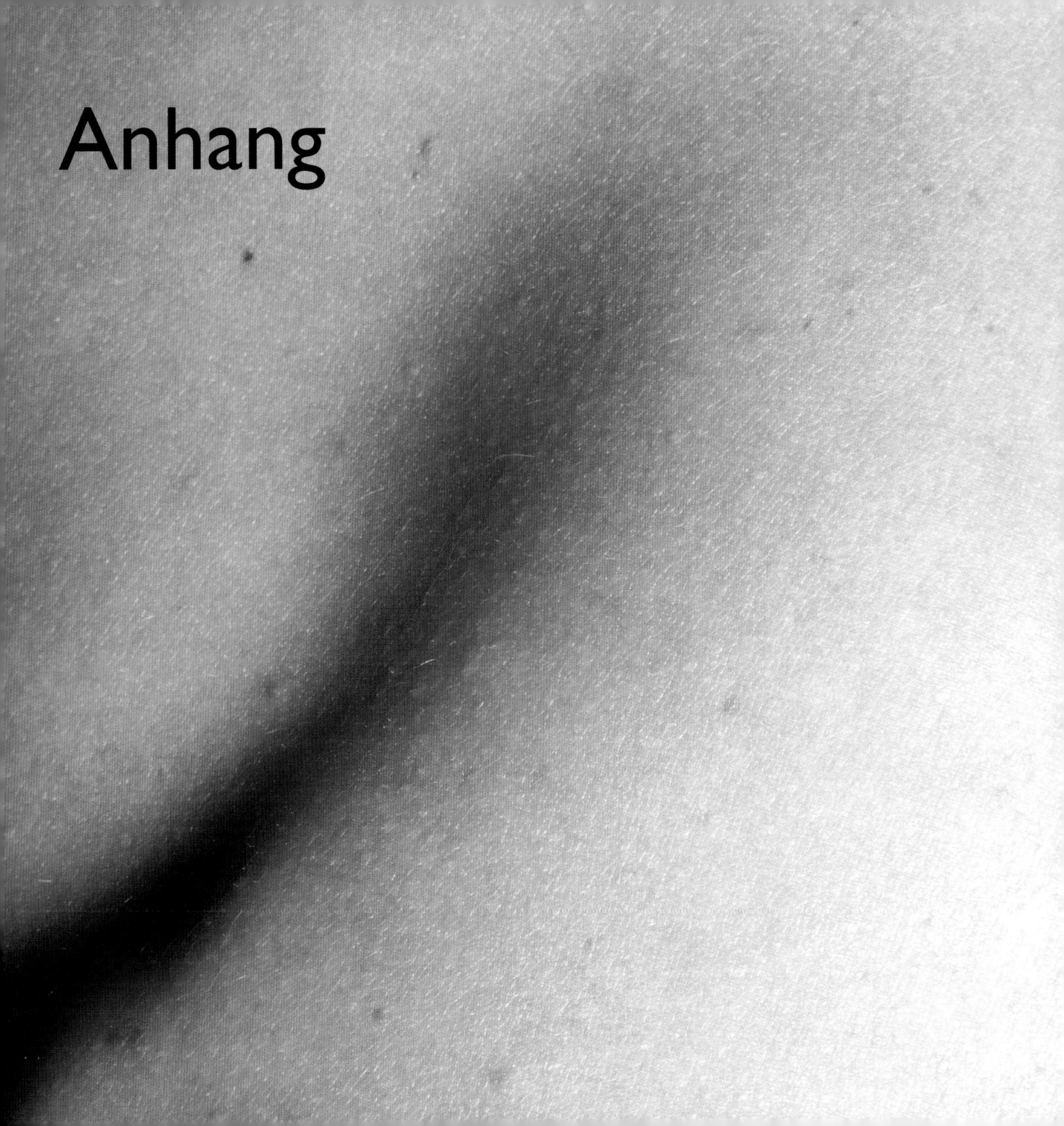

Autorenverzeichnis

Unterstützt durch die Universität und das UniversitätsSpital Zürich

PD Dr. Roland Böni,
Oberarzt Dermatologische Klinik des UniversitätsSpitals Zürich

Prof. Dr. Günter Burg,
Direktor der Dermatologischen Klinik des UniversitätsSpitals Zürich

PD Dr. Reinhard Dummer,
Leitender Arzt Dermatologische Klinik des UniversitätsSpitals Zürich

Dr. Michael L. Geiges, Assistenzarzt Dermatologische Klinik UniversitätsSpital Zürich, Konservator der Moulagensammlung des UniversitätsSpitals und der Universität Zürich

Dr. Mario Graf, Assistenzarzt Dermatologische Klinik UniversitätsSpital Zürich

Walter Keller,
Oberpfleger der Dermatologischen Klinik des UniversitätsSpitals Zürich

Dr. Werner Kempf, Oberarzt Dermatologische Klinik UniversitätsSpital Zürich

Dr. Oliver Ph. Kreyden,
Assistenzarzt Dermatologische Klinik UniversitätsSpital Zürich

Kurt-Emil Merki, Journalist und Publizist, Aarau

PD Dr. Christoph Mörgeli,
Konservator der Medizinhistorischen Museums der Universität Zürich

PD Dr. Frank O. Nestle,
Leitender Arzt Dermatologische Klinik des UniversitätsSpitals Zürich

Dr. Jean-Maurice Paschoud, Dermatologe, Saint Sulpice/NE

Prof. Dr. Beat Rüttimann,
Direktor des Medizinhistorischen Instituts der Universität Zürich

Doz. Dr. Thomas D. Szucs,
Leiter Abteilung medizinische Ökonomie, UniversitätsSpital Zürich

PD Dr. Ralph M. Trüeb,
Leitender Arzt Dermatologische Klinik des UniversitätsSpitals Zürich

Prof. Dr. Brunello Wüthrich,
Extraordinarius und Leiter der Allergiestation der Dermatologischen Klinik des UniversitätsSpitals Zürich

Mitarbeit

Margret Johnson, Photographin
Markus Bär, Photograph

Bildnachweise

Die Geschichte der Dermatologie

Ehring, F. Hautkrankheiten. Stuttgart, New York, 1989. S. 48 14
Kaposi, Moritz. Handatlas der Hautkrankheiten III. 1900. Taf. 255 15
Kaposi, Moritz. Handatlas der Hautkrankheiten III. 1900. Taf. 323 15
Tuschzeichnung im Regimentsbuch Escher von Luchs, Anfang 18. Jahrhundert. Zentralbibliothek Zürich 17
Baugeschichtliches Archiv der Stadt Zürich. Photo aus dem Jahre 1900 . . . 17
Zentralbibliothek Zürich 18
Die Badenfahrt. Aquarell von Heinrich Freudweiler, um 1785, Abbildung aus: Pestalozzi, F. O. Zürich – Bilder aus fünf Jahrhunderten. Zürich 1925 18
Zürcher Stadtplan von Jos Murer, 1576 19
Moulagensammlung des Universitätsspitals und der Universität Zürich, Geschenk des numismatischen Vereines Zürich 20
Moulagensammlung des Universitätsspitals und der Universität Zürich, Geschenk des numismatischen Vereines Zürich 21
Silberschale von Balthasar Ammann. Privatbesitz Familie von Muralt 22
Von Muralt, Johannes. Chirurgische Schriften. Zürich 1691 23
Öl auf Leinwand von Heinrich Bodmer, 1884. Depositum der Zentralbibliothek Zürich im Medizinhistorischen Museum der Universität Zürich 24

Die Dermatologische Klinik

Moulage Nr. 476, hergestellt von Lotte Volger, 1929/30. Moulagensammlung des Universitätsspitals und der Universität Zürich . . . 32
Photo, 1958. Privatbesitz Dr. P. Liebmann 33
Privatbesitz Fam. Ineichen-Storck 34
Photo, 1983 35
Moulagen Nr. 347–349, hergestellt von Lotte Volger, 1925. Moulagensammlung des Universitätsspitals und der Universität Zürich . . . 39
Moulage Tierversuch Nr. 11. Moulagensammlung des Universitätsspitals und der Universität Zürich . . . 40
Photo, Mitte 1920er Jahre. Medizinhistorisches Institut und Museum der Universität Zürich 45

Die Städtische Poliklinik

Abbildung aus: Der Scheinwerfer, 19/1921, in: Puenzieux, D.; Ruckstuhl, B. Medizin, Moral und Sexualität. Zürich 1994 49
Moulage Nr. 460, hergestellt von Lotte Volger, 1919. Moulagensammlung des Universitätsspitals und der Universität Zürich . . . 51

Moulage Nr. 463, hergestellt von Lotte Volger, 1924.
Moulagensammlung des Universitätsspitals und der Universität Zürich ... 51
Moulage Nr. 462, hergestellt von Lotte Volger, 1928.
Moulagensammlung des Universitätsspitals und der Universität Zürich ... 51
Moulage Nr. 449, hergestellt von Lotte Volger, 1927.
Moulagensammlung des Universitätsspitals und der Universität Zürich ... 51
Lesser, Edmund. Lehrbuch der Haut- und Geschlechtskrankheiten.
Zweiter Theil. Geschlechts-Krankheiten. Leipzig, 1888. Fig. 2, S. 15 57
Hebra Atlas 1869, in:
Kaposi, Moritz. Handatlas der Hautkrankheiten II. Taf. 238 60
Jacobi, E. Atlas für Hautkrankheiten. Band I. 1918. Tafel 35, Abb. 57/58 ... 60
Kaposi, Moritz. Handatlas der Hautkrankheiten I. 1898. Taf. 88 61
Müller, Johannes. Archiv für Anatomie, Physiologie und Wissenschaftliche
Medizin. Heft 1. Berlin, 1839. Abb. Nr. 5. Anhang 62
Rayer, Pierre-François-Olive. Traité des maladies de la peau. Paris 1835 ... 63
Tabulae mycologicae, Roche 64
Detail der Moulage Nr. 189, hergestellt von Lotte Volger, 1929.
Moulagensammlung des Universitätsspitals und der Universität Zürich ... 65
Moulage Nr. 1242, hergestellt von Ruth Willi, ca. 1954.
Moulagensammlung des Universitätsspitals und der Universität Zürich ... 66
Photosammlung von Max Tièche 67
Beschrieb der Pfründen zum Almosenamt, 1525. Staatsarchiv des Kt. Zürich 71
Lanzetten aus Stahl und Schildpatt sowie Lanzettenetui aus Papiermaché,
18. Jahrhundert. Medizinhistorisches Museum der Universität Zürich 74
Kolorierter Kupferstich in:
15. Neujahrsstück der Gesellschaft der Wundärzte auf dem Schwarzen Garten
an die L[iebe] Zürcherische Jugend auf das Neujahr 1805 75

Dermatologische Evergreens

Moulage Nr. 24, hergestellt von Lotte Volger, 1924.
Moulagensammlung des Universitätsspitals und der Universität Zürich ... 79
Moulage Nr. 929, hergestellt von Lotte Volger, 1936.
Moulagensammlung des Universitätsspitals und der Universität Zürich ... 80

Röntgen, Licht, Laser

Bildersammlung des Medizinhistorischen Museums Zürich 117

Der Mensch im Meer der Allergene

Abb. in: Wadell, L.A. Egyptian Civilisation. London 1930 132

Moderne Tumortherapie

Positronen-Emissions-Tomographie, freundlicherweise zur Verfügung gestellt von PD Dr. Steinert, Institut für Nuklearmedizin, Zürich 141
do. 141
do. 141

Viren in der Dermatologie

Darstellung von Ernst Thomas Scaton, um 1920 151
Moulage Nr. 550, hergestellt von Lotte Volger, 1931.
Moulagensammlung des Universitätsspitals und der Universität Zürich . . . 151

Schuppenflechte

aus: Ingram, John T. The Approach to Psoriasis.
British Medical Journal, 12.9.1953 156
ebd. 157
ebd. 157

Das Haar im Spiegel der Geschichte

Handzeichnung aus: Jean-Louis Alibert. *Arbre des Dermatoses.* 1810 164
aus: Nature Med, 1995. 1/705 165
STERN, 40/1997. Mit freundl. Genehmigung von STERN-Syndication 165

Moulagen

Moulagensammlung des Universitätsspitals und der Universität Zürich . . . 240
Moulage Nr. 1275, hergestellt von Ruth Willi.
Moulagensammlung des Universitätsspitals und der Universität Zürich . . . 240
Moulage Nr. 1229/30, hergestellt von Ruth Willi.
Moulagensammlung des Universitätsspitals und der Universität Zürich . . . 241
Moulage Nr. 638, hergestellt von Lotte Volger, 1933.
Moulagensammlung des Universitätsspitals und der Universität Zürich . . . 241
Moulage Nr. 25, hergestellt von Vogelbacher in Freiburg i.Br.
Moulagensammlung des Universitätsspitals und der Universität Zürich . . . 242
Bruchstücke einer defekten Kopie der Moulage Nr. 25. ebd. 242
Moulage Nr. 272, hergestellt von Lotte Volger, 1918.
Moulagensammlung des Universitätsspitals und der Universität Zürich . . . 243
Moulage Nr. 464, hergestellt von Lotte Volger, 1924.
Moulagensammlung des Universitätsspitals und der Universität Zürich . . . 243

Gastärzte

Moulage Nr. 791, Kopie hergestellt von Elsbeth Stoiber, 1962
Moulagensammlung des Universitätsspitals und der Universität Zürich . . .254
Graphik von Diem Seiler DDB, Zürich 255

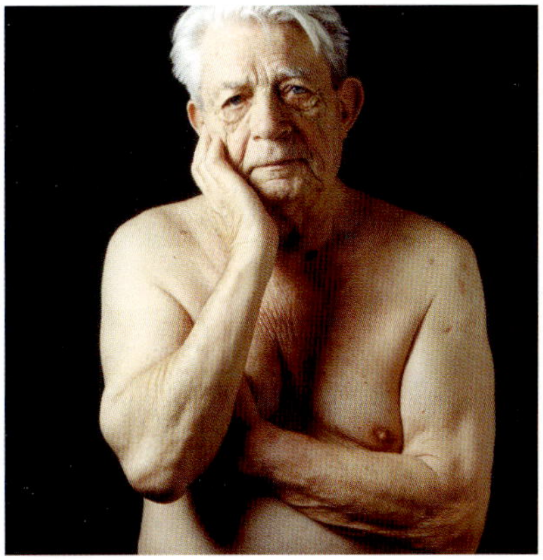

Mit freundlicher Empfehlung

Medinova AG
Merz Pharma (Schweiz) AG